JN411656

한국민법의
로마법적 배경과 기초
-민법 제373조~제407조-

비교민법총서

3

한국 민법의 로마법적 배경과 기초

민법 제373조 ~ 제407조

최병조
代表編譯

법무부
MINISTRY OF JUSTICE

발간사

민법은 재산관계와 가족관계를 일반적으로 규율하는 국민 생활의 기본법입니다. 민법의 소관부서인 법무부에서는 민법의 중요성을 깊이 인식하여 그간 민법 개정을 심도있게 논의하였을 뿐만 아니라, 그 민법 개정의 연구 성과를 담아 『법무부 민법총서』 시리즈를 출간해 왔습니다. 『법무부 민법총서』는 민법 개정 논의 과정에서 축적된 자료 등을 담은 『민법개정총서』와 외국민법전 및 해외자료 등을 번역 · 해설한 『비교민법총서』로 구분되어 출간되고 있습니다.

앞으로도 법무부에서는 『법무부 민법총서』의 발간을 통해 국민들의 민사법에 대한 이해를 드높이고, 한국 법학의 발전에 기여할 것을 약속합니다. 국민 여러분들의 많은 관심과 지원을 기대합니다.

2013. 7. 1.

법무부장관 황 교 안

머리말

우리 민법은 근대의 서양법을 수용하여 제정한 것이기 때문에 우리 민법이 서양법의 근원인 로마법으로부터 받은 영향은 결코 무시할 수 없을 것입니다. 고도로 발전한 私法과 법문화를 형성한 로마인들의 지혜는 로마법 속에 고스란히 남아 후대인들에게 찬란한 유산으로 전해지고 있을 뿐 아니라, 우리 민법 속에서도 살아 숨쉬고 있습니다.

그간 민법을 공부하던 사람이면 누구나 로마법이 중요하다는 것을 막연히 알고는 있었지만, 국내의 척박한 연구상황과 관심의 부족 등으로 로마법이 우리 민법에 어떠한 법적 배경과 기초를 제공하였는지 제대로 소개되지 않았던 것이 사실입니다. 법무부에서는 해외의 민법전과 외국자료 등을 소개하는 『비교민법총서』의 발간을 추진하면서 한국 민법의 로마법적 배경과 기초를 조문별로 밝혀보자는 의도 아래 『비교민법총서』 제3권으로 이 책자를 준비하게 되었습니다.

이 책자에서는 채권법의 근간이 되는 현행 민법 조문들에 대해서 그에 대응하는 로마법 사료를 발췌하여 번역 · 소개하였습니다. 私人 간의 거래에 있어서 각자의 권리와 의무를 정하는 채권법은 민법 중에서도 특히 중요한 분야입니다. 따라서 시대의 변화에 따른 채권법 개정 논의를 하기에 앞서 우리 채권법이 왜 지금의 모습을 취하고 있는지, 나아가 어떠한 역사적 · 법적 배경을 토대로 현재의 모습에 이르렀는지 면밀한 진단이 필요합니다. 이러한 점에서 우리 채권법의 기초가 되는 로마채권법의 특색을 살펴보는 것은 반드시 필요한 일이라 할 것입니다.

이 책자에서 기획한 한국 민법과 로마법의 대조 번역은 전례가 없었던 것인만큼 이 책자는 우리 민법의 해석을 시도하는 학자와 법조실무가, 나아가 법학을 공부하는 학생들에게 신선한 충격을 줄 것이라 생각합니다. 끝으로 국내의 열악한 연구 환경 속에서도 훌륭한 연구성과를 내 주신 최병조 서울대학교 법학전문대학원 교수님께 존경과 감사의 말씀을 전합니다.

2013. 7. 1.

법무부 법무실장 강 찬 우

편역자 서언

I

이 연구는 우리나라 민법의 로마법적 배경과 기초를 각 조문별로 살펴본 것이다. 이러한 작업은 일찍이 서양에도 없었고, 우리나라에서는 물론 처음 있는 시도이다. 18세기부터 20세기에 걸쳐서 유행처럼 번졌던 서양 여러 나라의 민법전 편찬 작업은 국민국가의 형성에 따라 국민의 일상 법생활을 통일적으로 규율할 기본적인 시민법전을 조속히 마련하려는 시대조류의 반영이었다. 우리나라는 우리보다 앞서 근대화에 진입했던 일본을 통하여 서구식 민법전을 수용하기에 이르렀다. 서양인들이 민법전을 편찬할 수 있었던 것은 12세기 이래 꾸준히 지속되어온 로마법에 대한 천착의 결과로 자리잡은 보통법(ius commune)의 전통과 근세 이성법적 자연법론을 거치면서 무르익은 합리적 체계사고와 무엇보다도 근대시민혁명 이념의 확립, 그리고 끝으로 역사법학파와 판덱텐법학의 진지한 학문적 성과가 두루 어우러졌기에 비로소 가능하였다. 비록 법전 편찬의 체계적 이성이 완결된 자족적 법전의 이상을 표방하고 전통적 보통법의 아성에 도전함으로써 겉으로는 法源論의 驚天動地할 변혁을 초래하였지만, 곧 이러한 완벽한 법전의 이상은 실현불가능한 것이라는 점이 현실에서 밝혀졌을 뿐만 아니라, 그 소재로 삼은 모든 실질적인 내용들이 결국은 로마법적 전승의 대대적인 수용일 수밖에 없었음이 또한 드러났다. 모든 주요한 법전들이 모두 로마법의 후예임은 자명한 역사적 사실인 것이다. 이 점에서 대한민국의 민법 역시 전혀 예외가 아니다. 각 나라별로 정도의 차이는 있지만, 오늘날 서양 각국의 로마법적 전통은 특히 유럽연합의 출범과 더불어 새로운 법통합의 자연스러우면서도 가장 중요한 인자로서 매우 중요한 역할과 기능을 수행하고 있다.

이 연구는 이런 역사적 배경을 전제로 우리나라 민법의 각 규정들이 어떠한 로마법적 전통과 맥을 잇는 것인지를 지금까지 없던 방식으로 조명해보려는 것이다. 작업의 성과물은 그 형식을 축조 민법/로마법 대조 자료집 형식으로 엮기로 정하였다. 이 작업은 생각보다 여러 가지로 어려운 점이 많았다.

첫째, 가장 먼저 지적할 수 있는 것은 관련 로마법개소를 적절히 선정하는 것이 엄청나게 힘든 작업이었다는 것이다. 법조문의 형식으로 정리되어 있는 것이 아니라, 사안에 대한 결정을 모아놓은 판례집과 유사한 성격의 로마법 사료의 성격상 모든 개소에는 여러 가지 법리가 혼재해 있을 수밖에 없고, 그 중 어느 것에 중점을 두어서 선별할 것인지는 결국 선정자의 주관적인 선택일 수밖에 없는 것이다.

둘째, 뿐만 아니라 관련된 내용을 담고 있는 사료가 不知其數여서 (특히 제한된 시간 안에) 그 중 과연 어느 것을 취하고, 어느 것을 버릴지를 결정하는 것 역시 결코 쉽지 않았다는 점이다. 그렇다고 모든 관련 개소를 소개하는 것은 원천적으로 불가능할 뿐 아니라 대조집의 취지에도 맞지 않는 것이므로 불가피하게 선택작업이 진행되었다. 이런 이유로 아마도 얼마든지 더 좋은 대안을 발견해 낼 수 있을 것이다. 향후 개정작업이 진행된다면 분명 개선이 이루어질 수 있을 것이다.

셋째, 선별만이 어려운 작업이 아니었다. 왜냐하면 거의 모든 로마법 원사료를 처음으로 우리말로 옮겨야만 했기 때문이다. 국내의 일천하고 척박한 연구여건으로 인하여 최선의 노력을 기울였음에도 불구하고 과연 바람직한 번역이 이루어졌는지 자신하기 어려운 게 솔직한 심정이다. 물론 모든 번역에는 언어적으로 다른 대안이 항상 가능한 것이므로, 이 점에서도 향후 분명 개선이 필요하고 가능할 것이다.

번역 소개한 사료들도, 우리나라 대법원의 판례를 이해하는 것이 수월하지 않듯이, 로마법에 대한 일정 수준 이상의 지식이 없는 한 그 이해가 결코 쉽지 않다. 어떤 경우에는 아직도 그 해석이 로마법 연구자들 사이에 다투어질 정도로 까다로운 것들도 있다. 그러나 이 대조집의 취지상 이해의 편의를 위해서 붙이는 설명은 최소한으로 그칠 수밖에 없었다. 더 깊이 이해하고자 하는 경우에는 로마법 관련 전문서적의 도움을 받기를 권장한다.

또 우리 민법 중 로마법적 전통에 입각하지 않은 것들이나, 설사 그렇더라도 로마법 원전의 전체 취지와 정신이 반영되어 어느 한두 개의 구체적인 개소를 지시하기 힘든 조문들의 경우, 당연히 대조 자료가 빈약할 수밖에 없다는 점도 지적해 두고자 한다. 그러나 대조 자료가 제시되었다는 사실이 우리 민법이 로마법과 같거나 유사한 법적 규율을 채택하였다는 것을 의미하는 것은 아니다. 다른 서구식 민법전들의 경우와 마찬가지로 대한민국의 입법자 역시 독자적인 입법적 결단을 내린 것들이 많기 때문이다.

국내에서 처음 시도하는 이 작업이 향후 우리나라 민법전의 이해와 개정 작업에 도움이 된다면 연구를 수행한 보람이 있을 것이다. 연구팀원이 모두 모여서 개소 하나 하나마다 검독 작업을 진행하여 용어의 통일과 표현의 동질성을 보장하고자 노력하였으나, 초벌 번역을 담당한 각 연구원의 개성을 완전히 탈각하지는 못하였고, 또 그럴 의도도 없었다. 그러나 공동 검독작업이 진정 의미있는 공동 번역작업으로 귀결되었기에 개인별 초역 분담 상황을 밝히는 것은 의미를 잃고 말았다. Unus pro omnibus, omnes pro uno!

편역자를 대표하여

최병조 識

| 차례 |

민법

제3편 채권

제1장 | 총칙

제1절 채권의 목적 _ 38

제2절 채권의 효력 _ 134

비교민법총서 ③

한국민법의 로마법적 배경과 기초

비교민법총서③

한국민법의 로마법적 배경과 기초

-민법 제373조~제407조-

로마채권법의 특색

최병조*

이 책은 우리나라 민법의 채권총칙 중 일부(첫 35개조)에 대하여 법조문 순서대로 로마법의 대응 사료들을 골라서 번역 소개한 것이다. 소개된 사료들은 주로 로마법대전, 그 중에서도 학설휘찬(Digesta)에서 고른 것들이다. 로마 고전기의 법을 가장 잘 반영하고 있기 때문이다. 축조적인 자료집이다 보니 그 성격상 일반적인 형태의 해제를 붙이기에 적합하지 못하다. 그러나 소개된 사료들은 민법을 공부한 사람이라면 대체로 감을 잡을 수는 있겠지만, 모든 법이 다 그렇듯이 사실 로마법, 특히 로마채권법에 관한 상당한 지식이 없으면 제대로 이해하기 어려운 것들이다. 하여 이곳에서는 독자의 이해를 돕기 위하여 해제에 갈음하여 로마채권법의 특색을 고전기(대략 기원후 1~3세기)의 법을 중심으로 몇 가지 소개함으로써 전반적인 이해에 일조하고자 한다.

그 옛날에 로마가 발전한 법의 문화를 형성하고 후대에 남겨줄 수 있었던 것은 인류 역사상 명멸했던 다른 문명 및 문화들과 다르게 私法과 私法學을 발달시켰기 때문이다. 그리고 이 사법의 중심에는 私人 간의 법률거래를 대상으로 하는 채권법이 자리잡고 있었다. 일찍이 다른 법문화에서는 찾아볼 수 없는 개인과 이 개인이 추구하는

* 서울대학교 법학대학원 교수

私益에 대한 긍정이 로마 법질서의 기초를 이루었다.[1] 따라서 법질서의 범위 내에서 사인 간의 자유롭고 자율적이며 자기책임 하에 이루어지는 법률거래를 통한 상호적인 물자와 용역의 교환이 인간 생활공동체의 실상임을 솔직하고 허심탄회하게 인정하였다.[2] 로마법은 도덕이나 종교의 이름으로 개개인의 삶을 규제하기보다는 권리와 정의의 이름으로 개개인의 사회활동을 북돋우고, 각자에게 돌아가야 할 권리의 실현을 위하여 매우 다양한 제도와 절차를 마련하였다. 이를 더욱 촉진시킨 것이 로마가 꾸준히 성장하여 유럽 최초의, 그리고 아직까지는 최후의, 세계제국으로 발전했다는 사실이었다. 많은 우수한 인물들이 전문법률가로서 그들의 집단 지성을 활용하여 일상의 법률문제를 지속가능하고 보편적인 형태로 해결하고자 노력하였고, 그 결실이 바로 오늘날 우리가 로마법이라고 부르는 법지식의 총체이다. 이처럼 근원적이고도 다양한 사정으로 인하여 발달한 로마의 채권법은 많은 점에서 다양한 특색을 지닌 것이었다. 로마법과는 전혀 무관한 다른 문화전통의 법을 로마법의 직접적 후예인 오늘날 세계의 채권법들과 비교해 보면 이러한 사실을 금방 알 수 있다. 예컨대 우리나라 조선조의 私法생활을 살펴보면[3] 로마채권법이 얼마나 다양하고, 또 그러한 다양성이 제도적으로 뒷받침되었었는지를 곧 알 수 있을 것이다.

로마법은 訴權法 체제로 알려져 있다. 이것은 私人 간의 법률관계를 실체법적으로 관념하고 소송절차는 그 실현을 위한 후속절차에 불과한 것으로 치부하는 오늘날의 관점과는 크게 다른 것이다. 로마인들은 권리(ius)의 궁극적인 실현이 확정되는 재판절차와 관련지어서 모든 권리를 관념했고(본서 157면 이하), 일상의 법률생활을 그것에 맞추어 대비하였다. 권리의 존부와 실체적 내용을 확인하고 확정해야만 하는 재판의 관점에서는 법률관계의 모든 요소들이 하나하나 점검되어야만 하기 때문에, 단순히 당위

---

1) D.1.1.1.2 Ulpianus libro primo institutionum.
Huius studii duae sunt positiones, publicum et privatum. Publicum ius est quod ad statum rei Romanae spectat, privatum quod ad singulorum utilitatem:
(법학에는 두 분야가 있다. 공법과 私法이다. 공법은 로마 국가에 관련된 법이고, 사법은 개개인의 이익에 관한 법이다.)

2) 최병조, 『로마法研究(I): 法學의 源流를 찾아서』(서울대학교출판부, 1995), 112ff. ("로마 고전법학의 경제이념")

3) 우병창, 『조선시대재산법』(세창출판사, 2006).

론적인 관점에서 총괄적인 고려에 따라 결론을 도출하는 것은 이해관계가 (경우에 따라서는 대단히 첨예하게) 상충하는 현실에서 지속적으로 실행 가능한 방안이 아니다. 권리의 구현에 초점을 맞춘 결과 로마법은 모든 법률문제에 있어서 세부적인 규율을 중시하는 실천적 실용주의를 취하였다.

소권(actiones)은 국가의 사법담당 정무관이었던 법무관(praetor)이 자신의 法廷節次(in iure)에서 원고에게 부여하였는데, 오랜 경험에 터잡아 정형화된 사안들의 경우(가령 매매, 임대차, 소유물반환청구 등)에는 대체로 이미 전래된 유형화된 소권들이 존재하여 큰 문제가 없었고, 기존의 유형화된 소권이 존재하지 않는 경우에는 법무관이 자신의 高權(imperium)에 기하여 구체적인 사실관계에 기초한 소권("사실소권" actio in factum)을 부여하거나 기타 유사한 방법을 동원하여 대처할 수 있었으므로 권리구제의 면에서 만전을 기할 수 있었다.

소송절차는 두 단계로 나뉘어서 법무관의 法廷 절차에서는 소권의 부여 여부가 결정되고, 소권이 부여되는 경우에는 다시 그것을 구체화하는 소송방식서(formulae)가 원고와 피고의 협력으로 작성되었고("쟁점결정" litis contestatio), 이 소송방식서의 지시내용대로 다음 단계인 심판인절차(apud iudicem)에서 私人이지만 국가의 위임을 받은 심판인(iudex)이 심리와 판결을 하였다. 소송방식서는 로마법학의 정수라고 할 수 있다. 기본적인 내용을 보면, 맨 먼저 심판인을 지정한 다음, 청구의 원인과 취지를 밝히고, 관련된 항변 및 재항변 사유 등을 제시하고, 이어서 심판인으로 하여금 사실의 판명 여부에 따라 所定의 내용대로 유책판결하거나 면소판결할 심판권한을 부여하는 것으로 구성되어 있다. 오늘날의 訴狀과 준비서면의 기재사항을 정형적인 형식에 맞추어 정리한 셈이다. 이 쟁점결정은 국가 공권력을 대변하는 법무관이 심판사항을 확정하는 핵심적인 행위였기에 재판의 기준시점으로 작용하였고, 또 심판인절차에서 이를 벗어나는 訴의 변경이나 일부승소판결이 허용되지 않았다. 과실상계를 통해 유책판결의 범위를 조정하는 것이 심판인에게 허용되지 않았기에, 실체법적인 고찰에서도 과실상계에 해당하는 고려는 나타나지 않는다("모 아니면 도"식 사고방식). 과실상계가 본격적인 법리로서 주장되기 시작한 것은 철저하게 실체법적 사고로 경사된 근세자연법론에서부터였고, 이후 민법전들의 편찬과 더불어서 비로소 관철되었다.[4]

오늘날과 달리 피고를 법정으로 소환하는 일은 12표법 이래 원고의 몫이었으나, 피고의 불응을 저지하기 위한 예방적 방법들(訴訟擔保人, 再出頭擔保設定 등)이 제도적으로 마련되어 있었다. 이러한 제도적 장치들은 원고가 제출한 소장의 끝에 관할관이 기재한 '피고를 데려 오라'는 題辭를 가지고 가서 피고에게 보여도 출두를 확보할 수 없어서 피고가 불응할 때마다 거듭 관청에 잡아와 달라고 요청하고 그때서야 비로소 지방 수령이 재량 하에 差使를 보내 잡아오게 한 조선의 재판 실태[5]와 대비되는 모습이다.

유책판결은 모든 경우에 금전배상을 내용으로 하였다. 의사표시에 갈음하는 판결이나, 대집행을 명하는 판결, 부작위를 명하는 판결 등은 알려져 있지 않았다. 민사집행은 원칙적으로 모든 채권자가 참가하는 파산절차였으므로, 권리의무 관계를 엄밀하고 정치하게 심리·확정해야 할 필요성은 그만큼 컸고, 법률요건에 대한 세심한 고려가 당면과제가 될 수밖에 없었다.

이처럼 소송법적 관점에서 실체법적 사실관계를 고찰한 결과, 하나하나의 요건을 둘러싼 법문과 법률행위의 이해가 초미의 관심사였고, 이러한 분석적 접근은 로마의 법률가들로 하여금 일찍이 다양한 현행 법규범들(법무관고시, 각종 법률, 원로원의결 등)에 대한 주해작업으로 나아가게 했으며, 시간이 지나면서 선배 법률가들의 법학설에 대한 주해(가령 『퀸투스 무키우스 주해』, 『사비누스주해』 등)도 발전하고, 무엇보다도 각종 법률문제에 대한 해답과 학설의 정리를 목표로 하는 저술들(『학설집』, 『해답록』 등)이 주요한 저작 장르로 자리 잡았다. 제정기에는 황제의 칙법에 대한 考究가 대종을 이루고, 학생용 법학원론(*Institutiones*)의 집필(대표적으로 가이우스)도 등장하였다. 이밖에 오늘날 보아도 대단히 전문적인 주제들을 다룬 단행본도 로마에서나 찾아볼 수 있는 현상이었다.

로마법의 인간관이 결정적으로 드러나는 지점이 바로 채권법 분야이다. 그들의 철저히 개인주의적인 인간관은 스스로의 행동과 그에 따르는 효과를 분리하여 사고하는

4) Reinhard Zimmermann, *The Law of Obligations. Roman Foundations of the Civilian Tradition* (1. ed., repr. 1992. - Kenwyn: Juta; München: Beck. 1993), 1047f.

5) 박병호, 『한국의 법』(세종대왕기념사업회, 제1판 1쇄 1974/제2판 1쇄 1999), 87f.

것을 허용하지 않았으므로 오늘날 우리에게는 너무나도 당연한 것으로 여겨지는 직접 대리와 제3자를 위한 계약, 또 원칙적으로 채권양도와 채무인수 같은 법형상을 인정하지 않았다.[6)]

법의 측면에서 인간은 자유인과 비자유인, 즉 노예로 양분되었을 뿐, 두 요소가 다양하게 혼효된 半자유인과 같은 존재는 인정되지 않았다. 이 노예도 자연법상 자유로운 근원적 존재성을 인정받았기에 만민법상의 제도에 불과한 것으로 파악되었다. 그 결과 자연적 자유를 회복하는 노예해방의 제도가 필연적인 것으로 관념되고[7)] 두루 활용되었다. 자유 신분의 문제는 모든 문제에 앞선 최우선의 중대사로 취급되었고, 심지어는 다양한 경우에 자유를 우대하는 조치를 뒷받침하기 위하여 "자유 우대의 원칙"(favor libertatis)이 천명되었다. 노예는 물건으로서 사고파는 대상이었지만, 실제로는 주인의 대행자로서 주인을 위하여 계약을 체결하여 권리를 취득하게 하는 것도 가능하였고, 주인이 허여한 특유재산을 가지고 독립적인 경제주체로 활동할 수도 있었다. 주인과 노예 사이에도 일정한 범위에서 채권채무관계가 승인되었다("자연채무". 본서 47면 이하). 노예에게도 부정되지 않았던 사람으로서의 근원적인 존엄성(dignitas hominum)은 노예의 자식을 다른 동물의 새끼처럼 천연과실로 보는 것을 거부하게 하고,[8)] 노예에게 다른 물건이 부종하는 것은 얼마든지 허용하면서 반대로 노예가 다른

---

6) 최병조, 『로마법강의』(박영사, 1999), 440; 378ff.; 또한 336.

7) D.1.1.4 Ulpianus libro primo institutionum.
Manumissiones quoque iuris gentium sunt. Est autem manumissio de manu missio, id est datio libertatis: nam quamdiu quis in servitute est, manui et potestati suppositus est, manumissus liberatur potestate. Quae res a iure gentium originem sumpsit, utpote cum iure naturali omnes liberi nascerentur nec esset nota manumissio, cum servitus esset incognita: sed posteaquam iure gentium servitus invasit, secutum est beneficium manumissionis. Et cum uno naturali nomine homines appellaremur, iure gentium tria genera esse coeperunt: liberi et his contrarium servi et tertium genus liberti, id est hi qui desierant esse servi.
(노예해방도 만민법에 속한다. 그런데 노예해방(manumissio)은 '손아귀에서(manu) 놓아준다(missio)'에서 유래하는데, 즉 자유의 부여이다. 즉 어떤 이가 노예상태에 있는 동안에는, [주인의] 손아귀와 권력에 복속되어 있지만, 해방되면 [주인의] 권력으로부터 자유로워지는 것이다. 이것은 만민법에서 그 기원을 취했는데, 자연법상으로는 만인은 자유로 태어나며, 노예제도가 未知의 것이므로 노예해방도 알려져 있지 않은 까닭이다. 그러나 만민법상 노예제도가 침입한 후에는, 해방의 恩典도 뒤따르게 되었다. 그래서 우리는 하나의 자연적인 이름으로 '인간'이라고 불리는 반면에, 만민법상으로 인간은 세 부류이기를 시작하였다: 생래자유인, 이에 대한 반대개념으로 노예, 그리고 세 번째 부류인 해방노예, 즉 노예이기를 그친 자.)

8) Cicero, de finibus bonorum et malorum 1.4.12:
An, partus ancillae sitne in fructu habendus, disseretur inter principes civitatis, P. Scaevolam Maniumque

물건에 부종하는 것은 인정하지 않도록 만들었다.[9] 이러한 사실은 자유인이라면 존엄의 무게가 과히 어떠했을지 미루어 짐작케 한다. 실제로 자유인의 신체는 가액 평가의

Manilium, ab iisque M. Brutus dissentiet ...
(여자 노예의 자식이 果實에 속하는 것으로 취급되어야 하는지 여부가 로마의 지도적 인사들, 푸블리우스 스카이볼라와 마니우스 마닐리우스 사이에서 논의될 것이고, 이들로부터 마르쿠스 브루투스가 다른 견해를 취할 것이고, ...)

D.22.1.28.1 Gaius libro secundo rerum cottidianarum sive aureorum.
Partus vero ancillae in fructu non est itaque ad dominum proprietatis pertinet: absurdum enim videbatur hominem in fructu esse, cum omnes fructus rerum natura hominum gratia comparaverit.
(그러나 [용익역권이 설정된] 여자 노예의 자식은 果實에 속하지 않고, 그래서 소유권자의 소유권에 속한다. 왜냐하면 사람이 과실에 속한다는 것이 어불성설인 것으로 인정되었기 때문인데, 모든 과실은 자연세계가 인간을 위하여 마련한 것이기 때문이다.)

D.7.1.68.pr Ulpianus libro 17 ad Sabinum.
Vetus fuit quaestio, an partus ad fructuarium pertineret: sed Bruti sententia optinuit 〈ius〉 fructuarium in eo locum non habere: neque enim in fructu hominis homo esse potest. Hac ratione nec usum fructum in eo fructuarius habebit. Quid tamen si fuerit etiam partus usus fructus relictus, an habeat in eo usum fructum? Et cum possit partus legari, poterit et usus fructus eius.
([용익역권이 설정된 여자 노예의] 자식이 용익역권자에게 속하는지 여부는 오래된 문제였다. 그런데 용익역권은 그것에는 해당되지 않는다는 브루투스의 견해가 관철되었다. 왜냐하면 인간이 인간의 과실에 속한다는 것은 불가능하기 때문이다. 이런 이유로 또한 그에 대해 용익역권자는 용익역권을 가지지 않을 것이다. 그렇지만 자식에 대한 용익역권도 [유증으로] 남겨진 경우에는 어찌되는가, [수유자는] 그에 대해 용익역권을 가지는가 어떤가? 자식이 유증될 수 있으면 그에 대한 용익역권 역시 그러하다.)

D.5.3.27.pr Ulpianus libro 15 ad edictum.
Ancillarum etiam partus et partuum partus quamquam fructus esse non existimantur, quia non temere ancillae eius rei causa comparantur ut pariant, augent tamen hereditatem: quippe cum ea omnia fiunt hereditaria, dubium non est, quin ea possessor, si aut possideat aut post petitam hereditatem dolo malo fecit quo minus possideret, debeat restituere.
(여자 노예들의 자식과 그 자식들의 자식은 비록 과실이라고 평가되지는 않지만, 왜냐하면 함부로 여자 노예들이 출산하도록 할 목적으로 매수되어서는 안 되기 때문인데, 그렇지만 자식들은 상속재산을 증가시킨다. 그들 모두가 상속재산에 속하는 것이 되므로 그들을 점유자는, 점유하든 아니면 상속재산 회복 청구 후 악의로 점유 상실을 야기하였든, 반환하지 않으면 안 된다는 말이다.)

9) D.21.1.44.pr Paulus libro secundo ad edictum aedilium curulium.
Iustissime aediles noluerunt hominem ei rei quae minoris esset accedere, ne qua fraus aut edicto aut iure civili fieret: ut ait Pedius, propter dignitatem hominum: alioquin eandem rationem fuisse et in ceteris rebus: ridiculum namque esse tunicae fundum accedere. Ceterum hominis venditioni quidvis adicere licet: nam et plerumque plus in peculio est quam in servo, et nonnumquam vicarius qui accedit pluris est quam is servus qui venit.
(아주 정당하게도 高等按察官은 告示나 시민법에 脫法行爲(fraus)가 행해지지 않도록 노예가 그보다 低價인 물건에 附從하는 것을 원하지 않았다. 페디우스가 말한 바로는 인간의 존엄(dignitas hominum) 때문이다. 그는 "그밖에도 같은 고려가 다른 물건들에 관해서도 적용되었는데, 왜냐하면 속두루마기에 토지가 부종하는 것은 웃기는 일이기 때문이다"라고 하였다. 반대로 노예의 매도에는 어떤 것이든 附隨시키는 것이 허용된다. 그리고 실제로 많은 경우 노예보다 特有財產(peculium)이 더 高價이고, 또 때로는 부종하는 보조 노예(vicarius)가 매도되는 노예보다 高價이기도 하다.)

대상일 수 없다는 논리로써 상해로 인한 손해배상을 거부하고 치료비 등만을 인정한 불법행위법의 운영은 놀랄만한 하나의 실천적 귀결이다(본서 43면 이하).

물론 이런 모든 궁구의 근저에는 이 세상에서 가장 이성적인 존재로 인간을 파악하는 철학적 인간학(Anthropologie)이 깔려 있었다. 합리적인 법생활이 가능한 주체이기 위하여 갖추어야 하는 이성의 근원에 대해서는 법학 사조에 따라 이해하는 바가 달랐지만, 가는 길의 다양성이 도착지점의 차이를 가져오지는 않았다. 로마법의 인간학을 가장 잘 보여주는 사료는 바로 다음의 개소이다.

C.6.29.3 Imperator Iustinianus (a.530).

Quod certatum est apud veteres, nos decidimus. Cum igitur is qui in ventre portabatur praeteritus fuerat, qui, si ad lucem fuisset redactus, suus heres patri existeret, si non alius eum antecederet et nascendo ruptum testamentum faciebat, si postumus in hunc quidem orbem devolutus est, voce autem non emissa ab hac luce subtractus est, dubitabatur, si is postumus ruptum facere testamentum potest

1. Veteres animi turbati sunt, quid de paterno elogio statuendum sit. Cumque ***Sabiniani*** existimabant, si vivus natus est, etsi vocem non emisit, ruptum testamentum, apparet, quod, etsi mutus fuerat, hoc ipsum faciebat, eorum etiam *nos* laudamus sententiam et sancimus, si vivus perfecte natus est, licet ilico postquam in terram cecidit vel in manibus obstetricis decessit, nihilo minus testamentum corrumpi, hoc tantummodo requirendo, si vivus ad orbem totus processit ad nullum declinans monstrum vel prodigium.

* IUST. A. IULIANO PP. *<A 530 D. XV K. DEC. CONSTANTINOPOLI LAMPADIO ET ORESTE VV. CC. CONSS.>

(C.6.29.3 황제 유스티니아누스 (530년)

옛법률가들 사이에 다투어진 것을 朕은 決判한다. 그러니까 母胎에 있는 자가, 태어났더라면 아버지의 家內相續人이었을 텐데 看過된 경우에, 그보다 선순위여서 태어남으로써 遺言을 破棄하는 타인이 없고, 간과된 자가 실로 이 세상에 태어났으나 목소리를 내지 않은 채로 이 세상에서 앗긴 경우, 그 간과된 자가 유언을 파기할 수 있는지 의문이 제기되었다.

1. 옛법률가들의 의견은 아버지의 終意에 관하여 무엇을 정해야 할지 혼란스럽다. 사비누스 학파의 법률가들은 그가 살아서 태어나면 비록 목소리(vox)를 내지 않았어도 유언은 파기된다고 생각했으므로, 비록 그가 벙어리였어도 동일한 결과를 가져왔다는 것은 확실하고, 朕 역시 그들의 견해를 賞讚하고 다음과 같이 규정한다. 즉 살아서 완벽하게 태어나면 비록 그 직후 땅바닥에 떨어져서 죽거나 助産婦의 손에서 사망했어도 그럼에도 불구하고 유언은 破棄되는바, 다만 살아서 온전한 몸으로 怪物이나 畸形에 해당하지 않는 모습으로 이 세상에 진입했을 것을 요구한다.

* 유스티니아누스 황제가 율리아누스 근위장관에게. *<530년 11월 17일, 콘스탄티노폴리스에서, 顯官 람파디우스와 오레스테스 집정관 시>)

D.28.2.12 Ulpianus 9 ad *Sabinum*.

Quod dicitur filium natum rumpere testamentum, natum accipe et si exsecto ventre editus sit: nam et hic rumpit testamentum, scilicet si nascatur in potestate.

(1) Quid tamen, si non integrum animal editum sit, cum spiritu tamen, an adhuc testamentum rumpat? et tamen rumpit.

(D.28.2.12 울피아누스, 〈사비누스주해〉 제9권

[유언보다 나중에] 자식이 태어나면 유언을 파기한다고 이야기되는 것으로 말하자면, 제왕절개로 세상에 나온 경우에도 태어난 것으로 받아들여야 한다. 왜냐하면 이 자식도 유언을 파기하기 때문인데, 단 태어나 父權에 속하는 경우일 때 말이다.

(1) 그렇다면 온전한 생물체로 세상에 나온 것은 아니지만, 영혼(spiritus)을 가진 경우, 여전히 유언을 파기하는가? 그럼에도 불구하고 파기한다.)

일견 엉뚱한 것 같은 이들 개소에 따르면 사비누스 학파는 어린 아이가 태어나서 숨만 쉬면 그 순간에 인간이고, 따라서 유언에서 간과된 유복자로서 유언을 파기시킨다. 아이가 목소리를 내야만 했다는 반대 견해는 분명 프로쿨루스 학파의 입장이다.

결론에 있어서는 사비누스와 일치하지만, 온전한 인간의 형태를 갖출 것을 요구하는 유스티니아누스의 입장은 고전법률가들에는 미지의 것이었던 그리스도교 이념의 반영이었다.

사비누스 학파가 의거했던 스토아 사상은 우주의 섭리적인 氣(πνεῦμα / spiritus)에 동참함으로써 인간은 비로소 이성적 존재가 된다고 믿었다.[10] 이들의 자연주의적 태도는 노예에게도 당연히 spiritus를 인정하였다.

반면에 인간 이성의 핵심을 언어에서 찾았던 문명법주의자였던 프로쿨루스 학파는 이성은 곧 언설(oratio)이고 목소리(vox)였고, 그래서 이들 모두를 응축한 로고스(λόγος, ratio)였다. 이들에게 법은 인간 이성의 합목적적 산출물이었고, 그 주체는 만인에게 평등하게 인정된 "법인격"(persona)을 통하여 자신을 표출하는 인간이었다.[11] 아이가 태어나서 목소리를 냄으로써 언설의 능력을 보여주지 못한 채 죽으면 그는 이성적 존재였던 적이 한 번도 없기에 그의 존재를 간과한 유언의 효력에 아무런 영향을 주지 않는다는 것이 이 사상의 결론이었다.

---

10) *Stoicorum Veterum Fragmenta* (collegit Ioannes ab Arnim) II (B. G. Teubner, 1903/editio stereotypa 1979), fr.773ff. ('De substantia animae'):
(fr.773) Nemesius de nat. hom. cp.2 p. 38: οἱ μὲν γὰρ Στωϊκοὶ πνεῦμα λέγουσιν αὐτὴν (sc. τὴν ψυχὴν) ἔνθερμον καὶ διάπυρον. (왜냐하면 스토아 사상가들은 氣란 뜨겁고 불타는 魂이라고 말하기 때문이다.)
Tertulianus de anima cp.3: Sed etiam Stoicos allego, qui spiritum praedicantes animam paene nobiscum, qua proxima inter se flatus et spiritus, tamen corpus animam facile persuadebunt. (나는 또한 스토아사상가들을 인용하는데, 그들은 生氣가 영혼이라고 말하는데 거의 우리와 같은바, 숨과 氣의 상호 근사로 말미암은 것이지만, 그러나 영혼이 物이라고 쉽게 證示할 것이다.)
(fr.784) cp.10: At enim vivere spirare est, et spirare vivere est. (그런데 왜냐하면 산다는 것은 숨 쉬는 것이고, 숨 쉰다는 것은 사는 것이기 때문이다.)
(fr.779) Aëtius *Plac.* IV,3,3: Οἱ Στωϊκοὶ πνεῦμα νοερὸν θερμόν (τὴν ψυχήν) (스토아 사상가들은 魂이란 인식 능력을 갖춘 뜨거운 氣라고 한다.)

11) Cicero, De officiis 1.30.107:
Intellegendum etiam est duabus quasi nos a natura indutos esse personis; quarum una communis est ex eo, quod omnes participes sumus rationis praestantiaeque eius, qua antecellimus bestiis, a qua omne honestum decorumque trahitur et ex qua ratio inueniendi officii exquiritur, altera autem, quae proprie singulis est tributa.
(또한 우리는 자연에 의해, 말하자면 두 가지 persona를 부여받았다는 사실을 이해해야 한다. 그 중 하나는 공통적인 것으로서, 우리 모두가 이성과 이성의 탁월함을 나누어 가지고 있고, 그래서 우리가 짐승보다 우월하다는 사실에서 생긴 것이다. 바로 여기서 모든 도덕적 선[正善]과 禮義가 유도되며, 의무를 창출하는 합리적 사유가 모색되는 것이다. 이와는 반대로 다른 하나는 각 개인에게 고유한 것으로서 주어진 것이다.)

유스티니아누스의 인간학은 철저히 그리스도교적이다. 그의 氣는 구약의 창세기에서 신이 인간에게 불어넣어 주었다는 生氣이다.[12] 인간은 게다가 신의 형상(imago Dei)으로 창조된 존재였기에,[13] 그 형상은 괴이한 모습(monstrum, prodigium)이어서는 안 되었다: "vivus perfecte natus!". 반면에 사비누스 학파에게는 우주의 氣를 흡입한 존재이기만 하면 그 생김새는 그다지 중요하지 않았다: "non integrum animal editum"이라도 "cum spiritu"이면 인간임에 모자람이 없다고 본 것이다. 이들에게 신의 형상과의 일치는 처음부터 논외였다. 왜냐하면 인간과 신은 그 형상이 다르다는 게 스토아의 믿음이었기 때문이다.[14]

이처럼 그 구체적인 논리는 다르지만 결론에 있어서 인간 긍정의 철학적 인간학이 뒷받침하고 있는 로마법이 私人의 영역을 그 법과 법학의 중심사로 삼고, 그에 따라 私法, 특히 거래법인 채권법을 발달시킨 것은 결코 우연이 아닌 것이다. 로마인들에게 있어서 법이란 그들이 이해하는 이와 같은 인간을 위한 창출물, 제도였던 것이다: Hominum causa omne ius constitutum est! (인간을 위하여 모든 법은 정립된 것이다.)[15]

채권법의 분야 중 대종인 계약법에서 로마법은 매우 독특한 모습을 취하였다. 오늘

---

12) 구약성서 창세기 2:7 Formavit igitur Dominus Deus hominem de limo terrae, et inspiravit in faciem eius (εἰς τὸ πρόσωπον αὐτοῦ) spiraculum vitae (πνοὴν ζωῆς), et factus est homo in animam viventem (εἰς ψυχὴν ζῶσαν).
(하나님께서 땅으로부터 흙으로 그 사람을 지으시고 그의 코에 생명의 호흡을 불어넣으셨다. 그러자 그 사람은 생명체가 되었다.)
이곳에서 인용한 구약성서의 우리 말 번역은 허성갑 번역, 히브리어직역 구약성서 (말씀의집, 2006)를 따랐다.

13) 구약성서 창세기 1:27 Et creavit Deus hominem ad imaginem suam: ad imaginem Dei (κατ' εἰκόνα θεοῦ) creavit illum, masculum et feminam creavit eos.
(하나님께서 사람을 자신의 형상대로 창조하셨으니 하나님의 형상대로 창조하시되 남자와 여자로 창조하셨다.)
1:28 Benedixitque illis Deus.
(하나님께서 그들에게 복 주시며)
Cf. 구약성서 시편 32(33).6 Verbo Domini caeli firmati sunt; Et spiritus oris eius omne agmen eorum.
(여호와의 말씀으로 하늘이 만들어졌고 그의 입의 영으로 그 모든 군대가 만들어졌다.)

14) *Stoicorum Veterum Fragmenta* II, frr.1057-1060 ('Deum non esse forma humana'):
(fr.1057) Lactantius de ira cp.18: Omitto de figura dei dicere, quia Stoici negant habere ullam formam deum.
(나는 신의 형상에 관해서는 이야기하지 않겠는데, 왜냐하면 스토아 사상가들은 신이 도대체 어떤 형상을 가졌다는 것을 부인하기 때문이다.)
(fr.1059) Seneca Apocolocyntosis 8: Est aliquid in illo Stoici dei, iam video: nec cor nec caput habet. (저 스토아의 신에게 뭐가 있는지 나는 이미 아네: 그는 심장도 없고, 머리도 없다네.)

15) D.1.5.2 Hermogenianus libro primo iuris epitomarum.
Cum igitur hominum causa omne ius constitutum sit ...

날처럼 私的自治(본서 39면 이하)에 기반한 모든 계약이 계약으로서 인정된 것이 아니라, 법이 제한적으로 인정하는 유형만이 온전한 계약(contractus)으로서의 효력이 승인되었을 뿐이기 때문이다("계약법정주의"). 이에 해당하지 않는 여타의 무방식의 약정(pactum)은 소권의 기초가 되지 못하고, 다만 항변권만을 발생시킬 뿐이었다("裸約定에서 소권은 발생하지 않는다" Ex nudo pacto non oritur actio). 이러한 차이는 로마인들이 개별적인 계약관계를 매우 구체적으로 엄밀히 분석하여 그 관계의 본성(natura contractus)에 합당하게 규율한 데서 비롯하는데, 전형계약들 사이의 차이들 역시 이러한 본성에 대한 통찰의 결과였다.

그리하여 계약은 엄정한 법률논리가 우선해야 하는 엄격법상의(stricti iuris) 계약과 신의성실의 원칙이 지배하는 誠意(bonae fidei) 契約으로 분류되고, 후자는 다시 그 본성에 따라서 요구되는 신의성실의 범위가 서로 다르게 파악되었다. 예컨대 賣買도 성의계약이고, 委任도 성의계약이어서 그 소송방식서에 ex fide bona ("신의성실에 기하여") 급부할 바를 급부하도록 한다는 내용이 삽입된다는 점에서는 공통되지만, 각 생활관계의 양상에 따라서 요구되는 신의성실의 강도에 차등을 두었다. 가령 쌍방 간에 자신의 私益을 최대한도로 도모하는 것이 허용되지만,[16] 서로에게 거래상 요구되는 신실함은 지킬 것이 신의성실의 내용인 매매에서는 설사 계약의무 위반으로 인하여 유책판결을 받더라도 금전으로 표시된 배상액의 지급의무만이 발생하였다. 반면에 상대방의 신임에 기하여 수임인으로 지명되어 무상으로 상대방의 사무를 처리해 주기로 한 수임인은 계약의무를 위반하는 경우 무보수임에도 불구하고 그 신임관계를 깬 잘못이 중대한 신의칙 위반에 해당하는 것으로 이해되었다. 그래서 유책판결을 받으면 가외로 파렴치(infamia)의 명예벌이 부과되고, 사회적으로 신뢰할 수 없는 인물로 낙인찍혀서 증언능력 등이 제한되는 등 상당히 무거운 제재가 뒤따랐다.

또 여러 면에서 피해자를 두텁게 보호했음에도 불구하고 파렴치의 효과는 없었던 强迫訴權과 달리, 상대적으로 보호가 덜 두터웠다고 할 수 있는 詐欺訴權의 경우에 파렴치의 효과가 따랐던 것도 남을 속이는 것에 대한 로마인들의 반감을 잘 증거한다.[17]

16) D.4.4.16.4 (Ulpianus 11 ed.); D.19.2.22.3 (Paulus 34 ed.); 최병조, 『로마법강의』(박영사, 1999), 268ff.

로마의 전형계약은 그 성립의 방식에 따라서 크게 要物(re)계약, 諾成(consensu)계약, 言成(verbis)계약, 文記(litteris)계약으로 구분되었는데, 앞의 두 개는 오늘날의 이해와 다르지 않았다. 소비대차(mutuum), 임치(depositum) 등이 전자의 예이고, 매매(emptio venditio), 賃約(locatio conductio: 이것은 임대차[locatio conductio rei], 고용[locatio conductio operarum], 도급[locatio conductio operis]을 포괄한다), 위임(mandatum), 조합(societas) 등이 후자의 예이다. 언성계약은 말로 하는 문답이 법정된 형식에 부합하게 합치하는 내용으로 이루어진 경우에 성립하는 계약이었으며(문답계약: stipulatio), 일방적으로 일정한 급부를 약속하는 낙약자와 약속을 받는 요약자가 한자리에서 체결하였다. 어떠한 내용도 담을 수 있고, 그 자체로서 권리와 의무를 발생시킨다는 편리성 때문에 매우 빈번히 활용된 계약 유형이었다. 채권 총칙에서 정식화된 많은 법리들은 문답계약에서 논의된 것들이 상당히 많다. 문기계약은 출납을 기재하는 회계장부에 채권채무의 내역을 기입함으로써 성사하는 계약이었다.

채권의 발생 사유로는 각종 계약과 불법행위(불법재물손괴, 절도, 강도, 侵辱[iniuria] 등) 외에도 나중에 유스티니아누스 황제가 준계약(사무관리, 부당이득 등)과 준불법행위로 분류한 것들이 인정되었다. 전자는 당사자의 의사합치가 없이 이루어지는 데 착안하고, 후자는 가해자 측의 귀책사유 없이 엄격책임으로 구성되었다는 점이 기준이었는데, 投下物·流出物訴權, 立置物·懸垂物訴權, 四足動物加害訴權 등이 이에 속하였다. 불법행위법에서 오늘날과 다른 특징 중의 하나는 가해자(노예, 자식, 동물)를 피해자에게 넘겨줌으로써 금전배상에 갈음하는 加害者委付(noxae deditio)가 손해배상의 방법으로 인정된 것이었다.

불법행위법에서 특히 두드러지듯이 과실책임주의를 대종으로 하면서도 필요한 경우 무과실책임주의를 과감하게 채택했다는 점은 계약법에서도 다르지 않은 로마 채권법의 특색 중의 하나이다. 매도인의 하자담보책임은 계약 영역에서 무과실책임주의의 대표적인 예이다. 그 골간에 있어서 후대에 고스란히 전수된 이러한 체계는 물권법의 영역에서 본권과 점유의 준별, 소유권과 타물권의 구별, 담보물권의 개념과 법리의 정

17) 최병조, 『로마법강의』(박영사, 1999), 373ff.

립 등과 더불어 오늘날까지 그대로 전수된 로마법의 업적이다.

오늘날 총칙이나 총론이라는 개념은 거의 당연한 것으로 생각된다. 민법전도 총칙이라는 용어를 명시적으로 사용한다. 그러나 이 개념은 로마인들에게는 낯선 것이었다. 데카르트의 기하학적인 방법론이 득세하면서 연역적 사고와 체계 구성이 모든 학문 분야에 자리 잡고, 법학에서도 이러한 방법론이 근세 理性法論에 의하여 채택되면서 비로소 등장한 개념이 바로 총칙, 총론이다.[18] 그러나 유럽의 로마법적 보통법(ius commune) 전통으로부터 총칙의 마련이 가능했던 것은 체계 구성의 소재였던 로마법에 이미 그러한 요소들이 존재했었기 때문에 가능한 것이었다. 로마인들은 (이미 지적했듯이) 각 법률관계의 본성을 중시하여 각 법형상에 고유한 법논리를 개발하였다. 그들은 어떤 법리라도 그것을 일반화시키면 구체적 법생활의 실태를 그르칠 수 있다는 가능성을 누구보다도 잘 인식하고 있었다. 어떤 法理則(regula iuris)이든 그것을 傳家의 寶刀처럼 휘두르는 것을 극력 경계하였다.[19] 그러나 많은 법률관계에는 상호간에 공통된 요소들이 존재할 수밖에 없고, 이러한 공통 요소들이 실질적으로는 이미 총론적인 맥락에서 구사되었다. 민법 총칙과 채권 총칙의 많은 법조문들은 이러한 것들을 더욱 추상화하고 더욱 일반화된 형식으로 표현한 것이다.

그러나 가장 중요한 로마법의 기여와 영향은 근본적으로 채권의 개념을 정립하고, 이것을 물권 개념과 대비시켰으며, 이것들을 소권의 맥락에서 서로 본질적으로 구별되는 對人訴權(actiones in personam)과 對物訴權(actiones in rem)으로 체계화하여 후대에 물려주었다는 점이다(본서 35면 이하). 이러한 소권들을 통하여 채권법의 영역은 물론이거니와 물권법의 영역에서도 당사자 간의 법률관계를 사적 자치에 맡기는 기본 입장이 관철되었다. 다양한 법제도들이 예방법학적인 관점에서 마련되고, 실제

18) Martin Lipp, *Die Bedeutung des Naturrechts für die Ausbildung der Allgemeinen Lehren des deutschen Privatrechts* (1980).

19) D.50.17.202 Iavolenus libro 11 epistularum.
Omnis definitio in iure civili periculosa est: parum est enim, ut non subverti posset.
(시민법에 있어서 모든 法理則은 위험하다. 왜냐하면 顚倒될 수 없기가 거의 불가능하기 때문이다.)
이곳에서 definitio = regula의 의미이다. 同旨 Heumann/Seckel, *Handlexikon zu den Quellen des römischen Rechts* (Akademische Druck- und Verlagsanstalt Graz - Austria, 11. Auflage 1971), s.v. definire 2) (p.129).

로도 이해관계의 조율이 합의에 의한 권리의 설정을 통하여 해결되었다. 다양한 계기에 재판상 및 재판 외에 적극 활용되었던 담보제공(cautio)의 방책은 가장 전형적이고 대표적인 예이다. 또 가령 일조권을 둘러싼 분쟁을 예로 들면, 우리나라에서는 아직도 불법행위를 이유로 하여 사후적인 배상을 구하는 단계에 머물러 있다고 할 수 있으나, 로마에서는 일찍이 일조권을 확보하기 위하여 제한물권인 役權의 설정이 두루 사용되었다.

사법정책적인 고려가 가능했던 법무관은 또한 원상회복(restitutio in integrum)이나 特示命令(interdictum)과 같은 신속한 구제수단을 동원하여 다양한 경우에 司法 正義를 실현하였다. 채권법을 관통한 로마인들의 정의 관념은 "각자에게 그의 권리를" 귀속시킨다는 점에서 大義的 정의(iustitia)[20]의 법에 있어서의 구체화였다.[21] 그들에게 정의는

---

20) D.1.1.10.1 Ulpianus libro secundo regularum.
Iuris praecepta sunt haec: honeste vivere, alterum non laedere, suum cuique tribuere.
(법의 계율은 이것이다: 품덕있게 사는 것, 타인을 해치지 않는 것, 각자에게 그의 몫을 주는 것.)

21) D.1.1.10.pr Ulpianus libro secundo regularum.
Iustitia est constans et perpetua voluntas ius suum cuique tribuendi.
(正義란 각자에게 그 자신의 권리를 배분하려는 恒常的이고 不斷한 의지이다.)
로마에서 正義의 규정으로 알려진 定式들은 약간씩 그 표현상 차이가 있다. 그 異同을 식별하는 일은 종래 일반적으로 해온 것들보다는 더욱 섬세한 감각을 요구한다. 이곳에서는 그 정식들을 소개만 해두겠다. Cf. L. Peppe, "Riflessioni sulla nozione di '*iustitia*' nella tradizione giuridica europea", *Ius Antiquum* 17 (2006), 116ff.
Gellius, Noctes Atticae 13.24.1: (M. Cato censor:) Suum cuique per me uti atque frui licet.
Rhetorica ad Herennium 3.2.3: Honesta res dividitur in rectum et laudabile. Rectum est, quod cum virtute et officio fit. Id dividitur in prudentiam, iustitiam, fortitudinem, modestiam. ... Iustitia est aequitas ius uni cuique retribuens pro dignitate cuiusque.
Cicero, De inventione 2.53.160: Iustitia est habitus animi, communi utilitate conservata, suam cuique tribuens dignitatem.
Cicero, De finibus bonorum et malorum 5.23.65, 67: (65) Quae animi affectio suum cuique tribuens ... iustitia dicitur. (67) ... iustitia in suo cuique tribuendo (sc. cernatur).
Cicero, De natura deorum 3.15.38: Nam iustitia, quae suum cuique distribuit, quid pertinet ad deos; hominum enim societas et communitas, ut vos dicitis, iustitiam procreavit.
Cicero, De officiis 1.5.15: Sed omne quod est honestum, id quattuor partium oritur ex aliqua: aut enim in perspicientia veri sollertiaque versatur aut in hominum societate tuenda tribunedoque suum cuique et rerum contractarum fide aut in animi ... magnitudine ... aut in omnium ... ordine et modo ...
Cicero, De republica 3.7.10 (Lactantius): Plurimi quidem philosophorum, sed maxime Plato et Aristoteles, de iustitia multa dixerunt adserentes et extollentes eam summa laude virtutem, quod suum cuique tribuat, quod aequitatem in omnibus servet.
Seneca, Epistulae morales 81.7: Hoc certe [...] iustitiae convenit, suum cuique reddere, beneficio gratiam, iniuriae talionem aut certe malam gratiam.
Augustinus, De civitate Dei 19.21.1: Iustitia porro ea virtus est, quae sua cuique distribuit.

단순한 법이념이나 원리가 아니라, 그것을 실현시키고 실천하고자 하는 한결같고 꾸준한 의지 그 자체였으며, 로마의 법률 담당자들은 모두가 그들 자신이 이러한 정의의 의지를 구현하고 있는 "司祭"(sacerdotes)라는 긍지를 지녔었다.[22] 그들이 자신들의 존재로 인해 로마의 법이 日新又日新한다고 토로했을 때,[23] 그 방법은 평등한 법인격자인 만인에게 언제라도 고르게 적용될 수 있는 합리적인 법제도의 마련과 가변적인 법외적 요소들에 휘둘리지 않는 그 일관된 실천이었다. 이런 모든 점에서 로마채권법 역시 고전성기 법학의 거두였던 켈수스가 "善과 형평의 기술"(ars boni et aequi)이라고 멋들어지게 정식화했던 법학[24]의 정수를 잘 체현한 성과였다.

이런 의미에서 이 대조집이 세세한 개별적인 법기술적 측면 못지않게, 아니 그보다 더 중요하게 로마법의 정신을 살필 수 있는 계기가 되기를 희망한다. 마침 『로마법의 정신』(*Geist des römischen Rechts auf den verschiedenen Stufen seiner Entwicklung*)이란 유명한 책을 썼던 19세기 독일의 대법학자 루돌프 폰 예링이 촌철살인적으로 상기시켰듯이("로마법을 통하여 로마법을 넘어!") 그것을 초월하기 위해서 그것과 철저히 대결해야만 하는 인류의 위대한 유산이 바로 로마법이기 때문이다.

Isydorus, Etymologiae 2.24.6: Iustitia, qua recte iudicando sua cuique distribuunt.

22) D.1.1.1.1 Ulpianus libro primo institutionum.
Cuius merito quis nos sacerdotes appellet: iustitiam namque colimus et boni et aequi notitiam profitemur, aequum ab iniquo separantes, licitum ab illicito discernentes, bonos non solum metu poenarum, verum etiam praemiorum quoque exhortatione efficere cupientes, veram nisi fallor philosophiam, non simulatam affectantes.
(사람들이 우리를 [正義의] 사제라고 부르는 것은 당연한 것인데, 왜냐하면 우리는 正義를 실천하고 善과 형평에 관한 지식을 가르치기 때문인바, 불공평으로부터 공평을 분리하고, 불법으로부터 합법을 준별하며, 형벌의 威嚇뿐만 아니라 보상의 격려로써도 사람들을 善人으로 만들기를 원하면서, 내가 착각을 하는 것이 아니라면, 거짓 哲理가 아닌 참된 哲理[철학]를 추구하기 때문이다.)

23) D.1.2.2.13 Pomponius libro singulari enchiridii.
... quod constare non potest ius, nisi sit aliquis iuris peritus, per quem possit cottidie in melius produci.
(... 왜냐하면 만약 법률가들을 통하여 법이 날마다 개선될 수 없다면, 법은 지속될 수 없기 때문이다.)

24) D.1.1.1.pr. Ulpianus libro primo institutionum.
Iuri operam daturum prius nosse oportet, unde nomen iuris descendat. est autem a iustitia appellatum: nam, ut eleganter celsus definit, ius est ars boni et aequi.
(법을 공부하려는 자는 먼저 법(ius)이라는 명칭이 어디서부터 유래하였는지를 알아야 한다. 그것은 正義(iustitia)로부터 명명된 것이고, 켈수스가 精妙하게 定義했듯이, 법[학]은 善과 衡平의 技術인 것이다.)

일러두기

1. 민법 조문 순서에 따라 해당하는 로마법 개소를 추출 선별하여 원문과 번역문을 실었다.

2. 필요시 이해에 필요한 설명은 최소한 간략하게 붙였다.

3. 로마법 개소들은 대략적인 주제별로 묶어서 소개하였다. 주제는 【 】, 〈 〉, – – 등을 써서 표시하였다.

4. 사용한 원전의 약호는 다음과 같다.
   (1) C. = Codex Iustinianus 유스티니아누스 칙법휘찬 (ed. P. Krueger).
   (2) CTh. = Codex Theodosianus 테오도시우스 칙법집 (ed. Mommsen).
   (3) D. = Digesta Iustiniani 유스티니아누스 학설휘찬 (ed. Mommsen).
   (4) FIRA = Bruns, Fontes Iuris Romani Antiqui 고대로마법사료집성 (1909[7]).
   (5) Fr. Vat. = Iuris anteiustiniani Fragmenta quae dicuntur Vaticana 바티칸단편 (ed. Mommsen 1890).
   (6) Gai. = Gai Institutionum commentarii quattuor 가이우스 법학원론.
   (7) Inst. = Institutiones Iustiniani 유스티니아누스 법학제요 (ed. P. Krueger).
   (8) Nov. = Novellae Iustiniani 유스티니아누스 신칙법집 (edd. Schoell et Kroll).
   (9) PS. = Iulii Pauli Libri quinque sententiarum ad filium 僞파울루스 견해록 (ed. P. Krueger).
   (10) VI°. = Liber Sextus Decretalium 교회법대전 제6서 (ed. E. Friedberg).

5. 원전 개소에서 사용한 약호는 다음과 같다.
   (1) a. = anno (年). 칙령 발포연도가 표시되지 않은 것은 그 정확한 연도가 전승되지 않은 것이다.
   (2) del. = delet (지우다). 전승텍스트의 오류 부분을 교정하는 삭제이다. 이어지는 인명은 제안한 학자 이름이다.
   (3) pr. = principium (序項).
   (4) + = 그 다음 개소로 계속됨을 표시한다.

6. 원전 개소는 원칙적으로 다음 판본을 저본으로 사용하였다.
   (1) 가이우스 법학원론

   M. David (ed.), Gai Institutiones. Editio minor [Studia Gaiana I], Leiden, E. J. Brill, 1964.

   (2) 로마법대전

   Theodor Mommsen 등 편, Corpus Iuris Civilis.

   필요시 *Otto Lenel*, Palingenesia Iuris Civilis 등을 이용하여 교정함.

   (3) 이상의 것들 및 기타 법률원전 들은 또한 다음의 온라인 제공 데이터베이스를 활용하였다.

   http://webu2.upmf-grenoble.fr/Haiti/Cours/Ak/

   [The Roman Law Library by Y. Lassard & A. Koptev]

민법

제3편 채권

제1장 총칙

【채권의 개념】

• 로마법상 obligatio는 '채권채무관계', '채권', '채무'를 모두 표현할 수 있었다. 반면에 debitum은 '채무'의 뜻만을 지녔다.

－채권－

Inst.3.13.pr.
Nunc transeamus ad obligationes. obligatio est iuris vinculum, quo necessitate adstringimur alicuius solvendae rei, secundum nostrae civitatis iura.

D.44.7.3.pr. Paulus 2 institutionum.
Obligationum substantia non in eo consistit, ut aliquod corpus nostrum aut servitutem nostram faciat, sed ut alium nobis obstringat ad dandum aliquid vel faciendum vel praestandum.

민법

제3편 채권

제1장 총칙

【채권의 개념】

• 로마법상 obligatio는 '채권채무관계', '채권', '채무'를 모두 표현할 수 있었다. 반면에 debitum은 '채무'의 뜻만을 지녔다.

– **채권** –

법학제요, 제3권 제13장 서항.
이제 채권으로 넘어가자. 채권이란 우리가 우리나라의 법에 따라 그 구속으로 인해 어떤 것을 변제할 의무를 부담하게 되는 법의 사슬이다.

D.44.7.3.pr. 파울루스, 법학원론 제2권.
채권의 본질은 어떤 유체물 또는 역권을 우리의 것으로 만드는 것이 아니라, 어떤 것을 주거나 하거나 보장하도록* 타인을 우리에게 구속시키는 데 있다.

* dare, facere, praestare는 로마법상 급부목적을 표현하는 전형적인 용어이다.

D.50.16.11 Gaius 11 ad edictum provinciale.

"creditorum" appellatione non hi tantum accipiuntur, qui pecuniam crediderunt, sed omnes, quibus ex qualibet causa debetur:

D.50.16.12.pr. Ulpianus 6 ad edictum.

Ut si cui ex empto vel ex locato vel ex alio ullo debetur. Sed et si ex delicto debeatur, mihi videtur posse creditoris loco accipi. Quod si ex populari causa, ante litis contestationem recte dicetur creditoris loco non esse, postea esse.

– 채무 –

D.50.16.213.1 Ulpianus 1 regularum.

"Aes alienum" est, quod nos aliis debemus: "aes suum" est, quod alii nobis debent.

D.50.16.108 Modestinus 4 pandectarum.

"Debitor" intellegitur is, a quo invito exigi pecunia potest.

D.50.17.66 Iulianus 60 digestorum.

Marcellus. Desinit debitor esse is, qui nanctus est exceptionem iustam nec ab aequitate naturali abhorrentem.

D.50.16.11 가이우스, 속주고시주해 제11권.

"채권자"란 명칭은 금전채무의 채권자들만이 아니라 임의의 원인으로 채권이 있는 모든 자들을 의미한다.*

* creditor의 원뜻은 "신용을 준 자"이다.

D.50.16.12.pr. 울피아누스, 고시주해 제6권.

어떤 자가 매매나 임약賃約이나 다른 여하한 원인으로 채권이 있는 경우처럼. 그러나 불법행위로 채권이 있는 경우에도 채권자로 받아들여질 수 있다는 것이 사견私見이다. 그러나 국민소송* 사유로 인한 경우라면 쟁점결정** 전에는 채권자가 아니고, 그 후에야 채권자라고 말하는 것이 옳을 것이다.

* 국민소송: 일반인에게 원고 적격이 인정되는 소송.

** 쟁점결정(litis contestatio): 원・피고가 심판인 절차에서 소송하도록 법무관 앞에서 확정하는 것. 소송계속의 효과가 발생한다.

- 채무 -

D.50.16.213.1 울피아누스, 법규칙편록 제1권.

"인동人銅"[남의 돈]이란 우리가 남들에게 빚진 것이고[부채], "기동己銅"[자기 돈]이란 남들이 우리에게 빚진 것이다.

D.50.16.108 모데스티누스, 총람 제4권.

"채무자"란 그로부터 의사에 반하여 채무금이 추심될 수 있는 자를 말한다.

D.50.17.66 율리아누스, 학설집 제60권.

마르켈루스. 정당하고 또 자연적 정의와 상충하지 않는 항변을 획득한 자는 채무자이기를 그친다.

D.50.16.178.3 Ulpianus 49 ad Sabinum.

Hoc verbum "debuit" omnem omnino actionem comprehendere intellegitur, sive civilis sive honoraria sive fideicommissi fuit persecutio.

D.17.1.2.6 Gaius 2 cottidianarum.

Tua autem gratia intervenit mandatum, veluti si mandem tibi, ut pecunias tuas potius in emptiones praediorum colloces quam faeneres, vel ex diverso ut faeneres potius quam in emptiones praediorum colloces: cuius generis mandatum magis consilium est quam mandatum et ob id non est obligatorium, quia nemo ex consilio obligatur, etiamsi non expediat ei cui dabatur, quia liberum est cuique apud se explorare, an expediat sibi consilium.

제1절 채권의 목적

민법 제373조 (채권의 목적)

금전으로 가액을 산정할 수 없는 것이라도 채권의 목적으로 할 수 있다.

【私的 자치】

〈원칙〉

D.50.16.178.3 울피아누스, 사비누스주해 제49권.

"채무가 있었다"라는 이 말은 전적으로 모든 소권을 포괄하는 것으로 이해된다. 시민법상의 것이든 명예관법상의 것이든 [비상심리절차*에 의하는] 신탁유증의 청구이었든.

* 비상심리절차는, 법무관 면전의 법정절차(in iure)와 심판인절차(apud iudicem)로 이원화되는 통상의 정규 방식서소송절차와 달리 처음부터 끝까지 법무관이 관장하는 절차로 훨씬 더 융통성이 있었다.

D.17.1.2.6 가이우스, 일용법서 제2권.

그런데 너를 위하여 위임이 개입하였다. 가령 내가 너에게 너의 돈을 식리殖利하기보다 부동산 매수에 투자하기를 위임하는 경우, 또는 반대로 부동산 매수에 투자하기보다 식리殖利하도록 위임하는 경우처럼. 이러한 종류의 위임은 위임이라기보다는 권고이고, 그래서 그 때문에 구속적이지 않다[채권채무관계가 발생하지 않는다]. 왜냐하면 아무도 권고로 인하여 구속되지는 않기 때문이다. 비록 권고가 주어진 자에게 그것이 이롭지 않더라도. 왜냐하면 각자는 권고가 자신에게 이로운지 아닌지 손수 살필 자유가 있기 때문이다.

제1절 채권의 목적

민법 제373조 (채권의 목적)

금전으로 가액을 산정할 수 없는 것이라도 채권의 목적으로 할 수 있다.

【私的 자치】

〈원칙〉

C.4.10.5 Imperatores Diocletianus, Maximianus (a.293).

Sicut initio libera potestas unicuique est habendi vel non habendi contractus, ita renuntiare semel constitutae obligationi adversario non consentiente minime potest. Quapropter intellegere debetis voluntariae obligationi semel vos nexos ab hac non consentiente altera parte, cuius precibus fecistis mentionem, minime posse discedere.

C.4.37.6 Imperator Justinianus (a.531).

De societate apud veteres dubitatum est, si sub condicione contrahi potest: puta "si ille consul fuerit" societatem esse contractam. Sed ne simili modo apud posteritatem sicut apud antiquitatem huiusmodi causa ventiletur, sancimus societatem contrahi posse non solum pure, sed etiam sub condicione: voluntates etenim legitime contrahentium omnimodo conservandae sunt.

〈法定의 원인〉

D.2.14.7.4 Ulpianus 4 ad edictum.

Sed cum nulla subest causa, propter conventionem hic constat non posse constitui obligationem: igitur nuda pactio obligationem non parit, sed parit exceptionem.

【채권의 목적】

D.50.16.11 Gaius 1 ad edictum provinciale.

"Creditorum" appellatione non hi tantum accipiuntur, qui pecuniam crediderunt, sed omnes, quibus ex qualibet causa debetur:

C.4.10.5 디오클레티아누스 / 막시미아누스 황제, 293년.

애초에 계약을 할지 안 할지의 자유로운 권능이 각자에게 있듯이, 일단 체결된 채권채무관계는 상대방이 동의하지 않으면 결코 파기할 수 없다. 그런 고로 그대들은 자발적으로 맺은 채권채무관계에 일단 구속된 것이므로, 각 상대방이 동의하지 않으면 이 관계로부터 결코 이탈할 수 없음을 알아야만 한다.

C.4.37.6 유스티니아누스 황제, 531년.

조합에 관하여 옛 법률가들 사이에 예컨대 "그가 통령이 된다면" 조합계약이 체결된다는 식의 조건부로 체결될 수 있는지에 관하여 논란이 있었다. 그러나 옛 법에서처럼 후대의 법에서 이러한 사안에 논란이 일어나지 않도록 짐은 조합계약이 부관 없이도, 뿐만 아니라 조건부로도 체결될 수 있다고 정한다. 왜냐하면 적법하게 체약하는 자들의 의사意思는 전적으로 준수되어야 하기 때문이다.

〈法定의 원인〉

D.2.14.7.4 울피아누스, 고시주해 제4권.

그러나 아무런 법정의 원인이 뒷받침하지 않는 경우, 이때에는 단순한 합의로 인해서는 채권이 창설될 수 없다는 것이 정설이다. 그런 고로 단순한 무방식의 약정은 채권을 발생시키지 않고 항변만을 발생시킬 뿐이다.

【채권의 목적】

D.50.16.11 가이우스, 속주고시주해 제1권.

"채권자"란 명칭은 금전채무의 채권자들만이 아니라 임의의 원인으로 채권이 있는 모든 자들을 의미한다.

〈주관적 불능〉

D.45.1.137.5 Venuleius 1 stipulationum.

Si ab eo stipulatus sim, qui efficere non possit, cum alio possibile sit, iure factam obligationem Sabinus scribit.

〈객관적 불능〉 → 이행불능

D.50.17.31 Ulpianus 42 ad Sabinum.

Verum est neque pacta neque stipulationes factum posse tollere: quod enim impossibile est, neque pacto neque stipulatione potest comprehendi, ut utilem actionem aut factum efficere possit.

【가액 산정】

－불융통물－

D.1.8.9.5 Ulpianus 68 ad edictum.

Res sacra non recipit aestimationem.

－자유인의 몸값－

D.9.1.3 Gaius 7 ad edictum provinciale.

Ex hac lege iam non dubitatur etiam liberarum personarum nomine agi posse, forte si patrem familias aut filium familias vulneraverit quadrupes: scilicet ut non deformitatis ratio habeatur, cum liberum corpus aestimationem non recipiat, sed

〈주관적 불능〉

D.45.1.137.5 베눌레이우스, 문답계약강해 제1권.
이행을 할 수 없는 자로부터 내가 문답요약했는데, 그 이행이 다른 사람은 가능한 경우, 채권이 적법하게 성립한 것이라고 사비누스는 기술한다.

〈객관적 불능〉 → 이행불능

D.50.17.31 울피아누스, 사비누스주해 제42권.
무방식의 약정도, 또 문답계약도 기성사실既成事實을 제거할 수 없다는 것은 참이다. 왜냐하면 불가능한 것은 무방식의 약정에도, 문답계약에도 내용으로 포함될 수 없어서, 소권이든 행위든 유효하게 만들 수 없기 때문이다.

【가액 산정】

-불융통물-

D.1.8.9.5 울피아누스, 고시주해 제68권.
신성물神聖物은 가액평가되지 않는다.

-자유인의 몸값-

D.9.1.3 가이우스, 속주고시주해 제7권.
이제 가령 가부家父나 가자家子를 4족동물이 상해한 경우, 이 법률에 기하여 또한 자유인의 명목으로도 소구될 수 있음은 의문의 여지가 없다. 물론 자유인의 신체는 가액산정의 대상이 아니므로 장애는 고려되지 않고, 치료에 든 비용과 이미 상실한 노동력

impensarum in curationem factarum et operarum amissarum quasque amissurus quis esset inutilis factus.

D.9.3.1.5 Ulpianus 23 ad edictum.

Sed cum homo liber periit, damni aestimatio non fit in duplum, quia in homine libero nulla corporis aestimatio fieri potest, sed quinquaginta aureorum condemnatio fit.

D.40.7.9.2 Ulpianus 28 ad Sabinum.

Illud tractatum est, an liberatio contingat ei qui noxae dederit statuliberum. et Octavenus putabat liberari: et idem dicebat et si ex stipulatu Stichum deberet eumque statuliberum solvisset: nam et si ante solutionem ad libertatem pervenisset, extingueretur obligatio tota: ea enim in obligatione consistere, quae pecunia lui praestarique possunt, libertas autem pecunia lui non potest nec reparari potest. quae sententia mihi videtur vera.

D.50.17.106 Paulus 2 ad edictum.

Libertas inaestimabilis res est.

D.50.17.176.1 Paulus 13 ad Plautium.

Infinita aestimatio est libertatis et necessitudinis.

및 무용無用한 자가 되어서 장차 상실할 노동력이 고려된다.

D.9.3.1.5 울피아누스, 고시주해 제23권.
자유인이 사망한 경우 손해산정이 2배액으로 되지 않는다. 왜냐하면 자유인의 경우 신체에 대한 가액평가는 행해질 수 없고, [정액배상으로] 50금의 유책판결이 행해지기 때문이다.

D.40.7.9.2 울피아누스, 사비누스주해 제28권.
조건부 해방노예를 가해자위부加害者委付*한 자가 채무로부터 벗어나는지 여부가 논의되었다. 그런데 옥타베누스(주활동기간: 80-120년)는 벗어난다는 견해를 밝혔다. 또한 문답계약에 기하여 노예 스티쿠스를 인도할 의무를 부담하는데 그를 조건부 해방노예로 만들어 변제하는 경우에도 동일하다고 하였다. 단 변제 전에 그가 자유에 도달하였다면, 채무는 전부 소멸한다. 금전 지급으로 갚아지고 이행될 수 있는 것이 채무로 성립하는 것이라면, 자유는 금전 지급에 의하여 갚아질 수도 없고 보상될 수도 없기 때문이다. 이 견해는 옳은 것으로 내게 보인다.

* 가해자위부란 타인에게 가해를 한 가자家子나 노예, 또는 동물을 가부家父나 주인이 피해자에게 넘김으로써 손해배상에 갈음하는 제도이다.

D.50.17.106 파울루스, 고시주해 제2권.
자유는 가액평가할 수 없는 것이다.

D.50.17.176.1 파울루스, 플라우티우스주해 제13권.
자유와 혈족관계는 가액으로 평가할 수 없다.

【자연채무】

• 로마법상 이행된 것을 보유(soluti retentio)할 적법성은 인정되지만, 적극적으로 소구訴求할 수는 없는 다양한 유형의 채권을 자연채무(naturalis obligatio; natura debitum)라고 통칭하였다. 이때 "자연"이란 자연법적이란 것이라기보다는 시민법적인 완전한 효과가 결여된 것이라는 상대적 표현일 뿐이다.

〈자연채무의 사례들〉

D.26.8.5.pr. Ulpianus 40 ad Sabinum.
Pupillus obligari tutori eo auctore non potest. Plane si plures sint tutores, quorum unius auctoritas sufficit, dicendum est altero auctore pupillum ei posse obligari, sive mutuam pecuniam ei det sive stipuletur ab eo. Sed et cum solus sit tutor mutuam pecuniam pupillo dederit vel ab eo stipuletur, non erit obligatus tutori: naturaliter tamen obligabitur in quantum locupletior factus est: nam in pupillum non tantum tutori, verum cuivis actionem in quantum locupletior factus est dandam divus Pius rescripsit.

D.35.1.40.3 Iavolenus 2 ex posterioribus Labeonis.
Dominus servo aureos quinque eius legaverat: "Heres meus Sticho servo meo, quem testamento liberum esse iussi, aureos quinque, quos in tabulis debeo, dato". Nihil servo legatum esse Namusa Servium respondisse scribit, quia dominus servo nihil debere potuisset: ego puto secundum mentem testatoris naturale magis quam civile debitum spectandum esse, et eo iure utimur.

【자연채무】

• 로마법상 이행된 것을 보유(soluti retentio)할 적법성은 인정되지만, 적극적으로 소구訴求할 수는 없는 다양한 유형의 채권을 자연채무(naturalis obligatio; natura debitum)라고 통칭하였다. 이때 "자연"이란 자연법적이란 것이라기보다는 시민법적인 완전한 효과가 결여된 것이라는 상대적 표현일 뿐이다.

〈자연채무의 사례들〉

D.26.8.5.pr. **울피아누스, 사비누스주해 제40권.**
피후견인이 후견인의 조성을 얻어 후견인에 대하여 채무를 질 수 없다. 물론 후견인이 여럿이고 그들 중 1인의 조성만으로 충분한 경우, 피후견인이 소비대차금을 공여받거나 문답요약하여, 한 후견인의 조성을 얻어 다른 후견인에게 채무를 부담할 수 있다고 말해야만 한다. 그러나 단독 후견인이 소비대차금을 피후견인에게 공여하거나 또는 그에게 문답요약하는 경우에는 피후견인이 후견인에 대하여 채무를 지지 않을 것이다. 그러나 자연적으로는 이익을 얻은 만큼은 채무를 질 것이다. 왜냐하면 피후견인을 상대로, 후견인뿐만 아니라 이익을 얻은 누구에게라도 소권이 부여되어야 한다고 신황神皇 피우스(재위기간: 138-161)가 칙답하였기 때문이다.

D.35.1.40.3 **야볼레누스, 라베오유고 발췌주해 제2권.**
주인이 그의 노예에게 5금을 다음과 같이 유증하였다: "나의 상속인은 내가 유언으로 자유인이 될 것을 지시한 나의 노예 스티쿠스에게 내가 장부상 빚지고 있는 5금을 주라." 아무것도 이 노예에게 유증되지 않았다고 세르비우스가 해답하였다고 나무사는 기술한다. 왜냐하면 주인이 노예에게는 아무것도 채무를 질 수 없기 때문이라는 것이다. 사견으로는 유언자의 의사에 따라 채무가 시민법상 채무라기보다는 자연채무라고 보아야 하고, 이것이 현행법이다.

D.46.8.8.1 Venuleius 15 stipulationum.

Si procurator a debitore pecuniam exegerit et satisdederit dominum ratam rem habere, mox dominus de eadem pecunia egit et litem amiserit, committi stipulationem: et, si procurator eandem pecuniam domino sine iudice solverit, condicturum. Sed cum debitor ex stipulatu agere coeperit, potest dici dominum, si defensionem procuratoris suscipiat, non inutiliter doli mali exceptione adversus debitorem uti, quia naturale debitum manet.

C.4.32.3 Imperatores Severus, Antoninus.

Quamvis usurae fenebris pecuniae citra vinculum stipulationis peti non possunt, tamen ex pacti conventione solutae neque ut indebitae repetuntur neque in sortem accepto ferendae sunt.

D.50.17.84.1 Paulus 3 quaestionum.

Is natura debet, quem iure gentium dare oportet, cuius fidem secuti sumus.

〈자연채무의 효과〉

– 반환청구 배제 –

D.12.6.19.pr. Pomponius 22 ad Sabinum.

Si poenae causa eius cui debetur debitor liberatus est, naturalis obligatio manet et ideo solutum repeti non potest.

D.12.6.28 Paulus 32 ad edictum.

Iudex si male absolvit et absolutus sua sponte solverit, repetere non potest.

D.46.8.8.1 베눌레이우스, 문답계약강해 제15권.

한 재산관리인이 채무자로부터 금전을 추심하고 본인이 이 행위를 추인할 것이라는 내용에 관해 담보제공하였는데, 곧 본인이 그 금전을 소구하고 패소한 경우, 위약금 문답계약이 발효할 것이다. 그리고 재산관리인이 동일한 금전을 본인에게 심판인 없이 변제하는 경우, 부당이득 반환청구할 수 있다. 그러나 채무자가 문답계약에 기하여 제소하는 경우, 본인은 재산관리인의 방어를 인수하면, 유효하게 악의의 항변을 채무자를 상대로 원용할 수 있다고 말할 수 있다. 왜냐하면 채무가 자연채무로 남기 때문이다.

C.4.32.3 세베루스 / 안토니누스 황제.

문답계약의 구속 없이는 이자부 금전의 이자가 청구될 수 없음에도 불구하고, 무방식 약정의 합의에 의하여 이자가 변제되면, 비채非債로서 반환청구될 수도 없고 원금에 받아들여진 것(원금이 변제된 것)으로 해서도 안 된다.

D.50.17.84.1 파울루스, 질의록 제3권.

만민법상 이행해야 하는 자는 자연 채무가 있는 것인데, 그의 신의를 우리는 믿는다.

〈자연채무의 효과〉

－반환청구 배제－

D.12.6.19.pr. 폼포니우스, 사비누스주해 제22권.

채권자의 형벌의 사유로 채무자가 채무를 벗어난 경우에는 자연채무로 남으며, 그래서 변제한 것은 반환청구될 수 없다.

D.12.6.28 파울루스, 고시주해 제32권.

심판인이 부당하게 면소판결을 하고 면소된 자가 자발적으로 변제하는 경우, 반환청구할 수 없다.

D.12.6.38.1-2 Africanus 9 quaestionum.

(1) Quaesitum est, si pater filio crediderit isque emancipatus solvat, an repetere possit. Respondit, si nihil ex peculio apud patrem remanserit, non repetiturum: nam manere naturalem obligationem argumento esse, quod extraneo agente intra annum de peculio deduceret pater, quod sibi filius debuisset.

(2) Contra si pater quod filio debuisset eidem emancipato solverit, non repetet: nam hic quoque manere naturalem obligationem eodem argumento probatur, quod, si extraneus intra annum de peculio agat, etiam quod pater ei debuisset computetur. Eademque erunt et si extraneus heres exheredato filio solverit id, quod ei pater debuisset.

D.12.6.41 Neratius 6 membranarum.

Quod pupillus sine tutoris auctoritate stipulanti promiserit solverit, repetitio est, quia nec natura debet.

D.12.6.60.pr. Paulus 3 quaestionum.

Iulianus verum debitorem post litem contestatam manente adhuc iudicio negabat solventem repetere posse, quia nec absolutus nec condemnatus repetere posset: licet enim absolutus sit, natura tamen debitor permanet: similemque esse ei dicit, qui ita promisit, sive navis ex Asia venerit sive non venerit, quia ex una causa alterius solutionis origo proficiscitur.

D.12.6.38.1-2 아프리카누스, 질의록 제9권.

(1) 아버지가 아들에게 대금貸金하고 아들이 부권면제父權免除된 다음 변제하는 경우, 그가 반환청구할 수 있는지 문의되었다. 그[=스승 율리아누스]의 해답: 가자家子가 가진 특유재산 중 아무 것도 아버지 측에 남아있지 않으면 반환청구할 수 없을 것이다. 왜냐하면 자연채무가 남아 있다는 것은, 가외인家外人이 소구하면 1년 내에는 아버지는 아들이 자신에게 빚졌던 것을 특유재산에서 공제할 수 있다는 것을 논거로 하기 때문이다. (2) 반대로 아버지가 아들에게 빚졌던 것을 부권면제父權免除된 아들에게 변제한 경우에 그는 반환청구할 수 없다. 왜냐하면 이때에도 자연채무가 남아 있다는 것이, 가외인이 1년 내에 특유재산소권으로써 소구하면 아버지가 아들에게 빚졌던 것도 합산된다는 동일한 논거로써 입증되기 때문이다. 외부 상속인*이 상속제외 된 아들에게 아버지가 그에게 빚졌던 것을 변제한 경우에도 마찬가지일 것이다.

* 로마법은 유언의 자유가 최대한 인정되어 유언자는 법정상속인 자격이 없는 가외인이라도 상속인으로 마음대로 지정할 수가 있었고, 법정상속인에 해당하는 자들을 상속에서 제외할 수도 있었다.

D.12.6.41 네라티우스, 양피첩羊皮帖 제6권.

피후견인이 후견인의 조성 없이 문답요약자에게 낙약하고 변제한 경우, 반환청구가 인정된다. 왜냐하면 자연채무도 아니기 때문이다.

D.12.6.60.pr. 파울루스, 질의록 제3권.

율리아누스는 실제 채무를 부담하는 자가 쟁점결정 후 아직 소송 계속중繫屬中에 변제하면 반환청구할 수 없다고 보았다. 왜냐하면 그는 면소판결을 받아도, 유책판결을 받아도, 반환청구할 수 없기 때문이라는 것이다. 즉 면소판결을 받더라도, 자연 채무자로는 남기 때문이라는 것이다. 그리고 배가 아시아 속주로부터 오거나 오지 않는다는 조건부로 문답낙약해야 하는 자에 대해서도 동일하다고 한다. 왜냐하면 변제의 기초가 다른 원인으로부터 나오기 때문이다.

D.14.6.1.pr. Ulpianus 29 ad edictum.

Verba senatus consulti Macedoniani haec sunt: "Cum inter ceteras sceleris causas Macedo, quas illi natura administrabat, etiam aes alienum adhibuisset, et saepe materiam peccandi malis moribus praestaret, qui pecuniam, ne quid amplius diceretur incertis nominibus crederet: placere, ne cui, qui filio familias mutuam pecuniam dedisset, etiam post mortem parentis eius, cuius in potestate fuisset, actio petitioque daretur, ut scirent, qui pessimo exemplo faenerarent, nullius posse filii familias bonum nomen exspectata patris morte fieri."

D.14.6.9.4-5 Ulpianus 29 ad edictum.

(4) Et hi tamen, qui pro filio familias sine voluntate patris eius intercesserunt, solvendo non repetent: hoc enim et divus Hadrianus constituit et potest dici non repetituros. Atquin perpetua exceptione tuti sunt: sed et ipse filius, et tamen non repetit, quia hi demum solutum non repetunt, qui ob poenam creditorum actione liberantur, non quoniam exonerare eos lex voluit.

(5) Quamquam autem solvendo non repetunt [repetant],

D.14.6.10 Paulus 30 ad edictum.

quia naturalis obligatio manet,

D.14.6.11 Ulpianus 29 ad edictum.

Tamen, si non opposita exceptione condemnati sunt, utentur senatus consulti exceptione: et ita Iulianus scribit in ipso filio familias exemplo mulieris intercedentis.

D.46.1.16.4 Iulianus 53 digestorum.

Naturales obligationes non eo solo aestimantur, si actio aliqua eorum nomine competit,

D.14.6.1.pr. 울피아누스, 고시주해 제29권.

마케도 원로원의결의 문언은 다음과 같다. "그의 본성이 야기한 악행의 다른 사유들 중에는 마케도가 남에게 차금借金한 것도 있다. 그리고 더 이상 말할 필요도 없이, 불확실한 채권으로 금전을 대여한 자는 자주 나쁜 품성으로 악행의 소재를 제공하였기 때문에, 가자家子에게 소비대차금을 공여한 자에게, 심지어 그 가자가 권력 하에 있었던 부父의 사후에도, 대인소권이나 대물소권이 부여되지 않는다고 정한다. 그리하여 가자를 상대로 한 대금貸金으로 식리殖利하여 최악의 실례實例가 되는 자가 가자에 대한 어떠한 채권도 부父의 사망을 기다린다고 변제받을 수 있는 채권이 될 수 없다는 점을 알지어다."

D.14.6.9.4-5 울피아누스, 고시주해 제29권.

(4) 그렇지만 가자家子를 위해서 그의 아버지의 의사 없이 (이행에) 개입한 자들은 변제함으로써 반환청구할 수 없다. 왜냐하면 이렇게 신황神皇 하드리아누스(재위기간: 117-138)도 칙정勅定하였고, 그래서 반환청구할 수 없다고 말할 수 있다. 그렇지만 그들은 영구적 항변으로써 보호된다. 그러나 가자家子 자신도 그럼에도 불구하고 반환청구하지 못한다. 왜냐하면 법률이 그들을 채무경감하기를 원해서가 아니라 채권자를 벌하기 위하여 소권으로부터 벗어난 자들만이 변제한 것을 반환청구할 수 없기 때문이다.

(5) 그런데 비록 그들이 변제함으로써 반환청구하지는 못하더라도, +

D.14.6.10 파울루스, 고시주해 제30권.

왜냐하면 자연채무이기 때문인데, +

D.14.6.11 울피아누스, 고시주해 제29권.

그럼에도 불구하고 그들이 항변을 제기하지 않아서 유책판결을 받은 경우에는 이 원로원의결의 항변을 원용할 수 있다. 그리고 그렇게 율리아누스는 가자家子 자신에 관하여, 채무가담하는 여자의 예를 좇아 기술한다.

D.46.1.16.4 율리아누스, 학설집 제53권.

자연채무는 어떤 소권이 그 명목으로 인정되는지 여부를 통해서뿐만 아니라, 또한 변

verum etiam cum soluta pecunia repeti non potest: nam licet minus proprie debere dicantur naturales debitores, per abusionem intellegi possunt debitores et, qui ab his pecuniam recipiunt, debitum sibi recepisse.

* D.44.7.10 Ulpianus 47 ad Sabinum.

Naturales obligationes non eo solo aestimantur, si actio aliqua eorum nomine competit, verum etiam eo, si soluta pecunia repeti non possit.

-보증, 상계, 更改 등-

D.12.6.13.pr. Paulus l10 ad Sabinum.

Naturaliter etiam servus obligatur: et ideo, si quis nomine eius solvat vel ipse manumissus, ut Pomponius scribit, ex peculio, cuius liberam administrationem habeat, repeti non poterit: et ob id et fideiussor pro servo acceptus tenetur et pignus pro eo datum tenebitur et, si servus, qui peculii administrationem habet, rem pignori in id quod debeat dederit, utilis pigneraticia reddenda est.

Inst.3.20.1.

In omnibus autem obligationibus (sc. fideiussores) adsumi possunt, id est sive re sive verbis sive litteris sive consensu contractae fuerint. ac ne illud quidem interest, utrum civilis an naturalis sit obligatio cui adiciatur fideiussor, adeo quidem ut pro servo quoque obligetur, sive extraneus sit qui fideiussorem a servo accipiat, sive ipse dominus in id quod sibi naturaliter debetur.

D.45.1.1.2 Ulpianus 48 ad Sabinum.

Si quis ita interroget "dabis?" responderit "quid ni?", et is utique in ea causa est, ut

제된 채무금이 반환청구될 수 없다는 사정으로도 판단된다.* 그리고 비록 자연채무자들이 본래적 의미에서 채무를 부담한다고 이야기되지는 않지만, 이들은 비본래적 어법으로 채무자로 인정될 수 있으며, 그래서 이들로부터 채무금을 수령하는 자들은 자신에게 부담된 채무를 수령한 것으로 인정될 수 있다.

* D.44.7.10 **울피아누스**, 사비누스주해 47권.

자연채무는 어떤 소권이 그 명목으로 인정되는지 여부를 통해서뿐만 아니라, 또한 변제된 채무금이 반환청구될 수 없는지 여부로도 판단된다.

-보증, 상계, 更改 등-

D.12.6.13.pr. **파울루스, 사비누스주해 제10권.**

자연채무로는 노예도 구속된다. 그래서 어떤 자가 그의 명의로 변제하거나 그 자신이 노예해방되어 변제하는 경우, 폼포니우스가 쓰고 있듯이, 그가 관리의 자유를 가진 특유재산에서 그렇게 한 경우에는 반환청구를 할 수 없을 것이다. 또 그런 이유로 노예를 위하여 받아들인 보증인도 책임을 지며 그를 위하여 제공된 질물도 책임을 질 것이다. 그리고 특유재산의 관리권을 가진 노예가 자신의 채무를 위하여 물건을 입질한 경우에는 준準질권소권을 부여해야만 한다.

법학제요, 제3권 제20장 제1절.

그런데 모든 채무의 경우, 즉 체결이 요물要物 방식이든 언성言成 방식이든 문기文記 방식이든 낙성諾成 방식이든, 보증인을 받아들일 수 있다. 그리고 보증인이 부가되는 채무가 시민법상의 것이든 자연채무이든 전혀 차이가 없고, 실로 노예를 위해서도 [보증]채무를 질 수 있을 정도인데, 자연채권에 대하여 노예로부터 보증인을 받는 자는 가외인家外人이거나 주인 자신이다.

D.45.1.1.2 **울피아누스, 사비누스주해 제48권.**

어떤 자가 [문답계약에서] "너는 주겠는가?"라고 묻고 "왜 아니야?"라고 대답한 경우 그

obligetur: contra si sine verbis adnuisset. Non tantum autem civiliter, sed nec naturaliter obligatur, qui ita adnuit: et ideo recte dictum est non obligari pro eo nec fideiussorem quidem.

D.46.1.16.3 Iulianus 53 digestorum.

Fideiussor accipi potest, quotiens est aliqua obligatio civilis vel naturalis, cui applicetur.

D.16.2.6 Ulpianus 30 ad Sabinum.

Etiam quod natura debetur, venit in compensationem.

D.46.2.1.1 Ulpianus 46 ad Sabinum.

Illud non interest, qualis processit obligatio, utrum naturalis an civilis an honoraria, et utrum verbis an re an consensu: qualiscumque igitur obligatio sit, quae praecessit, novari verbis potest, dummodo sequens obligatio aut civiliter teneat aut naturaliter: ut puta si pupillus sine tutoris auctoritate promiserit.

D.20.1.5.pr. Marcianus libro singulari ad formulam hypothecariam.

Res hypothecae dari posse sciendum est pro quacumque obligatione, … et vel pro civili obligatione vel honoraria vel tantum naturali. Sed et in condicionali obligatione non alias obligantur, nisi condicio exstiterit.

는 항상 구속되는 지위에 있다. 말없이 끄덕인 경우에는 반대이다. 그런데 그렇게 끄덕인 자는 비단 시민법적으로뿐만 아니라, 또한 자연채무로도 구속되지 않는다. 그래서 그를 위해서는 또한 보증인도 구속되지 않는다고 타당하게 이야기되었다.

D.46.1.16.3 율리아누스, 학설집 제53권.
보증이 붙을 수 있는 어떤 시민법상의 채무 또는 자연채무가 존재하면 보증인을 받을 수 있다.

D.16.2.6 울피아누스, 사비누스주해 제30권.
자연 채무도 상계의 대상이다.

D.46.2.1.1 울피아누스, 사비누스주해 제46권.
[경개更改에 대해서는] 어떤 성질의 채무가 발생했는가, 자연채무인가 시민법상의 채무인가 아니면 명예관법상의 채무인가, 또 언성言成방식의 채무인가 요물要物방식의 채무인가 아니면 낙성諾成방식의 것인가는 상관이 없다. 그러므로 발생한 채무가 어떤 성질의 것이든, 후발 채무가 시민법적으로든 또는 자연채무로서든 가능하기만 하면, 언성言成방식으로 경개更改가 가능하다. 가령 피후견인이 후견인의 조성助成 없이 낙약한 경우처럼.

D.20.1.5.pr. 마르키아누스, 저당권소권방식서론 단권.
어떤 채무를 위해서든 저당물이 주어질 수 있음을 알아야만 한다. … 시민법상의 채무이든 명예관법상의 채무이든 단지 자연채무이든. 그러나 조건부 채무의 경우에는 조건이 성취되는 경우가 아니면 채무로 되지 않는다.

민법 제374조 (특정물인도채무자의 선관의무)
특정물의 인도가 채권의 목적인 때에는 채무자는 그 물건을 인도하기까지 선량한 관리자의 주의로 보존하여야 한다.

• 로마법상 선관의무는 구체적인 법률관계에 따라서 상이하게 조율되었다. 원칙적으로 유상으로 물건의 보관을 인수하거나, 자기의 이익을 위하여 물건의 보관을 인수한 자의 책임 범위가 더 넓고 주의의무가 더 강하게 요구되었다.

【일반론】

D.50.17.23 Ulpianus 29 ad Sabinum.
Contractus quidam dolum malum dumtaxat recipiunt, quidam et dolum et culpam. Dolum tantum: depositum et precarium. Dolum et culpam mandatum, commodatum, venditum, pignori acceptum, locatum, item dotis datio, tutelae, negotia gesta: in his quidem et diligentiam. Societas et rerum communio et dolum et culpam recipit. Sed haec ita, nisi si quid nominatim convenit (vel plus vel minus) in singulis contractibus: nam hoc servabitur, quod initio convenit (legem enim contractus dedit), excepto eo, quod Celsus putat non valere, si convenerit, ne dolus praestetur: hoc enim bonae fidei iudicio contrarium est: et ita utimur. Animalium vero casus mortesque, quae sine culpa accidunt, fugae servorum qui custodiri non solent, rapinae, tumultus, incendia, aquarum magnitudines, impetus praedonum a nullo praestantur.

민법 제374조 (특정물인도채무자의 선관의무)
특정물의 인도가 채권의 목적인 때에는 채무자는 그 물건을 인도하기까지 선량한 관리자의 주의로 보존하여야 한다.

• 로마법상 선관의무는 구체적인 법률관계에 따라서 상이하게 조율되었다. 원칙적으로 유상으로 물건의 보관을 인수하거나, 자기의 이익을 위하여 물건의 보관을 인수한 자의 책임 범위가 더 넓고 주의의무가 더 강하게 요구되었다.

【일반론】

D.50.17.23 울피아누스, 사비누스주해 제29권.
어떤 법률행위들은 고의만을, 다른 어떤 것들은 고의와 과실 모두를 포괄한다. 고의만을 포괄하는 것은 임치와 허용점유이다. 고의와 과실 모두를 포괄하는 것은 위임, 사용대차, 매매, 질권설정, 임약賃約, 또 혼인지참재산 공여, 후견, 사무관리이다. 이 마지막 것들은 주의의무(diligentia)까지 포괄한다. 조합과 우성공유偶成共有는 고의와 과실을 포괄한다. 그러나 개별 계약에서 (책임을 더 질 것인지 덜 질 것인지) 달리 명시적으로 합의하지 않는 경우에만 그러한 것이다. 왜냐하면 처음에 합의된 바가 준수되어야 하기 때문이다(계약이 [당사자 사이에] 법을 부여하기에). 켈수스가, 고의를 책임지지 않는다고 합의한 경우 유효하지 않다고 한 것은 예외이다. 왜냐하면 이것은 성의誠意소송에 상충하기 때문이다. 그리고 이것이 현행법이다. 반면 과실 없이 발생하는 동물에 닥친 사고와 죽음, 통상 감시되지 않는 노예의 도망, 강도, 소요, 화재, 홍수, 약탈자의 습격 등은 누구의 책임도 아니다.

【유형별 사례】

– 임대차 –

Inst.3.24.5.

Conductor omnia secundum legem conductionis facere debet et, si quid in lege praetermissum fuerit, id ex bono et aequo debet praestare. qui pro usu aut vestimentorum aut argenti aut iumenti mercedem aut dedit aut promisit, ab eo custodia talis desideratur qualem diligentissimus paterfamilias suis rebus adhibet. quam si praestiterit et aliquo casu rem amiserit, de restituenda ea non tenebitur.

D.18.6.12 Alfenus 2 digestorum.

Si vendita insula combusta esset, cum incendium sine culpa fieri non possit, quid iuris sit? Respondit, quia sine patris familias culpa fieri potest neque, si servorum neglegentia factum esset, continuo dominus in culpa erit, quam ob rem si venditor eam diligentiam adhibuisset in insula custodienda, quam debent homines frugi et diligentes praestare, si quid accidisset, nihil ad eum pertinebit.

– 사용대차 –

Gai.3.206.

Quae de fullone aut sarcinatore diximus, eadem transferemus et ad eum, cui rem commodauimus. nam ut illi mercedem capiendo custodiam praestant, ita hic quoque utendi commodum percipiendo similiter necesse habet custodiam praestare.

【유형별 사례】

– **임대차** –

법학제요, 제3권 제24장 제5절.

임차인은 모든 것을 임차 약관에 따라 행해야만 하며, 어떤 것이 약관에서 간과된 경우에는 그것을 선善과 형평衡平에 기하여 이행해야만 한다. 옷이나 은기銀器나 역축役畜의 사용을 위하여 차임을 주거나 약속한 자는, 그로부터 가장 주의 깊은 가부家父가 자기 재산에 대해 행사하는 그러한 주의가 요구된다. 그가 그렇게 하였는데 어떤 사변으로 인해 물건을 상실한 때에는 그것의 반환에 대해 책임지지 않을 것이다.

D.18.6.12 알페누스, 학설집 제2권.

매도된 아파트가 불타버린 경우, 화재는 과실 없이는 일어날 수 없으므로 법적으로 어찌되는가? 그[=율리아누스]의 해답: 가부家父의 과실 없이 일어날 수 있고, 또 노예들의 부주의로 발생한 경우 즉시 주인이 과실이 있는 것은 아닐 것이므로, 그런 고로 매도인이 착실하고 주의 깊은 사람으로서 행사해야만 하는 주의를 그 아파트의 감호에 있어서 행사하였다면 어떤 일이 발생했더라도 아무 것도 그에게 귀책되지 않을 것이다.

– **사용대차** –

가이우스, 법학원론 제3권 제206절.

마전장이 또는 옷수선업자에 관해 이야기한 것과 같은 법리를 또한 사용차주에게도 옮겨 적용할 수 있다. 왜냐하면 전자가 보수를 받음으로써 선관의무를 부담하듯이 후자 또한 사용의 이익을 받음으로써 유사하게 선관의무를 부담해야만 하기 때문이다.

D.13.6.5.2-3 Ulpianus 28 ad edictum.

(2) Nunc videndum est, quid veniat in commodati actione, utrum dolus an et culpa an vero et omne periculum. Et quidem in contractibus interdum dolum solum, interdum et culpam praestamus: dolum in deposito: nam quia nulla utilitas eius versatur apud quem deponitur, merito dolus praestatur solus: nisi forte et merces accessit (tunc enim, ut est et constitutum, etiam culpa exhibetur) aut si hoc ab initio convenit, ut et culpam et periculum praestet is penes quem deponitur. Sed ubi utriusque utilitas vertitur, ut in empto, ut in locato, ut in dote, ut in pignore, ut in societate, et dolus et culpa praestatur.

(3) Commodatum autem plerumque solam utilitatem continet eius cui commodatur, et ideo verior est Quinti Mucii sententia existimantis et culpam praestandam et diligentiam et, si forte res aestimata data sit, omne periculum praestandum ab eo, qui aestimationem se praestaturum recepit.

D.13.6.5.5 Ulpianus 28 ad edictum.

Custodiam plane commodatae rei etiam diligentem debet praestare.

D.13.6.10.1 Ulpianus 29 ad Sabinum.

Si rem inspectori dedi, an similis sit ei cui commodata res est, quaeritur. Et si quidem mea causa dedi, dum volo pretium exquirere, dolum mihi tantum praestabit: si sui, et custodiam: et ideo furti habebit actionem. Sed et si dum refertur periit, si quidem ego mandaveram per quem remitteret, periculum meum erit: si vero ipse cui voluit commisit, aeque culpam mihi praestabit, si sui causa accepit.

D.13.6.5.2-3 울피아누스, 고시주해 제28권.

(2) 이제 사용대차 소권에서 무엇이 고려되어야 하는지 살펴보아야 한다. 고의만인지 과실도인지 아니면 모든 위험까지인지. 우리가 실로 계약들에서 어떤 때에는 고의만으로 어떤 때에는 과실로도 책임진다. 예컨대 임치에서는 고의 책임이다. 왜냐하면 수치인에게는 어떠한 이익도 없기에 고의만을 책임지는 것이 타당하기 때문이다. 보수報酬가 부가된 경우(이 경우에는 칙법에서도 정한 바처럼 과실에 대해서도 책임진다) 또는 처음부터 수치인이 과실과 위난에도 책임진다고 합의한 경우에는 예외이다. 반면 매매, 임대차, 혼인지참재산 설정, 질권 설정, 조합 등 쌍방에게 이익이 있는 경우에는 고의와 과실 모두를 책임진다.

(3) 그런데 사용대차는 대체로 사용차주의 이익만을 포함한다. 그래서 그가 과실도 책임져야 하고, 주의의무도 부담하여야 하고, 또 물건이 가액 평가되어 주어진 경우라면 평가된 가액을 책임질 것을 인수한 자는 모든 위험에 대해서 책임져야 한다고 생각하는 퀸투스 무키우스의 견해가 더 옳다.

D.13.6.5.5 울피아누스, 고시주해 제28권.

분명히 사용대차물의 보관은 또한 주의깊은 선관의무를 이행하여야 한다.

D.13.6.10.1 울피아누스, 사비누스주해 제29권.

내가 물건을 감정인에게 준 경우에 그가 물건의 사용차주와 유사한지 여부가 문제된다. 참으로 내가 진가眞價를 알고자 하여 나를 위하여 준 경우에는 그는 나에게 고의 책임만을 질 것이다. 그를 위한 경우에는 또한 선관의무도 부담한다. 그래서 그는 [도둑을 상대로] 절도소권을 가질 것이다. 그러나 물건이 반송 도중에 멸실한 경우에는 참으로 내가 반송인을 지명한 경우에는 위험은 나의 부담일 것이다. 그러나 그 자신이 원했던 자에게 부탁한 경우에는 그가 자신을 위하여 받았던 경우라면 그는 나에게 과실 책임도 질 것이다.

D.13.6.18.pr. Gaius 9 ad edictum provinciale.

In rebus commodatis talis diligentia praestanda est, qualem quisque diligentissimus pater familias suis rebus adhibet, ita ut tantum eos casus non praestet, quibus resisti non possit, veluti mortes servorum quae sine dolo et culpa eius accidunt, latronum hostiumve incursus, piratarum insidias, naufragium, incendium, fugas servorum qui custodiri non solent. Quod autem de latronibus et piratis et naufragio diximus, ita scilicet accipiemus, si in hoc commodata sit alicui res, ut eam rem peregre secum ferat: alioquin si cui ideo argentum commodaverim, quod is amicos ad cenam invitaturum se diceret, et id peregre secum portaverit, sine ulla dubitatione etiam piratarum et latronum et naufragii casum praestare debet. Haec ita, si dumtaxat accipientis gratia commodata sit res, at si utriusque, veluti si communem amicum ad cenam invitaverimus tuque eius rei curam suscepisses et ego tibi argentum commodaverim, scriptum quidem apud quosdam invenio, quasi dolum tantum praestare debeas: sed videndum est, ne et culpa praestanda sit, ut ita culpae fiat aestimatio, sicut in rebus pignori datis et dotalibus aestimari solet.

D.13.6.23 Pomponius 21 ad Quintum Mucium.

Si commodavero tibi equum, quo callereris usque ad certum locum, si nulla culpa tua interveniente in ipso itinere deterior equus factus sit, non teneris commodati: nam ego in culpa ero, qui in tam longum iter commodavi, qui eum laborem sustinere non potuit.

D.44.7.1.4 Gaius 2 aureorum.

Et ille quidem qui mutuum accepit, si quolibet casu quod accepit amiserit, nihilo minus obligatus permanet: is vero qui utendum accepit, si maiore casu, cui humana infirmitas resistere non potest, veluti incendio ruina naufragio, rem quam accepit amiserit, securus est. Alias tamen exactissimam diligentiam custodiendae rei praestare compellitur, nec sufficit ei eandem diligentiam adhibere, quam suis rebus adhibet, si

D.13.6.18.pr. 가이우스, 속주고시주해 제9권.

사용대차에서는 가장 주의 깊은 가부家父가 자기 재산에 대해 행사하는 그러한 주의가 행사되어야만 하므로, 가령 그의 고의 및 과실 없이 발생하는 노예들의 죽음이나 노상강도나 적군의 내습來襲, 해적의 암계暗計, 난파, 화재, 보통 감호하지 않는 노예들의 도망과 같은 불가항력적인 사태들만 책임지지 않는다. 그런데 노상강도와 해적과 난파에 대해 이야기한 것은 어떤 자에게 물건이 그가 그 물건을 가지고 외지로 가기 위해 사용대여된 경우를 말하는 것이다. 그렇지 않고 내가 어떤 자에게 은기銀器를 사용대여한 것이 그가 자신이 친구들을 만찬에 초대할 예정이라고 말해서인데, 그가 그것을 가지고 외지로 반출하였다면 그가 해적과 노상강도와 난파의 사변까지도 책임을 져야 한다는 데 하등의 의문도 없다. 이것은 오로지 수령자를 위하여 물건이 사용대여된 경우에 한한다. 그러나 양자를 위한 경우, 가령 우리가 공통의 친구를 만찬에 초대하면서 너는 그 일을 살피기로 하고 나는 너에게 은기銀器를 사용대여한 경우에 대해서 어떤 저술들에는 너는 고의만 책임을 지면 된다고 적힌 것이 발견된다. 그러나 또한 과실을 책임져야만 해서 질물이나 혼인지참재산의 경우 평가되는 것처럼 과실이 평가되어야만 하는 것은 아닌지 살펴보아야만 한다.

D.13.6.23 폼포니우스, 퀸투스 무키우스강해 제21권.

내가 너에게 일정한 장소까지 네가 사용할 말을 사용대차로 대여하였는데, 너의 과실이 개입하지 않았으면서도 그 여정에서 말이 악화된 경우, 너는 사용대차 소권에 의하여 책임지지 않는다. 반면 나는, 그러한 과로를 견디지 못할 말을 그렇게 긴 여정을 위하여 사용대여 하였기에, 과실이 있을 것이다.

D.44.7.1.4 가이우스, 금언집金言集 제2권.

그리고 소비대차금을 수령한 차주借主는, 수령한 것을 임의의 사변으로 상실한 경우에도 채무를 여전히 부담한다. 반면에 사용할 목적으로 수령한 자는 예컨대 화재, 도괴倒壞, 난파 등 인간의 취약함이 저항할 수 없는 불가항력에 의하여 수령한 물건을 상실한 경우, 면책된다. 그렇지만 그는 물건 보관상 최고의 주의의무를 부담하도록 강제된다. 만일 어떤 다른 이가 더 깊은 주의의무로 보관할 수 있다면 자기 자신의 물건에

alius diligentior custodire poterit. Sed et in maioribus casibus, si culpa eius interveniat, tenetur, veluti si quasi amicos ad cenam invitaturus argentum, quod in eam rem utendum acceperit, peregre proficiscens secum portare voluerit et id aut naufragio aut praedonum hostiumve incursu amiserit.

— **임치** —

Gai.3.207.

Sed is, apud quem res deposita est, custodiam non praestat tantumque in eo obnoxius est, si quid ipse dolo malo fecerit; qua de causa si res ei subrepta fuerit, quia restituendae eius nomine depositi non tenetur nec ob id eius interest rem saluam esse, furti [itaque] agere non potest, sed ea actio domino conpetit.

D.44.7.1.5 Gaius 2 aureorum.

Is quoque, apud quem rem aliquam deponimus, re nobis tenetur: qui et ipse de ea re quam acceperit restituenda tenetur. Sed is etiamsi neglegenter rem custoditam amiserit, securus est: quia enim non sua gratia accipit, sed eius a quo accipit, in eo solo tenetur, si quid dolo perierit: neglegentiae vero nomine ideo non tenetur, quia qui neglegenti amico rem custodiendam committit, de se queri debet. Magnam tamen neglegentiam placuit in doli crimine cadere.

— **질권** —

D.13.7.13.1 Ulpianus 38 ad edictum.

Venit autem in hac actione et dolus et culpa, ut in commodato: venit et custodia: vis maior non venit.

대하여 부담할 주의의무를 부담하는 것만으로는 부족하다. 그러나 불가항력적 사변들에서도 그의 과실이 개입한 경우에는 책임진다. 예컨대 어떤 이가 친구들을 만찬에 초대하고서 그 목적을 위하여 사용하기 위하여 수령한 은식기를 외유할 때 가지고 가서 그것을 난파 또는 노상강도 또는 적군의 습격에 의하여 상실한 경우에 그러하다.

– **임치** –

가이우스, 법학원론 제3권 제207절.

그러나 수치인은 선관의무를 부담하지 않고, 다만 자신이 무엇인가 악의로 행한 한에서만 손해배상의무가 있다. 이런 이유로 물건이 그에게서 탈취된 경우, 그는 그 반환의 명목으로 임치소권으로 책임지지 않고, 또 그 때문에 물건이 온전할 것에 대해 그에게 이익이 없으므로 그는 절도소권으로 소구할 수 없고, 이 [절도]소권은 소유자에게 인정된다. → 민법 제695조

D.44.7.1.5 가이우스, 금언집金言集 제2권.

우리가 어떤 물건을 맡긴 수치인도 물건에 관하여 우리에게 책임진다. 자신이 수령한 그 물건을 반환할 책임을 진다. 그러나 보관물을 부주의하게 상실했더라도 그는 면책될 것이다. 왜냐하면 자신을 위해서가 아니라 임치인을 위해서 [물건을] 수령하였기 때문인데, 어떤 것이 고의로 멸실된 경우에만 책임진다. 그러나 부주의한 친구에게 물건을 맡긴 자는 스스로를 탓해야만 하므로 부주의 명목의 책임은 존재하지 않는다. 그러나 중대한 부주의는 고의를 저지른 것에 해당한다는 것이 정설이다.

– **질권** –

D.13.7.13.1 울피아누스, 고시주해 제38권.

그런데 이 소권[=질권소권]에서는 사용대차에서처럼 고의와 과실이 고려된다. 또한 선관의무가 고려된다. 불가항력은 고려되지 않는다.

D.13.7.14 Paulus 29 ad edictum.

Ea igitur, quae diligens pater familias in suis rebus praestare solet, a creditore exiguntur.

－조합－

D.17.2.72 Gaius 2 rerum cottidianarum sive aureorum.

Socius socio etiam culpae nomine tenetur, id est desidiae atque neglegentiae. Culpa autem non ad exactissimam diligentiam dirigenda est: sufficit etenim talem diligentiam communibus rebus adhibere, qualem suis rebus adhibere solet, quia qui parum diligentem sibi socium adquirit, de se queri debet.

－매매－

D.19.1.54.pr. Labeo 2 pithanon a Paulo epitomarum.

Si servus quem vendideras iussu tuo aliquid fecit et ex eo crus fregit, ita demum ea res tuo periculo non est, si id imperasti, quod solebat ante venditionem facere, et si id imperasti, quod etiam non vendito servo imperaturus eras. Paulus: minime: nam si periculosam rem ante venditionem facere solitus est, culpa tua id factum esse videbitur: puta enim eum fuisse servum, qui per catadromum descendere aut in cloacam demitti solitus esset. Idem iuris erit, si eam rem imperare solitus fueris, quam prudens et diligens pater familias imperaturus ei servo non fuerit. Quid si hoc exceptum fuerit? Tamen potest ei servo novam rem imperare, quam imperaturus non fuisset, si non venisset: veluti si ei imperasti, ut ad emptorem iret, qui peregre esset: nam certe ea res tuo periculo esse non debet. Itaque tota ea res ad dolum malum dumtaxat et culpam venditoris dirigenda est.

D.13.7.14 파울루스, 고시주해 제29권.
그러므로 주의 깊은 가부家父가 자기 재산에 대해 행사하는 선관의무가 [질물과 관련하여] 질권채권자에게 요구된다.

-조합-

D.17.2.72 가이우스, 일용법서 또는 금언집 제2권.
조합원은 동료 조합원에게 과실過失 명목으로도 책임을 진다. 즉 태만과 부주의 명목으로. 그런데 과실過失이란 최고로 정밀한 주의의무를 지향해서는 안 된다. 왜냐하면 자기 재산에 대해 행사하는 그러한 주의의무를 조합공유재산에 행사하는 것으로 충분하기 때문이다. 그 이유는 주의깊지 않은 동료조합원을 얻는 자는 자신을 탓해야만 하기 때문이다.

-매매-

D.19.1.54.pr. 라베오, 파울루스 발췌 개연논증론 제2권.
네가 매도한 노예가 너의 지시로 어떤 것을 하였는데 그로 인해 다리가 부러진 경우, 그 일은 그가 매도되기 전에 보통 하던 것을 명했고 네가 노예가 매도되지 않았을 적에도 명하였을 것을 명한 경우에 한하여 너의 위험이 아니다. 파울루스: 결코 그렇지 않다. 왜냐하면 그가 매도 전에 위험한 일을 해왔다면 너의 과실로 그 일이 발생한 것으로 인정될 것이다. 가령 그가 줄타기하는 노예였거나 하수구로 내려보내지곤 하던 노예였다고 상정해 보라. 신중하고 주의 깊은 가부家父라면 그 노예에게 명하지 않았을 일을 네가 명하곤 했던 경우에도 같은 법리일 것이다. 이것[지시권]이 유보된 경우에는 어찌되는가? 실로 그는 그 노예에게 매도되지 않았더라면 명하지 않았을 새로운 일을 명할 수가 있다. 가령 네가 그에게 외지 여행 중인 매수인에게 가라고 명한 경우처럼. 참으로 분명히 이 일은 너의 위험이어서는 안 된다. 그래서 이 문제 전체는 매도인의 고의와 과실에만 겨냥되어야 한다. → 민법 제462조

– 혼인지참재산 –

D.23.3.17.pr. Paulus 7 ad Sabinum.

In rebus dotalibus virum praestare oportet tam dolum quam culpam, quia causa sua dotem accipit: sed etiam diligentiam praestabit, quam in suis rebus exhibet.

– 유증 · 신탁유증 –

D.30.47.4-5 Ulpianus 22 ad Sabinum.

(4) Item si res aliena vel hereditaria sine culpa heredis perierit vel non compareat, nihil amplius quam cavere eum oportebit: sed si culpa heredis res perit, statim damnandus est.

(5) Culpa autem qualiter sit aestimanda, videamus, an non solum ea quae dolo proxima sit, verum etiam quae levis est? An numquid et diligentia quoque exigenda est ab herede? Quod verius est.

D.30.108.12 Africanus 5 quaestionum.

Cum quid tibi legatum fideive tuae commissum sit, ut mihi restituas, si quidem nihil praeterea ex testamento capias, dolum malum dumtaxat in exigendo eo legato, alioquin etiam culpam te mihi praestare debere existimavit: sicut in contractibus fidei bonae servatur, ut, si quidem utriusque contrahentis commodum versetur, etiam culpa, sin unius solius, dolus malus tantummodo praestetur.

– 혼인지참재산 –

D.23.3.17.pr. 파울루스, 사비누스주해 제7권.

부인의 혼인지참재산에 대해서 남편은 고의 및 과실 책임을 져야만 한다. 그 이유는 그가 자신을 위하여 혼인지참재산을 수령한 것이기 때문이다. 그러나 그는 또한 그가 자신의 재산에 대해 행사하는 주의의무를 이행할 것이다.

– 유증 · 신탁유증 –

D.30.47.4-5 울피아누스, 사비누스주해 제22권.

(4) 또 [채권적 유증*에 있어서 유증된] 타인의 물건 또는 상속재산에 속하는 물건이 상속인의 과실 없이 멸실되거나 조달되지 못하는 경우에도, 그는 담보제공 이상을 할 필요가 없다. 그러나 상속인의 과실로 물건이 멸실된 경우라면, 즉시 유책판결을 받아야만 한다.

(5) 그런데 과실過失을 어떻게 평가하여야 하는지, 즉 고의에 직근直近한 과실過失만인지 아니면 경과실도 고려하여야 하는지 살펴보자. 또는 주의의무까지 상속인에게 요구하여야 하는 것은 아닌가? 마지막의 견해가 더 옳다.

* 로마법상 유증은 크게 유언자의 의사에 따라 수유자를 바로 권리자로 만드는 물권적 유증(legatum per vindicationem)과 유증 이행의무자인 상속인에게 유증된 것을 청구할 수 있는 채권자로 만드는 채권적 유증(legatum per damnationem)이 구별되었다.

D.30.108.12 아프리카누스, 질의록 제5권.

네가 나에게 반환하도록 어떤 것이 너에게 유증 또는 신탁유증*되었는데 그 밖의 아무것도 유언에 기하여 네가 취득하지 않는 경우라면, 그 유증을 청구하는데 있어서 네가 나에게 고의만을, 그렇지 않은 경우에는 과실도 책임져야 한다고 그(= 율리아누스)는 생각하였다. 이것은 성의誠意계약에서 실로 쌍방 체약자들에게 이익이 있는 경우 과실도, 반대로 일방의 이익만이 있는 경우에는 고의만 책임지도록 준수되는 것과 마찬가지이다.

D.36.1.23.3 Ulpianus 5 disputationum.

Sed enim si quis rogetur restituere hereditatem et vel servi decesserint vel aliae res perierint, placet non cogi eum reddere quod non habet: culpae plane reddere rationem, sed eius quae dolo proxima est. Et ita Neratius libro primo responsorum scribit. Sed et si, cum distrahere deberet, non fecit lata culpa, non levi et rebus suis consueta neglegentia, huiusmodi rei rationem reddet. Sed et si aedes ustae sunt culpa eius, reddet rationem. Praeterea si qui partus extant et partuum partus, quia in fructibus hi non habentur. Sed et ipse si quem sumptum fecit in res hereditarias, detrahet. Quod si sine facto eius prolixitate temporis aedes usu adquisitae sint, aequissimum erit nihil eum praestare, cum culpa careat.

－점유자－

PS.1.13b.9.

Ii fructus in restitutione praestandi sunt petitori, quos unusquisque diligens pater familias et honestus colligere potuisset.

* 로마법상 신탁유증(fideicommissum)이란 유언자가 유증될 것을 수유자에게 직접 유증하는 것이 아니라 중간에 수탁자를 개입시켜서 먼저 그에게 유증재산을 신탁하고, 수탁자가 나중에 최종 수유자에게 그것을 반환할 의무를 부담하는 유증 방식이다. 수유자가 직접 유증을 받기 어려운 법적 · 사실적 사유가 있을 때 유용하였다.

D.36.1.23.3 **울피아누스, 토론집 제5권.**
그런데 왜냐하면 어떤 이가 상속재산의 반환을 청구받았는데 상속재산에 속하는 노예들이 죽거나 여타 물건이 멸실되는 경우, 그에게 자신이 가지고 있지 않은 것을 반환하도록 강제하는 것은 안 된다는 견해가 있기 때문이다. 그가 과실에 대한 책임을 진다는 점은 명백하다. 다만 고의에 직근直近한 과실過失만이다. 이렇게 네라티우스도 해답집 제1권에서 기술한다. 그러나 매각하여야 했음에도 불구하고 자기 물건에 통상적인 경한 주의의무위반이 아니라 중과실로 [매각]하지 않은 경우, 그는 이러한 사태에 대하여 책임을 진다. 그리고 건물이 그의 과실로 소실燒失된 경우 책임진다. 그 외에 노예의 자식과 그 자식의 자식이 있는 경우에도 책임을 진다. 왜냐하면 그들은 과실果實이 아니기 때문이다. 그러나 상속재산에 속하는 물건에 자신이 비용을 지출한 경우, 공제할 수 있다. 그런데 그의 행위 없이 장기간의 경과로 건물이 점용취득된 경우, 과실이 없으므로 그가 책임을 지지 않는다는 것이 형평에 매우 잘 맞을 것이다.

– 점유자 –

파울루스 견해록 제1권.
주의 깊고 성실한 가부家父라면 수취가능했던 과실果實들이 청구자에게 반환되어야만 한다.

민법 제375조 (종류채권)

① 채권의 목적을 종류로만 지정한 경우에 법률행위의 성질이나 당사자의 의사에 의하여 품질을 정할 수 없는 때에는 채무자는 중등품질의 물건으로 이행하여야 한다.
② 전항의 경우에 채무자가 이행에 필요한 행위를 완료하거나 채권자의 동의를 얻어 이행할 물건을 지정한 때에는 그때로부터 그 물건을 채권의 목적물로 한다.

【종류물】

D.12.1.2.1 Paulus 28 ad edictum.

Mutui datio consistit in his rebus, quae pondere numero mensura consistunt, quoniam eorum datione possumus in creditum ire, quia in genere suo functionem recipiunt per solutionem quam specie: nam in ceteris rebus ideo in creditum ire non possumus, quia aliud pro alio invito creditori solvi non potest.

D.33.10.9.pr. Papinianus 7 responsorum.

Legata supellectili cum species ex abundanti per imperitiam enumerentur, generali legato non derogatur: si tamen species certi numeri demonstratae fuerint, modus generi datus in his speciebus intellegitur. Idem servabitur instructo praedio legato, si quaedam species numerum certum acceperint.

D.33.4.1.14 Ulpianus 19 ad Sabinum.

Mela scripsit, si fundus in dote sit et specialiter sit legatus, mox generaliter dos relegata, non bis, sed semel deberi fundum.

민법 제375조 (종류채권)

① 채권의 목적을 종류로만 지정한 경우에 법률행위의 성질이나 당사자의 의사에 의하여 품질을 정할 수 없는 때에는 채무자는 중등품질의 물건으로 이행하여야 한다.

② 전항의 경우에 채무자가 이행에 필요한 행위를 완료하거나 채권자의 동의를 얻어 이행할 물건을 지정한 때에는 그때로부터 그 물건을 채권의 목적물로 한다.

【종류물】

D.12.1.2.1 파울루스, 고시주해 제28권.

소비대차의 공여는 무게, 수, 척尺·량量*으로 잴 수 있는 물건들에 대해서 행해진다. 그것들의 공여로써 우리는 소비대여할 수 있기에 그러하다. 왜냐하면 그것들은 특정물로서가 아니라 종류물로서 변제의 기능을 수행하기 때문이다. 즉 우리는 여타의 물건들로는 소비대여할 수 없는데, 왜냐하면 원래의 것과 다른 물건으로는 채권자의 의사에 반하여 변제될 수 없기 때문이다.

* mensura는 길이를 재거나[度], 용량을 재는 것[量]이고, pondus는 무게를 재는 것[衡]이고, numerus는 수효를 헤아리는 것, 수량을 밝히는 것이다.

D.33.10.9.pr. 파피니아누스, 해답집 제7권.

'가재도구'가 유증되었는데 미숙하여 개별물들이 쓸데없이 열거되는 경우, 통칭물의 유증이 지양止揚되는 것이 아니다. 그렇지만 일정한 수효의 개별물들이 지정된 경우에는 이 개별물들에 대해 종류물의 척도가 주어진 것으로 이해된다. 같은 법리가 설비를 갖춘 부동산이 유증되었는데 어떤 개별물들이 일정한 수효로 정해진 경우에도 준수될 것이다.

D.33.4.1.14 울피아누스, 사비누스주해 제19권.

멜라는 기술하였다. 한 토지가 혼인지참재산 중에 속하고 그것이 특정물로서 유증되고는 곧 '혼인지참재산'이 통칭물로 재유증된 경우, 그 토지는 두 번이 아니라 한 번만 채무로 된다.

– 종류채권이 아닌 사례 –

C.4.49.12 Imperatores Diocletianus, Maximianus.

Sicut periculum vini mutati, quod certum fuerat comparatum, ad emptorem, ita commodum aucti pretii pertinet. Utque hoc verum est, sic certae qualitatis ac mensurae distracto vino fidem placitis servandam convenit: quo non restituto non pretii quantitatis, sed quanti interest empti competit actio.

【급부할 품질: 민법 제375조 제1항】

• 로마법은 품질을 정하지 않은 경우 최저 품질의 것을 급부하는 것으로 족하다고 하였다.

D.17.1.52 Iavolenus 1 epistularum.

Fideiussorem, si sine adiectione bonitatis tritici pro altero triticum spopondit, quodlibet triticum dando reum liberare posse existimo: a reo autem non aliud triticum repetere poterit, quam quo pessimo tritico liberare se a stipulatore licuit. Itaque si paratus fuerit reus, quod dando ipse creditori liberari potuit, fideiussori dare et fideiussor id quod dederit, id est melius triticum condicet, exceptione eum doli mali summoveri existimo.

D.30.37.pr. Ulpianus 21 ad Sabinum.

Legato generaliter relicto, veluti hominis, Gaius Cassius scribit id esse observandum, ne optimus [vel pessimus del. Mommsen] accipiatur: quae sententia rescripto imperatoris nostri et divi Severi iuvatur, qui rescripserunt homine legato actorem non posse eligi.

– 종류채권이 아닌 사례 –

C.4.49.12 디오클레티아누스 / 막시미아누스 황제, 294년.
확정하여 매수된 포도주가 변질되는 위험을 매수인이 부담하듯이, 값이 올라가는 이익도 매수인에게 속한다. 이것이 옳듯이, 확정 품질과 확정 양의 포도주가 매매된 경우에도 계약의 신의를 지켜야 한다는 것이 정설이다. 그것이 인도되지 않는 경우, 대금액이 아니라 인도받을 바의 이익 상당액에 대하여 매수소권이 부여된다.

【급부할 품질: 민법 제375조 제1항】

• 로마법은 품질을 정하지 않은 경우 최저 품질의 것을 급부하는 것으로 족하다고 하였다.

D.17.1.52 야볼레누스, 서간집 제1권.
보증인이, 밀의 품질을 보증하는 부가약정 없이 타인을 위하여 밀을 보증한 경우, 임의의 밀을 공여하면 채무자를 해방케 할 수 있다는 것이 사견이다. 그런데 그는 채무자로부터 — 채무자가 채권자로부터 자신을 해방시킬 수 있었을 품질 중 — 최저 품질의 밀만을 구상청구할 수 있다. 그리하여 채무자가 스스로 채권자에게 공여하여 해방될 수 있었을 것을 보증인에게 공여하려 하고 보증인은 자신이 공여한 것, 즉 더 나은 품질의 밀을 구상청구하는 경우, 악의의 항변에 의하여 그가 배척되어야 한다는 것이 사견이다.

D.30.37.pr. 울피아누스, 사비누스주해 제21권.
예컨대 '노예'라는 식으로 종류에 의하여 유증이 되면, 가이우스 카씨우스는 최상의 것으로 이해되지 않도록 주의해야만 한다고 기술한다. 이 견해는 '노예'라고 유증된 경우 회계담당노예가 선택될 수 없다고 칙답한 우리 황제와 신황神皇 세베루스의 칙답으로 뒷받침된다.

D.33.6.4 Paulus 4 ad Sabinum.

Cum certum pondus olei non adiecta qualitate legatur, non solet quaeri, cuius generis oleo uti solitus fuerit testator aut cuius generis oleum istius regionis homines in usu habeant: et ideo liberum est heredi, cuius vellet generis oleum legatario solvere.

【채권의 목적물의 특정: 민법 제375조 제2항】

D.18.1.35.7 Gaius 10 ad edictum provinciale.

Sed et si ex doleario pars vini venierit, veluti metretae centum, verissimum est (quod et constare videtur) antequam admetiatur, omne periculum ad venditorem pertinere: nec interest, unum pretium omnium centum metretarum in semel dictum sit an in singulos eos.

D.18.6.5 Paulus 5 ad Sabinum.

Si per emptorem steterit, quo minus ad diem vinum tolleret, postea, nisi quod dolo malo venditoris interceptum esset, non debet ab eo praestari. Si verbi gratia amphorae centum ex eo vino, quod in cella esset, venierint "si admensum est", donec admetiatur, omne periculum venditoris est, nisi id per emptorem fiat.

D.33.6.4 파울루스, 사비누스주해 제4권.
일정한 양의 기름[식용유]이 품질에 대한 부언附言 없이 유증되는 경우, 어떤 종류의 기름을 유언자가 사용했었는지, 또는 어떤 종류의 기름을 그 지역의 사람들이 사용하는지는 검토하지 않는 것이 상례常例이다. 그래서 어떤 종류의 기름을 수유자에게 변제하기를 원할지는 상속인의 자유이다.

【채권의 목적물의 특정: 민법 제375조 제2항】

D.18.1.35.7 가이우스, 속주고시주해 제10권.
그런데 저장고로부터 예컨대 100 메트레타*처럼 포도주의 일부가 팔리는데, 용량을 재어서 구별해 놓기 전이라면 모든 위험은 매도인에게 속한다고 보는 견해가 완전히 옳다(또한 정설인 것으로 보인다). 대금이 100 메트레타 전부에 대하여 일괄하여 정해졌는지, 각 메트레타 당 따로 정해졌는지는 중요하지 않다.

* 1 메트레타 = 39.39 ℓ

D.18.6.5 파울루스, 사비누스주해 제5권.
기일에 포도주를 반출하지 못한 것이 매수인측의 탓인 경우, 그 후에 매도인의 악의로 말미암아 저지된 것이 아니라면, 매도인이 책임져서는 안 된다. 예컨대 저장고에 있는 포도주 중 100 암포라*가 '용량을 재어 구별해 놓으면'이라는 약관과 함께 매매되는 경우, 용량을 재지 않는 동안에는 모든 위험이 매도인에게 속한다. 단 위험발생이 매수인에 말미암은 것이라면 그러하지 않다.

* 1 암포라 = 2/3 메트레타 = 26.26 ℓ

민법 제376조 (금전채권)
채권의 목적이 어느 종류의 통화로 지급할 것인 경우에 그 통화가 변제기에 강제통용력을 잃은 때에는 채무자는 다른 통화로 변제하여야 한다.

민법 제377조 (외화채권)
① 채권의 목적이 다른 나라 통화로 지급할 것인 경우에는 채무자는 자기가 선택한 그 나라의 각종류의 통화로 변제할 수 있다.
② 채권의 목적이 어느 종류의 다른 나라 통화로 지급할 것인 경우에 그 통화가 변제기에 강제통용력을 잃은 때에는 그 나라의 다른 통화로 변제하여야 한다.

민법 제378조 (동전)
채권액이 다른 나라 통화로 지정된 때에는 채무자는 지급할 때에 있어서의 이행지의 환금시가에 의하여 우리나라 통화로 변제할 수 있다.

【금전채권】

• 로마법상 금전채무의 전형적인 예 중 하나는 판결채무(iudicatum)였다. 모든 형태의 급부의무는 판결이 확정될 때에는 가액 평가하여 금전배상을 명하였기 때문이다.

Gai.4.48.
Omnium autem formularum, quae condemnationem habent, ad pecuniariam aestimationem condemnatio concepta est. itaque et si corpus aliquod petamus, uelut fundum, hominem, uestem, aurum, argentum, iudex non ipsam rem condemnat eum, cum quo actum est, sicut olim fieri solebat, sed aestimata re pecuniam eum condemnat.

민법 제376조 (금전채권)

채권의 목적이 어느 종류의 통화로 지급할 것인 경우에 그 통화가 변제기에 강제통용력을 잃은 때에는 채무자는 다른 통화로 변제하여야 한다.

민법 제377조 (외화채권)

① 채권의 목적이 다른 나라 통화로 지급할 것인 경우에는 채무자는 자기가 선택한 그 나라의 각종류의 통화로 변제할 수 있다.

② 채권의 목적이 어느 종류의 다른 나라 통화로 지급할 것인 경우에 그 통화가 변제기에 강제통용력을 잃은 때에는 그 나라의 다른 통화로 변제하여야 한다.

민법 제378조 (동전)

채권액이 다른 나라 통화로 지정된 때에는 채무자는 지급할 때에 있어서의 이행지의 환금시가에 의하여 우리나라 통화로 변제할 수 있다.

【금전채권】

• 로마법상 금전채무의 전형적인 예 중 하나는 판결채무(iudicatum)였다. 모든 형태의 급부의무는 판결이 확정될 때에는 가액 평가하여 금전배상을 명하였기 때문이다.

가이우스, 법학원론 제4권 제48장.

유책판결지시를 포함하는 모든 소송방식서의 유책판결지시는 금액으로 평가를 하도록 작성되어 있다. 그리하여 우리가 예컨대 토지, 노예, 의복, 금, 은 등 일정한 유체물을 청구하는 경우에도 심판인은 피고에 대하여 — 한 때 그러했던 것처럼 — 물건 자체가 아니라, 소송물을 평가한 후 그 금액으로 유책판결한다.

【통화의 연혁】

D.18.1.1.pr. Paulus 33 ad edictum.

Origo emendi vendendique a permutationibus coepit. olim enim non ita erat nummus neque aliud merx, aliud pretium vocabatur, sed unusquisque secundum necessitatem temporum ac rerum utilibus inutilia permutabat, quando plerumque evenit, ut quod alteri superest alteri desit. sed quia non semper nec facile concurrebat, ut, cum tu haberes quod ego desiderarem, invicem haberem quod tu accipere velles, electa materia est, cuius publica ac perpetua aestimatio difficultatibus permutationum aequalitate quantitatis subveniret. eaque materia forma publica percussa usum dominiumque non tam ex substantia praebet quam ex quantitate nec ultra merx utrumque, sed alterum pretium vocatur.

【법정통화】

D.13.7.24.1 Ulpianus 30 ad edictum.

Qui reprobos nummos solvit creditori, an habet pigneraticiam actionem quasi soluta pecunia, quaeritur: et constat neque pigneraticia eum agere neque liberari posse, quia reproba pecunia non liberat solventem, reprobis videlicet nummis reddendis.

C.9.24.2 Imperator Constantinus (a.326).

Si quis nummum falsa fusione formaverit, universas eius facultates fisco nostro addici praecipimus: in monetis etenim tantum nostris cudendae pecuniae studium frequentari volumus. Cuius obnoxii maiestatis crimen committunt, et praemio accusatoribus proposito, quicumque solidorum adulter poterit reperiri vel a quoquam fuerit publicatus, ilico omni dilatione submota flammarum exustionibus mancipetur.

【통화의 연혁】

D.18.1.1.pr. 파울루스, 고시주해 제33권.

매매의 기원은 물물교환에서 비롯하였다. 왜냐하면 옛날에는 주화가 없었고, '사고파는 물건'과 '물건 값'을 구별하여 부르지도 않았으며, 각자가 때와 사태의 필요에 따라서 한 사람에게 남는 것이 다른 사람에게는 없는 일이 종종 발생하는 때에 유용한 것들과 유용하지 않은 것들을 서로 교환하였다. 그러나 내가 원하는 것을 네가 가진 경우에, 반대로 네가 얻기를 원하는 것을 내가 가지는 일은 항상 일어나지도, 또 쉽게 일어나지도 않았으므로, 소재를 선택하여 그에 대한 공적이고 영속적인 평가가 물물교환의 어려움을 양量의 등가성等價性을 통하여 돕도록 하였다. 그리고 이 소재는 공적 형태를 주인鑄印하여 사용과 소유를 질료에 의해서가 아니라 양에 의해서 제공하고, 더 이상 양자를 '사고파는 물건'이라 부르지 않고 하나는 '물건 값'이라 부르게 되었다.

【법정통화】

D.13.7.24.1 울피아누스, 고시주해 제30권.

부진정不眞正한 주화鑄貨로 채권자에게 변제하는 자가 채무를 변제한 것으로 질물반환소권을 갖는지의 여부가 문의된다. 그는 질물반환소권으로 소구할 수도 없고 채무를 벗어날 수도 없다는 것이 정설인데, 왜냐하면 부진정한 화폐는 변제자를 채무에서 벗어나게 하지 않기 때문이다. 물론 부진정한 주화는 반환되어야 한다.

C.9.24.2 콘스탄티누스 황제, 326년.

짐朕은 어떤 자가 주화를 위조 주조鑄造 행위로 만든 경우에는 그의 전 재산이 국고로 채납採納될 것을 명한다. 왜냐하면 짐은, 오직 짐의 조폐창造幣廠에서만 화폐 주조가 이루어지기를 원하기 때문이다. 이 범죄의 연루자들은 황제존엄침해죄를 범하는 것이고, 고발자들에게 포상을 내걸며, 솔리두스 금화金貨의 위조자로 발각되거나 그의 재산이 몰수된 자는 누구든 즉시 모든 지체를 허용하지 않고 화염火焰의 분살형焚殺刑에 내맡겨질 것이다.

【正貨】

• 로마인들은 실생활의 매매문기에서 대금 지급의 수단으로 정화正貨를 사용할 것을 명시하는 것이 관행이었다. 이는 당시 화폐 유통거래의 한 단면을 보여준다.

Bruns, FIRA (ed. 7., 1909).
No. 134 (노예 매매문기: a.61): "argentum probum recte dari".
No. 130 (소년노예 매매문기: a.142); No. 132 (여자노예 매매문기: a.160); No. 153 (소비대차문기: a.162): "pecuniam probam recte dari" 또는 "probos [sc. nummos] recte dari".
D.12.1.40 (Paulus): "proba [sc. pecunia] recte dari".
D.13.5.24 (Marcellus): "reddere probos [sc .nummos]".
즉 '正貨로 올바르게 변제할 것.'

D.13.5.24 Marcellus libro singulari responsorum.
Titius Seio epistulam emisit in haec verba: "Remanserunt apud me quinquaginta ex credito tuo ex contractu pupillorum meorum, quos tibi reddere debebo idibus Maiis probos: quod si ad diem supra scriptum non dedero, tunc dare debebo usuras tot." Quaero, an Lucius Titius in locum pupillorum hac cautione reus successerit. Marcellus respondit si intercessisset stipulatio, successisse. Item quaero, an, si non successisset, de constituta teneatur. Marcellus respondit in sortem teneri: est enim humanior et utilior ista interpretatio.

C.11.11.1 Imperatores Valentinianus, Valens (a.367).
Solidos veterum principum veneratione formatos ita tradi ac suscipi ab ementibus et distrahentibus iubemus, ut nihil omnino refragationis oriatur, modo ut debiti ponderis sint et speciei probae: scituris universis, qui aliter fecerint, haud leviter in se vindicandum.

【正貨】

• 로마인들은 실생활의 매매문기에서 대금 지급의 수단으로 정화正貨를 사용할 것을 명시하는 것이 관행이었다. 이는 당시 화폐 유통거래의 한 단면을 보여준다.

Bruns, FIRA (ed. 7., 1909).

No. 134 (노예 매매문기: a.61): "argentum probum recte dari".

No. 130 (소년노예 매매문기: a.142); No. 132 (여자노예 매매문기: a.160); No. 153 (소비대차문기: a.162): "pecuniam probam recte dari" 또는 "probos [sc. nummos] recte dari".

D.12.1.40 (Paulus): "proba [sc. pecunia] recte dari".

D.13.5.24 (Marcellus): "reddere probos [sc .nummos]".

즉 '正貨로 올바르게 변제할 것.'

D.13.5.24 마르켈루스, 해답집 단권.

티티우스가 세이우스에게 다음과 같은 내용으로 편지를 보냈다. "나에게 내 피후견인들의 계약에 기한 그대의 채권액 중 50금이 남았습니다. 그 금액을 나는 그대에게 오월 보름 정화正貨로 상환해야만 할 것입니다. 내가 상기 기일까지 변제하지 않으면 그 때에는 나는 상응한 이자를 지급해야만 할 것입니다." 질문: 루키우스 티티우스는 이 문기로 인하여 채무자로서 피후견인들을 승계하는가? 마르켈루스의 해답: 문답계약이 개재하였다면 승계한 것이다. 또 질문: 승계하지 않은 것이라면 전채변제약속前債辨濟約束에 관하여 책임을 지는가? 마르켈루스의 해답: 원본에 대해서 책임진다. 왜냐하면 이런 해석이야말로 더 인간적이고 더 유익하기 때문이다.

C.11.11.1 발렌티누스 / 발렌스 황제, 367년.

짐朕은 예전 황제들의 존위尊威로써 주조된 솔리두스화貨가 매수인과 매도인들에 의하여 인도되고 수령되어, 그것들이 정량正量과 정화正貨인 한 어떠한 저항도 절대로 일어나지 말 것을 명하노니, 위반하는 자는 결코 가볍게 처벌되지 않을 것임을 만인이 알지어다.

【통화의 종류】

D.45.1.65.1 Florentinus 8 institutionum.

Sed et si in rei quae promittitur aut personae appellatione varietur, non obesse placet: nam stipulanti denarios eiusdem quantitatis aureos spondendo obligaberis: et servo stipulanti Lucio domino suo, si Titio, qui idem sit, daturum te spondeas, obligaberis.

D.46.3.99 Paulus 4 responsorum.

Respondit [debitorem]<creditorem: cf. Bas.26.5.99: ὁ δανειστὴς> non esse cogendum in aliam formam nummos accipere, si ex ea re damnum aliquid passurus sit.

【통화의 종류】

D.45.1.65.1 **플로렌티누스, 법학원론 제8권.**

약속된 물건 또는 사람의 명칭이 별칭이더라도 그것은 무방하다는 것이 정설이다. 왜냐하면 너는 데나리우스로 문답요약하는 자에게 같은 금액 상당의 아우레우스[금화]로 문답낙약함으로써 채무를 질 것이기 때문이다. 그리고 노예가 자기 주인인 루키우스를 위하여 문답요약하는데 네가 동일인인 티티우스에게 주겠다고 문답낙약해도 너는 채무를 질 것이다.*

* 한 사람의 이름이 "루키우스 티티우스"인 경우를 말한다.

D.46.3.99 **파울루스, 해답집 제4권.**

그의 해답: 대금貸金채권자는 다른 형태의 주화로 수령하도록 강제되어서는 안 된다. 이 일로 인해 손해를 입게 될 것이라면.

민법 제379조 (법정이율)

利子있는 채권의 이율은 다른 법률의 규정이나 당사자의 약정이 없으면 연 5분으로 한다.

• 당시 일반 지식인들의 이자에 대한 혐오*와 달리 실용적인 로마인들은 처음부터 일정한 이자를 법인法認하였다.

* 대표적 아리스토텔레스, 정치학 I.10, 1258a38 이하: 상업 활동 중에서도 "고리대금이 가장 심한 증오의 대상이 되는데, 이는 지당한 일이다. 그것은 화폐의 본래 기능인 교역 과정이 아니라, 화폐 자체에서 이득을 취하기 때문이다. 왜냐하면 화폐는 교역에 쓰라고 만들어진 것이지 이자를 낳으라고 만들어진 것이 아니기 때문이다. 그리고 돈이 낳은 돈의 자식을 뜻하는 이자라는 용어가 돈의 증식에 사용되는 것은 새끼가 어미를 닮아 있기 때문이다. 그래서 모든 종류의 재산 획득 기술 가운데 고리대금이 가장 자연에 배치된다."**[천병희 역]**

【利子의 법적 성질】

D.6.1.62.pr. Papinianus 6 quaestionum.

Si navis a malae fidei possessore petatur, et fructus aestimandi sunt, ut in taberna et area quae locari solent. quod non est ei contrarium, quod de pecunia deposita, quam heres non attingit, usuras praestare non cogitur: nam etsi maxime vectura sicut usura non natura pervenit, sed iure percipitur, tamen ideo vectura desiderari potest, quoniam periculum navis possessor petitori praestare non debet,** cum pecunia periculo dantis faeneretur.

* D.5.3.20.14 Ulpianus 15 ad edictum.

Papinianus autem libro tertio quaestionum, si possessor hereditatis pecuniam inventam in hereditate non attingat, negat eum omnino in usuras conveniendum.

민법 제379조 (법정이율)

利子있는 채권의 이율은 다른 법률의 규정이나 당사자의 약정이 없으면 연 5분으로 한다.

• 당시 일반 지식인들의 이자에 대한 혐오*와 달리 실용적인 로마인들은 처음부터 일정한 이자를 법인法認하였다.

* 대표적 아리스토텔레스, 정치학 I.10, 1258a38 이하: 상업 활동 중에서도 "고리대금이 가장 심한 증오의 대상이 되는데, 이는 지당한 일이다. 그것은 화폐의 본래 기능인 교역 과정이 아니라, 화폐 자체에서 이득을 취하기 때문이다. 왜냐하면 화폐는 교역에 쓰라고 만들어진 것이지 이자를 낳으라고 만들어진 것이 아니기 때문이다. 그리고 돈이 낳은 돈의 자식을 뜻하는 이자라는 용어가 돈의 증식에 사용되는 것은 새끼가 어미를 닮아 있기 때문이다. 그래서 모든 종류의 재산 획득 기술 가운데 고리대금이 가장 자연에 배치된다."**[천병희 역]**

【利子의 법적 성질】

D.6.1.62.pr. **파피니아누스, 질의록 제6권.**

선박이 악의점유자로부터 청구되는 경우, 임대되는 주막과 빈터의 경우처럼 과실果實도 평가해야만 한다. 이것은 임치된 금전에 대하여 상속인이 건드리지 않는 한 이자利子를 지급하도록 강제되지 않는다*는 사실에 상치相馳되는 것이 아니다. 왜냐하면 운임은 물론 이자와 마찬가지로 자연적으로 유래하는 것이 아니라 법에 의해 수취하는 것이지만, 그럼에도 불구하고 운임은 청구할 수 있는 것이니, 왜냐하면 금전은 주는 자의 위험으로 식리殖利되는 반면에 선박의 위험은 점유자가 청구자에게 보장해야 하는 것이 아니기 때문이다.

* D.5.3.20.14 울피아누스, 고시주해 제15권.

파피니아누스는 질의록 제3권에서 상속재산의 점유자가 상속재산 속에서 발견한 돈을 건드리지 않으면 그를 도대체 이자에 대해 제소해야 한다는 것을 부인한다.

** D.6.1.16.1 Paulus 21 ad edictum.

Culpa non intellegitur, si navem petitam tempore navigationis trans mare misit, licet ea perierit: nisi si minus idoneis hominibus eam commisit.

D.50.16.121 Pomponius 6 ad Quintum Mucium.

Usura pecuniae, quam percipimus, in fructu non est, quia non ex ipso corpore, sed ex alia causa est, id est nova obligatione.

D.22.1.34 Ulpianus 15 ad edictum.

Usurae vicem fructuum optinent et merito non debent a fructibus separari: et ita in legatis et fideicommissis et in tutelae actione et in ceteris iudiciis bonae fidei servatur. Hoc idem igitur in ceteris obventionibus dicemus.

【약정 이자】

• 로마법상 이자는 문답계약으로 발생시키지 않는 한, 소비대차의 경우에도 원칙적으로 인정되지 않았다.

D.19.5.24 Africanus 8 quaestionum.

Titius Sempronio triginta dedit pactique sunt, ut ex reditu eius pecuniae tributum, quod Titius pendere deberet, Sempronius praestaret computatis usuris semissibus, quantoque minus tributorum nomine praestitum foret, quam earum usurarum quantitas esset, ut id Titio restitueret, quod amplius praestitum esset, id ex sorte decederet, aut, si et sortem et usuras summa tributorum excessisset, id quod amplius esset Titius Sempronio praestaret: neque de ea re ulla stipulatio interposita est. Titius

** D.6.1.16.1 파울루스, 고시주해 제21권.

점유자가 청구된 선박을 향해 적기適期에 바다 건너로 보낸 경우, 비록 그 선박이 멸실하더라도 과실過失로 인정되지 않는다. 적합하지 않은 인원들에 그 선박을 맡긴 경우가 아니라면 말이다.

D.50.16.121 폼포니우스, 퀸투스 무키우스 강해 제6권.

수령한 금전의 이자利子는 과실果實에 속하지 않는다. 왜냐하면 실물 자체로부터가 아니라 다른 원인에 기한 것, 즉 새로운 채권에 기한 것이기 때문이다.

D.22.1.34 울피아누스, 고시주해 제15권.

이자는 과실果實에 갈음하는 것이고, 그래서 정당하게도 과실과 분리되어서는 안 된다. 그리하여 유증과 신탁유증 및 후견소권과 기타 성의소송에서 준수된다. 그러므로 우리는 기타 수입에 있어서도 이와 동일한 것을 말할 것이다.

【약정 이자】

• 로마법상 이자는 문답계약으로 발생시키지 않는 한, 소비대차의 경우에도 원칙적으로 인정되지 않았다.

D.19.5.24 아프리카누스, 질의록 제8권.

티티우스가 셈프로니우스에게 30금을 주었고, 다음과 같이 합의하였다: 셈프로니우스가 이 금전으로써 버는 이자 수익에서 티티우스가 내야 하는 세금을 납부하되 수익 이자는 6%로 계상計上하였다. 그리고 세금 명목으로 납부할 것이 그 수익 이자 총액보다 적으면 셈프로니우스가 티티우스에게 그 차액을 지급하지만, 초과하여 납부된 것은 원금에서 충당하고, 만일 원금과 이자 총액을 세금 총액이 넘었으면 초과하는 금액을 티티우스가 셈프로니우스에게 상환하기로 하였다. 그런데 이 모든 것에 대하여 문답계

consulebat, id quod amplius ex usuris Sempronius redegisset, quam tributorum nomine praestitisset, qua actione ab eo consequi possit. Respondit pecuniae quidem creditae usuras nisi in stipulationem deductas non deberi: verum in proposito videndum, ne non tam faenerata pecunia intellegi debeat, quam quasi mandatum inter eos contractum, nisi quod ultra semissem consecuturus esset: sed ne ipsius quidem sortis petitionem pecuniae creditae fuisse, quando, si Sempronius eam pecuniam sine dolo malo vel amisisset vel vacuam habuisset, dicendum nihil eum eo nomine praestare debuisse. Quare tutius esse praescriptis verbis in factum actionem dari, praesertim cum illud quoque convenisset, ut quod amplius praestitum esset, quam ex usuris redigeretur, sorti decederet: quod ipsum ius et causam pecuniae creditae excedat.

D.12.1.40 Paulus 3 quaestionum.

Lecta est in auditorio Aemilii Papiniani praefecti praetorio iuris consulti cautio huiusmodi: "Lucius Titius scripsi me accepisse a Publio Maevio quindecim mutua numerata mihi de domo et haec quindecim proba recte dari kalendis futuris stipulatus est Publius Maevius, spopondi ego Lucius Titius. Si die supra scripta summa Publio Maevio eive ad quem ea res pertinebit data soluta satisve eo nomine factum non erit, tunc eo amplius, quo post solvam, poenae nomine in dies triginta inque denarios centos denarios singulos dari stipulatus est Publius Maevius, spopondi ego Lucius Titius. Convenitque inter nos, uti pro Maevio ex summa supra scripta menstruos refundere debeam denarios trecenos ex omni summa ei heredive eius." Quaesitum est de obligatione usurarum, quoniam numerus mensium, qui solutioni competebat, transierat. Dicebam, quia pacta in continenti facta stipulationi inesse creduntur, perinde esse, ac si per singulos menses certam pecuniam stipulatus, quoad tardius soluta esset, usuras adiecisset: igitur finito primo mense primae pensionis usuras currere et similiter post secundum et tertium tractum usuras non solutae

약이 체결되지는 않았다. 티티우스가 셈프로니우스가 세금 명목으로 납부하고 남은 이자 수익을 무슨 소권을 써서 찾을 수 있는지 자문을 구하였다. 그[율리아누스]의 답변: 소비대차금의 이자는 문답계약에 포함되지 않으면 채무가 아니다. 그런데 이 사안에서는 이자부 소비대차계약으로 이해되어야 한다기보다는 6%를 초과하여 수익할 것이 아니라면 그들 사이에 말하자면 위임계약이 체결된 것은 아닌지가 검토되어야만 한다. 그렇지만 원금에 대해서조차도 소비대차금 청구소권은 아예 성립하지도 않았다. 왜냐하면 셈프로니우스가 악의 없이 이 금전을 상실했거나 이자 수익을 올리지 못하였다면 그는 그 명목으로 어떠한 책임도 지지 않았을 것이기 때문이다. 그런 고로 더 안전한 방도는 전가문前加文에 의한 사실소권이 부여되는 것인데, 무엇보다도 이자 수익을 초과하여 납부된 것은 원금에서 충당하기로 또한 합의하였기 때문이다. 이러한 약정은 법규정은 물론, 금전소비대차의 법률관계를 벗어나는 것이다.

D.12.1.40 **파울루스, 질의록 제3권.**

근위대장인 법률가 아이밀리아누스 파피니아누스의 법정에서 이러한 문기文記가 낭독되었다. "나 루키우스 티티우스는 푸블리우스 마이비우스로부터 그의 집에서 나에게 지급된 15금의 소비대차금을 수령하였음을 기록하였고, 푸블리우스 마이비우스가 이 15금이 정화正貨로 적법하게 장래 모모월某某月 초하루 변제될 것을 문답요약하고 나 루키우스 티티우스가 문답서약하였다. 상기 일자에 그 금액이 푸블리우스 마이비우스에게 또는 그 금액이 속할 자에게 지급되거나 변제되거나 그 명목으로 담보제공되지 않으면, 그때에는 내가 후에 변제하는 만큼 징벌 명목으로 30일당 그리고 100 데나리우스당 1 데나리우스를 지급할 것을 푸블리우스 마이비우스가 문답요약하고 나 루키우스 티티우스가 문답서약하였다. 그리고 우리 사이에 마이비우스를 위하여 상기 금액을 월 분할금으로, 즉 전체 금액을 300 데나리우스씩 그 또는 그의 상속인에게 환급하기로 합의하였다." 이자채권에 관하여 문의되었는데, 왜냐하면 변제를 위한 개월 수가 이미 경과했기 때문이었다. 나는 말하였다: 즉시 이루어진 무방식의 약정은 문답계약에 내재하는 것으로 믿어지므로 마치 매월 일정액이 문답요약되고, 지체하여 변제된 만큼 이자가 부가되었었던 것과 마찬가지이다. 그러므로 첫 달이 끝나면서 첫 분할금의

pecuniae pensionis crescere nec ante sortis non solutae usuras peti posse quam ipsa sors peti potuerat. Pactum autem quod subiectum est quidam dicebant ad sortis solutionem tantum pertinere, non etiam ad usurarum, quae priore parte simpliciter in stipulationem venissent, pactumque id tantum ad exceptionem prodesse et ideo non soluta pecunia statutis pensionibus ex die stipulationis usuras deberi, atque si id nominatim esset expressum. Sed cum sortis petitio dilata sit, consequens est, ut etiam usurae ex eo tempore, quo moram fecit, accedant, et si, ut ille putabat, ad exceptionem tantum prodesset pactum (quamvis sententia diversa optinuerit), tamen usurarum obligatio ipso iure non committetur: non enim in mora est is, a quo pecunia propter exceptionem peti non potest. Sed quantitatem, quae medio tempore colligitur, stipulamur, cum condicio exstiterit, sicut est in fructibus: idem et in usuris potest exprimi, ut ad diem non soluta pecunia quo competit usurarum nomine ex die interpositae stipulationis praestetur.

D.16.3.24 Papinianus 9 quaestionum.

"Lucius Titius Sempronio salutem. Centum nummos, quos hac die commendasti mihi adnumerante servo Sticho actore, esse apud me ut notum haberes, hac epistula manu mea scripta tibi notum facio: quae quando voles et ubi voles confestim tibi numerabo." Quaeritur propter usurarum incrementum. Respondi depositi actionem locum habere: quid est enim aliud commendare quam deponere? Quod ita verum est, si id actum est, ut corpora nummorum eadem redderentur: nam si ut tantundem solveretur convenit, egreditur ea res depositi notissimos terminos. In qua quaestione si depositi actio non teneat, cum convenit tantundem, non idem reddi, rationem usurarum haberi non facile dicendum est. Et est quidem constitutum in bonae fidei iudiciis, quod ad usuras attinet ut tantundem possit officium arbitri quantum stipulatio: sed contra

이자가 진행하고, 유사하게 둘째와 셋째 달의 경과 후 분할금 미제분未濟分의 이자가 증가하며, 미제未濟 원본의 이자를 청구하는 것은 원본 자체를 청구할 수 있기 전에는 불가능하다. 그런데 혹자들은 말하기를, 부가된 무방식의 약정은 원본의 변제에만 관계되고, 앞부분에서 단순하게 문답계약에 포함된 이자利子의 변제에도 관계되는 것은 아니며, 또 무방식의 약정은 그저 항변에만 유용한 것이고, 그래서 정해진 분할금의 변제가 이루어지지 않으면 마치 이것이 명시적으로 표현된 것처럼 문답계약일로부터 이자가 부담되는 것이라고 하였다. 그러나 원본의 청구가 지체되었으므로, 다음이 논리일관된 것이다. 즉 이자도 지체의 시점으로부터 발생하며, 그[=파피니아누스]가 생각했듯이 무방식의 약정이 (비록 이견이 관철되었지만) 오직 항변에만 유용할지라도 실로 이자 채권이 법률상 당연히 발효하는 것은 아닌 것이다. 왜냐하면 항변으로 인하여 그로부터 금전 청구가 가능하지 않은 자는 지체에 빠진 것이 아니기 때문이다. 그러나 조건이 성취되는 경우 중간 시기에 수합하는 금액을 나는 문답요약할 수 있는데, 과실果實의 경우가 그러하다. 동일한 법리를 또한 이자의 경우에도 표명할 수가 있으니, 해당 기일에 금액이 변제되지 않으면, 이자 명목으로 문답계약 개재일로부터 지급되어야 한다.

D.16.3.24 **파피니아누스, 질의록 제9권.**

"루키우스 티티우스가 셈프로니우스에게 안부 전합니다. 나는 오늘 당신이 회계담당 노예 스티쿠스가 기장記帳한 가운데 나에게 맡긴 100개의 주화가 나에게 있음을 당신이 알도록 이 친필 편지로써 당신에게 알리는 바입니다. 나는 그 주화를 당신이 원하는 때 그리고 원하는 곳에서 즉시 당신에게 지급할 것입니다." 이자利子의 증가로 인하여 문의되었다. 해답: 임치소권이 적용된다. 왜냐하면 맡긴다는 것이 임치하는 것과 무엇이 다르겠는가? 이것은 동일한 주화들이 반환된다고 약정된 경우 참이다. 또 동일액이 변제된다고 약정된 경우에는 이 사안은 임치의 아주 잘 알려진 한계를 넘는 것이다. 이 문제에 있어서 동일물이 아니라 동일액이 반환된다고 약정되어 임치소권이 적용되지 않는 경우, 이자가 고려된다고 쉽게 이야기해서는 안 될 것이다. 그리고 참으로 성의소송誠意訴訟의 경우, 이자에 관한 한 재정인裁定人의 직능으로, 문답계약이 할 수 있는

bonam fidem et depositi naturam est usuras ab eo desiderare temporis ante moram, qui beneficium in suscipienda pecunia dedit. Si tamen ab initio de usuris praestandis convenit, lex contractus servabitur.

D.16.3.26.1 Paulus 4 responsorum.

Lucius Titius ita cavit: "Ἔλαβον καὶ ἔχω εἰς λόγον παρακαταθήκης τὰ προγεγραμμένα τοῦ ἀργυρίου δηνάρια μύρια, καὶ πάντα ποιήσω καὶ συμφωνῶ καὶ ὡμολόγησα, ὡς προγέγραπται· καὶ ςυνεθέμην χορηγῆσαί σοι τόκον ἑκάστης μνᾶς ἑκάστου μηνὸς ὀβόλους τέσσαρας μέχρι τῆς ἀποδόσεως παντὸς τοῦ ἀργυρίου." [id est: Accepi et habeo ex causa depositi supra scripta decem milia denarium et faciam omnia et consentio et promisi ita ut supra scriptum est, et conveni praestare tibi usuras in singulas minas per singulos menses assium quaternorum, donec universa summa reddatur.] Quaero, an usurae peti possunt. Paulus respondit eum contractum de quo quaeritur depositae pecuniae modum excedere, et ideo secundum conventionem usurae quoque actione depositi peti possunt.

D.22.1.41.1 Modestinus 3 responsorum.

Lucius Titius cum centum et usuras aliquanti temporis deberet, minorem pecuniam quam debebat obsignavit: quaero, an Titius pecuniae quam obsignavit usuras praestare non debeat. Modestinus respondit, si non hac lege mutua pecunia data est, uti liceret et particulatim quod acceptum est exsolvere, non retardari totius debiti usurarum praestationem, si, cum creditor paratus esset totum suscipere, debitor, qui in exsolutione totius cessabat, solam partem deposuit.

D.22.1.41.2 Modestinus 3 responsorum.

Ab Aulo Agerio Gaius Seius mutuam quandam quantitatem accepit hoc chirographo: "ille scripsi me accepisse et accepi ab illo mutuos et numeratos decem, quos ei reddam kalendis illis proximis cum suis usuris placitis inter nos": quaero, an ex eo instrumento

것을, 할 수 있도록 정해져 있다. 그러나 호의로 금전의 보관을 인수한 자로부터 지체 이전 시점의 이자를 청구하는 것은 양신良信과 임치의 본성에 반한다. 그렇지만 처음부터 이자에 관하여 합의한 경우에는 계약조항을 준수해야 한다.

D.16.3.26.1 파울루스, 해답집 제4권.

루키우스 티티우스가 이렇게 채무증서를 발급하였다. "나는 상기上記한 임치의 원인으로 1만 데나리우스를 수령하여 가지고 있으며, 상기한 바대로 나는 모든 것을 할 것이고, 동의하며, 약속하였다. 그리고 전액이 반환될 때까지 너에게 매월 1 미나* 당 4 아스[=8%]의 이자利子를 지급할 것에 합의하였다." 질문: 이자를 청구할 수 있는가? 파울루스의 해답: 문제의 계약은 금전임치의 척도를 넘어선다. 그래서 합의에 따라 이자 역시도 임치소권으로 청구할 수가 있다.

* 미나: 원래는 무게 단위였으나 화폐 단위로 쓰였다.

은화 1 미나 = 100 드라크메, 60 미나 = 1 탈란토스.

D.22.1.41.1 모데스티누스, 해답집 제3권.

루키우스 티티우스가 100금과 일정 기간의 이자를 지급할 채무가 있는데도 채무액보다 적은 금액을 봉인하여 공탁하였다. 질문: 티티우스는 그가 봉인한 금액의 이자를 지급하지 않아도 되는가 어떤가? 모데스티누스의 해답: 그가 또한 수령한 것을 분할 상환하는 것이 허용된다는 특약 하에 대금貸金이 주어진 것이 아니라면, 채권자가 전액을 수령할 용의가 있는데도 전액의 변제를 해태한 채무자가 일부만을 공탁한 경우, 전체 채무의 이자 급부가 방해받는 것이 아니다.

D.22.1.41.2 모데스티누스 해답집 제3권.

'가이우스 세이우스'가 다음과 같은 수기증서手記證書를 교부하고 '아울루스 아게리우스'[원고]로부터 일정 금액을 수령하였다. "나 모모某某는 모모某某로부터 10금의 소비대차금을 지급받았음을 기록했고, 또 수령하였음. 나는 이 금액을 그에게 다음 모모월某某月

usurae peti possint et quae. Modestinus respondit, si non appareat de quibus usuris conventio facta sit, peti eas non posse.

C.3.1.1 Imperatores Severus, Antoninus (a.205).

Iudicio coepto usurarum stipulatio non est perempta. Superest, ut debitorem eius temporis, quod non est in iudicium deductum, convenire possis

【법정의 이자】

D.19.1.49.1 Hermogenianus 2 iuris epitomarum.

Pretii, sorte licet post moram soluta, usurae peti non possunt, cum hae non sint in obligatione, sed officio iudicis praestentur.

D.19.2.54.pr. Paulus 5 responsorum.

Quaero, an fideiussor conductionis etiam in usuras non illatarum pensionum nomine teneatur nec prosint ei constitutiones, quibus cavetur eos, qui pro aliis pecuniam exsolvunt, sortis solummodo damnum agnoscere oportere. Paulus respondit, si in omnem causam conductionis etiam fideiussor se obligavit, eum quoque exemplo coloni tardius illatarum per moram coloni pensionum praestare debere usuras: usurae enim in bonae fidei iudiciis etsi non tam ex obligatione proficiscantur quam ex officio iudicis applicentur, tamen, cum fideiussor in omnem causam se applicuit, aequum videtur ipsum quoque agnoscere onus usurarum, ac si ita fideiussisset: "in quantum illum condemnari ex bona fide oportebit, tantum fide tua esse iubes?" vel ita: "indemnem me praestabis?"

초하루 우리 사이에 약정된 이자와 함께 상환할 것임." 질문: 이 증서에 기하여 이자가 청구될 수 있는가, 그리고 얼마나 청구될 수 있는가? 모데스티누스의 해답: 얼마의 이자에 관하여 약정이 이루어졌는지가 판명되지 않으면 이자를 청구할 수 없다.

C.3.1.1 **세베루스 / 안토니누스황제, 205년.**
소송이 개시되어도 이자의 문답계약은 멸각되지 않는다. 소송에 계입繫入되지 않은 기간의 경우, 그대는 여전히 채무자를 제소할 수가 있는 것이다.

【법정의 이자】

D.19.1.49.1 **헤르모게니아누스, 법적요法摘要 제2권.**
매매대금의 이자는, 원본이 이행지체 후에 변제되더라도, 청구할 수 없다. 왜냐하면 이것은 채무에 속하지 않고 심판인의 직권에 의하여 급부되는 것이기 때문이다.

D.19.2.54.pr. **파울루스, 해답집 제5권.**
질문: 임차賃借의 보증인이 이행제공되지 않은 차임의 명목으로 이자利子에 대해서도 책임을 지는지, 아니면 타인을 위하여 금전채무를 변제하는 자들은 원본의 손해만 떠맡으면 된다고 규정하는 칙법들이 그에게 유용하지 않은지? 파울루스의 해답: 임차의 모든 손익부가물에 대하여도 보증인이 자신을 구속한 경우에는, 그는 또한 농지임차인의 예와 같이 지체로 늦게 이행제공된 농지임차인의 차임의 이자를 지급할 의무가 있다. 왜냐하면 이자는, 성의소송에서는 비록 채무관계로부터 발생한다기보다는 심판인의 직권에 기하여 적용되는 것이긴 하지만, 그럼에도 불구하고 보증인이 모든 손익부가물에 대하여 자신을 구속한 경우 그 자신도 이자利子의 부담을 떠맡는 것이 공평한 것으로 인정되기 때문이다. 마치 "채무자가 양신상良信上 유책판결 받는 것이 합당할 상당액만큼을 너는 보증保證하는가?" 또는 "너는 나의 손해를 전보할 것인가?" 하는 식으로 보증한 경우처럼.

D.44.2.23 Ulpianus 3 disputationum.

Si in iudicio actum sit usuraeque solae petitae sint, non est verendum, ne noceat rei iudicatae exceptio circa sortis petitionem: quia enim non competit, nec opposita nocet. Eadem erunt et si quis ex bonae fidei iudicio velit usuras tantum persequi: nam nihilo minus futuri temporis cedunt usurae: quamdiu enim manet contractus bonae fidei, current usurae.

D.22.1.6.pr. Papinianus 29 quaestionum.

Cum de in rem verso cum herede patris vel domini ageretur et usurarum quaestio moveretur, imperator Antoninus ideo solvendas usuras iudicavit, quod eas ipse dominus vel pater longo tempore praestitisset.

C.4.32.23 Imperatores Diocletianus, Maximianus (a.294).

Oleo quidem vel quibuscumque fructibus mutuo datis incerti pretii ratio additamenta usurarum eiusdem materiae suasit admitti.

D.22.1.1.1 Papinianus 2 quaestionum.

Socius si ideo condemnandus erit, quod pecuniam communem invaserit vel in suos usus converterit, omnimodo etiam mora non interveniente praestabuntur usurae.

D.22.1.35 Paulus libro quinquagensimo septimo ad edictum.

Lite contestata usurae currunt.

D.44.2.23 울피아누스, 토론집 제3권.

소송이 제기되어 이자만 청구된 경우, 원본 청구에 대하여 기판사항의 항변이 해롭지 않을까 걱정할 필요가 없다. 왜냐하면 이자청구는 인정되지 않고, 그래서 항변으로 대항해도 해롭지 않기 때문이다. 어떤 자가 성의소송으로 이자만을 추급하기를 원하는 경우에도 마찬가지이다. 왜냐하면 그럼에도 불구하고 장래의 이자는 발생하기 때문이다. 그 이유는 성의계약이 유지되는 한 이자가 진행하기 때문이다.

D.22.1.6.pr. 파피니아누스, 질의록 제29권.

가부家父 또는 주인의 상속인을 상대로 전용이익轉用利益의 소訴*가 제기되고 이자의 문제가 제기되었을 때, 안토니누스 황제는 이자를 주인이나 가부도 오랫동안 지급하였을 것이기 때문에 이자를 지급하여야 한다고 판결하였다.

* 노예나 가자家子가 특유재산을 가진 경우 그와 거래한 제3자가 그 거래로 인한 이익이 가부家父 또는 주인에게 귀속되었음을 이유로 그들을 상대로 제기하는 소.

C.4.32.23 디오클레티아누스 / 막시미아누스 황제, 294년.

기름 또는 어떤 과일들이 소비대차로 주어진 경우, 가액을 불확정한 채로 두었다는 사정에 비추어 동종 물건으로 이자利子가 붙는 것이 용인된다.

D.22.1.1.1 파피니아누스, 질의록 제2권.

조합원은 공유 금전을 침범한 경우 또는 자신의 용도로 횡령한 경우, 지체가 개재되지 않았어도 언제나 이자利子를 지급해야 한다.

D.22.1.35 파울루스, 고시주해 제57권.

쟁점결정이 이루어지면 이자가 진행한다.

〈지연이자〉

D.17.1.12.9 Ulpianus 31 ad edictum.

Si mihi mandaveris, ut rem tibi aliquam emam, egoque emero meo pretio, habebo mandati actionem de pretio reciperando: sed et si tuo pretio, impendero tamen aliquid bona fide ad emptionem rei, erit contraria mandati actio: aut si rem emptam nolis recipere: simili modo et si quid aliud mandaveris et in id sumptum fecero. Nec tantum id quod impendi, verum usuras quoque consequar. Usuras autem non tantum ex mora esse admittendas, verum iudicem aestimare debere, si exegit a debitore suo quis et solvit, cum uberrimas usuras consequeretur, aequissimum enim erit rationem eius rei haberi: aut si ipse mutuatus gravibus usuris solvit. Sed et si reum usuris non relevavit, ipsi autem et usurae absunt, vel si minoribus relevavit, ipse autem maioribus faenus accepit, ut fidem suam liberaret, non dubito debere eum mandati iudicio et usuras consequi. Et (ut est constitutum) totum hoc ex aequo et bono iudex arbitrabitur.

D.22.1.17.3-4 Paulus libro singulari de usuris.

(3) … usurae enim non propter lucrum petentium, sed propter moram solventium infliguntur.

(4) Ex locato qui convenitur, nisi convenerit ut tardius pecuniae illatae usuras deberet, non nisi ex mora usuras praestare debet.

D.22.1.32.2 Marcianus 4 regularum.

In bonae fidei contractibus ex mora usurae debentur.

〈지연이자〉

D.17.1.12.9 울피아누스, 고시주해 제31권.

네가 나에게 내가 너를 위하여 어떤 물건을 살 것을 위임하고, 내가 내 돈을 주고 사는 경우, 나는 대금 상환에 관하여 위임소권을 가질 것이다. 그러나 너의 돈을 주고 샀으나 내가 선의로 물건의 매수를 위하여 비용을 지출한 경우에는 위임반대소권이 인정될 것이다. 또는 네가 산 물건을 인수하기를 불원하는 경우. 유사하게 또한 네가 어떤 다른 일을 위임하고 그 일에 내가 비용을 쓴 경우. 그리고 나는 출비出費한 것만이 아니라 이자도 또한 청구할 수 있다. 그런데 이자는 비단 이행지체로 인한 것만 인정해야 하는 것이 아니며, 어떤 자가 자신의 채무자[=위임인]로부터 추심하여 그가 (위임인의 채무를) 변제하였는데, 그 채권자가 (위임인으로부터) 가장 풍요한 이자를 받아낼 수 있는 경우에는 또한 심판인이 산정을 해야만 하는데, 왜냐하면 이러한 일은 고려되는 것이 극히 정의롭기 때문이다. 또는 자신이 중한 이율의 이자로 차금借金하여 변제한 경우. 그러나 그가 피고[=위임인]를 이자 면에서 덜어 주지는 않았지만 그 자신에게 돌아갈 이자도 없는 경우, 또는 이율이 낮은 이자를 덜어 주었는데 자신의 위임상의 신의를 지키기 위하여 그 자신이 이율이 높은 이자부 차금을 한 경우, 사견으로는 그가 위임소권으로써 또한 그 이자도 받아내야만 한다는 것을 의심치 않는다. 그리고 (칙정勅定된 것처럼) 이 모든 것을 심판인은 평량平良[선善과 형평]에 따라 재정할 것이다.

D.22.1.17.3-4 파울루스, 이자론利子論 단권.

(3) 왜냐하면 이자利子는 청구자의 이익으로 인해서가 아니라 변제자의 이행지체로 인해서 부과되기 때문이다.

(4) 임약賃約의 피고는 지체하여 제공된 금액의 이자를 지급해야 한다고 합의한 경우가 아니면, 오직 이행지체로 인해서만 이자를 지급해야 한다.

D.22.1.32.2 마르키아누스, 법규칙편록 제4권.

성의계약誠意契約에서는 이행지체 시로부터 이자利子를 지급해야만 한다.

C.4.54.5 Imperator Gordianus.

Initio venditionis si pactus es, ut is cui vendidisti possessionem pretii tardius exsoluti tibi usuras pensitaret, non immerito existimas etiam eas tibi adito praeside ab emptore praestari debere. Nam si initio contractus non es pactus, si coeperis experiri, ex mora dumtaxat usuras tam ab ipso debitore quam ab eo, qui in omnem causam empti suam fidem adstrinxit, de iure postulabis.

– 매매 –

D.19.1.13.20 Ulpianus 32 ad edictum.

Veniunt autem in hoc iudicium infra scripta. In primis pretium, quanti res venit. Item usurae pretii post diem traditionis: nam cum re emptor fruatur, aequissimum est eum usuras pretii pendere.

D.22.1.16.1 Paulus 1 decretorum.

Cum usurae pretii fundi ab eo qui a fisco emerat peterentur et emptor negaret traditam sibi possessionem, imperator decrevit iniquum esse usuras ab eo exigi, qui fructus non percepisset.

C.4.32.2 Imperatores Severus, Antoninus.

Usuras emptor, cui possessio rei tradita est, si pretium venditori non obtulerit, quamvis pecuniam obsignatam in depositi causa habuerit, aequitatis ratione praestare cogitur.

C.4.54.5 **고르디아누스 황제.**

매도의 시초에, 그대가 토지를 매도했던 매수인이 대금이 늦게 변제되면 대금의 이자利子를 그대에게 지급한다고 그대가 무방식 요약한 경우, 그대가 도백道伯 관할 소송에서 이자도 그대에게 매수인에 의하여 지급되어야만 한다고 생각하는 것은 부당하지 않다. 그리고 계약의 시초에 그대가 무방식 요약을 하지 않은 경우에는, 그대가 제소를 시작하면 지체로 인해서만 채무자 자신 및 매수계약의 모든 손익부가물에 대하여 언질을 한 자로부터 이자를 적법하게 청구할 수 있다.

- 매매 -

D.19.1.13.20 **울피아누스, 고시주해 제32권.**

그런데 이 소송[=매매소송]에는 아래 기술한 것들이 소송의 대상이 된다. 우선 매매 대금. 또 인도일 이후의 대금의 이자. 왜냐하면 매수인이 물건을 향유하므로 그가 대금의 이자를 지급하는 것은 극히 공평한 것이기 때문이다. → 민법 제587조

D.22.1.16.1 **파울루스, 재결론 제1권.**

토지 대금의 이자利子가 국고로부터 매수한 자에게서 청구되고 매수인이 점유가 자신에게 인도되었음을 부인한 경우에, 과실果實을 수취하지 않은 그에게서 이자를 청구하는 것은 부당하다고 황제가 재결하였다. → 민법 제587조

C.4.32.2 **세베루스 / 안토니누스 황제.**

물건의 점유가 인도된 매수인은, 대금을 매도인에게 제공하지 않은 경우, 비록 그(=매도인)가 봉인된 금전을 임치 사유로 가지고 있더라도 공평을 고려하여 이자를 지급하도록 강제된다.

【이율】

〈12표법〉

XII.Tab. 8.18a (Tacitus, annales 6.16).

Nam primo XII tabulis sanctum, ne quis unciario fenore amplius exerceret.

〈고전법: 12%〉

Fr. Vat. 11.

Conuenit ad diem pretio non soluto uenditori alterum tantum praestari. quod usurarum centesimam excedit, in fraudem iuris uidetur additum. diuersa causa est commissoriae legis, cum in ea specie non fenus inlicitum exerceatur, sed lex contractui non inprobabilis dicatur.

D.33.1.3.6 Ulpianus 24 ad Sabinum.

Si cui certa quantitas legetur et, quoad praestetur, in singulos annos certum aliquid velut usuras iusserit testator praestari, legatum valet: sed in usuris hactenus debet valere, quatenus modum probabilem usurarum non excedit.

CTh.2.33.1 [=Brev.2.33.1] Constant(inus).

… nam pro pecunia ultra singulas centesimas creditor vetatur accipere.

D.12.6.26.pr. Ulpianus 26 ad edictum.

Si non sortem quis, sed usuras indebitas solvit, repetere non poterit, si sortis debitae

【이율】

〈12표법〉

12표법 제8장 제18a절 [타키투스, 연대기 6.16].
누구라도 연年 1/12[=8 ⅓%] 이상의 이자를 취하지 못하도록 최초로 12표법에 의하여 규율되었다.

〈고전법: 12%〉

바티칸 단편 제11절.
기일에 대금이 매도인에게 변제되지 않으면 2배액을 지급한다고 합의하였다. 월 1%[=年 12%]의 이자를 초과하는 것은 탈법행위로 부가된 것으로 인정된다. 실권失權약관은 사정이 다른데, 왜냐하면 이 경우에는 불법한 이자가 청구되는 것이 아니라 계약에 인정할 만한 약관이 부가되는 것이기 때문이다.

D.33.1.3.6 울피아누스 사비누스주해 제24권.
어떤 자에게 일정 금액이 유증되고 지급되기까지 매년 일정 금액이 이자로 지급될 것을 유언자가 명한 경우, 유증은 유효하다. 그러나 이자에 있어서는 적정 이율을 초과하지 않는 한에서만 유효해야 한다.

CTh.2.33.1 콘스탄티누스 황제.
왜냐하면 금전에 대해서는 채권자는 월 1/100[=年 12%]를 초과하는 이자를 받는 것이 금지되기 때문이다.

D.12.6.26.pr. 울피아누스, 고시주해 제26권.
어떤 자가 원본이 아니라 비채非債인 이자를 변제한 경우, 채무인 원본의 이자를 변제

solvit: sed si supra legitimum modum solvit, divus Severus rescripsit (quo iure utimur) repeti quidem non posse, sed sorti imputandum et, si postea sortem solvit, sortem quasi indebitam repeti posse. Proinde et si ante sors fuerit soluta, usurae supra legitimum modum solutae quasi sors indebita repetuntur. Quid si simul solverit? Poterit dici et tunc repetitionem locum habere.

〈유스티니아누스 황제법: 6%〉

C.4.32.26.2 Imperator Justinianus (a.528).

Ideoque iubemus illustribus quidem personis sive eas praecedentibus minime licere ultra tertiam partem centesimae usurarum in quocumque contractu vili vel maximo stipulari: illos vero, qui ergasteriis praesunt vel aliquam licitam negotiationem gerunt, usque ad bessem centesimae suam stipulationem moderari: in traiecticiis autem contractibus vel specierum fenori dationibus usque ad centesimam tantummodo licere stipulari nec eam excedere, licet veteribus legibus hoc erat concessum: ceteros autem omnes homines dimidiam tantummodo centesimae usurarum posse stipulari et eam quantitatem usurarum etiam in aliis omnibus casibus nullo modo ampliari, in quibus citra stipulationem usurae exigi solent.

【이자의 이자[複利]】

D.12.6.26.1 Ulpianus 26 ad edictum.

Supra duplum autem usurae et usurarum usurae nec in stipulatum deduci nec exigi possunt et solutae repetuntur, quemadmodum futurarum usurarum usurae.

한 것이라면 반환청구할 수 없을 것이다. 그러나 법정이율을 초과하여 변제한 경우에는 신황神皇 세베루스가 칙답하기를 (이것이 현행법이다) 참으로 반환청구할 수 없으나 원본에 충당할 것이고, 그가 그 후에 원본을 변제하면 원본을 비채非債로서 반환청구할 수 있다고 하였다. 그래서 먼저 원본이 변제된 경우에도 법정 이율을 초과하여 변제된 이자가 비채인 원본으로서 반환청구된다. 그러면 동시에 변제한 경우에는 어찌되는가? 그때에도 반환청구가 적용된다고 말할 수 있을 것이다.

〈유스티니아누스 황제법: 6%〉

C.4.32.26.2 **유스티니아누스 황제, 528년.**
그래서 짐朕은 다음과 같이 명한다. 휘관급輝官級*이나 그 이상의 지위에 있는 자들은 연年 4%를 초과하는 이자를 금액이 낮은 계약이든 큰 계약이든 문답요약하는 것이 허용되지 않는다. 그러나 업소의 운영자나 합법적인 영업을 영위하는 자들은 8%까지 자신들의 문답계약을 정할 수 있다. 그러나 해상대차海上貸借계약이나 각종물의 식리대차殖利貸借의 경우에는 연年 12%까지만 문답요약하는 것이 허용되고, 비록 예전의 법률들에 의해서는 이것이 허용되었을지라도 그것을 초과해서는 안 된다. 그러나 여타의 모든 사람들은 오직 6%의 이자만을 문답요약할 수 있고, 또 이 이자율은 문답계약 없이 이자가 청구되는 다른 모든 경우에도 결코 초월해서는 안 된다.

* 후기 로마의 고위직 품급의 하나. Illustres (輝官), spectabiles (華官), clarissimi (顯官)의 순이었다.

【이자의 이자[複利]】

D.12.6.26.1 **울피아누스, 고시주해 제26권.**
원본의 2배액인 이자利子와, 복리複利는 문답계약에 포함될 수도 없고 또 청구될 수도 없으며, 장래의 이자의 이자처럼 변제된 것은 반환청구된다.

D.22.1.20 Paulus 12 ad Sabinum.

Usuras illicitas sorti mixtas ipsas tantum non deberi constat, ceterum sortem non vitiare.

D.22.1.29 Marcianus 14 institutionum.

Placuit, sive supra statutum modum quis usuras stipulatus fuerit sive usurarum usuras, quod illicite adiectum est pro non adiecto haberi et licitas peti posse.

D.42.1.27 Modestinus 1 responsorum.

Praeses provinciae usuras usurarum condemnavit contra leges et sacras constitutiones ideoque Lucius Ttitius contra prolatam sententiam iniustam praesidis appellavit: …

D.50.8.2.5 Ulpianus 3 opinionum.

Si indemnitas debiti frumentariae pecuniae cum suis usuris fit, immodicae et illicitae computationis modus non adhibetur: id est ne commodorum commoda et usurae usurarum incrementum faciant.

C.4.32.28 Imperator Justinianus (a.529).

Ut nullo modo usurae usurarum a debitoribus exigantur, et veteribus quidem legibus constitutum fuerat, sed non perfectissime cautum. Si enim usuras in sortem redigere fuerat concessum et totius summae usuras stipulari, quae differentia erat debitoribus, qui re vera usurarum usuras exigebantur? hoc certe erat non rebus sed verbis tantummodo leges ponere.

(1) Quapropter hac apertissima lege definimus nullo modo licere cuidam usuras praeteriti vel futuri temporis in sortem redigere et earum iterum usuras stipulari, sed,

D.22.1.20 파울루스, 사비누스주해 제12권.

원본에 혼합되어 불법한 이자利子[=복리]는 그것만 채무로 되지 않고, 기타 원본은 손상되지 않는다는 것이 정설이다.

D.22.1.29 마르키아누스, 법학원론 제14권.

어떤 자가 법정의 이율을 초과하는 이자利子, 또는 이자의 이자를 문답요약한 경우, 부가된 것은 부가되지 않은 것으로 간주되고 허용된 이자만이 청구될 수 있다는 것이 통설이다.

D.42.1.27 모데스티누스, 해답집 제1권.

도백道伯이 이자의 이자를 법률들과 신성한 칙령들에 위반하여 지급하도록 유책판결을 하였고, 그래서 루키우스 티티우스가 도백道伯이 선고한 불법한 판결에 대하여 상소하였다. …

D.50.8.2.5 울피아누스, 견해록 제3권.

곡물대금채무가 전보塡補되는 것이 그 이자利子와 더불어 이루어지는 경우, 과도하여 불허되는 산정算定 방식은 적용되지 않는다. 즉 이익의 이익 및 이자의 이자가 증식되지 않도록 하려는 것이다.

C.4.32.28 유스티니아누스 황제, 529년.

결코 이자의 이자가 채무자들로부터 청구되어서는 안 된다는 것이 참으로 옛 법률들에 의해서도 규정되었지만, 완벽하게 규정되지는 않았다. 왜냐하면 이자를 원본에 합쳐서 전체액의 이자를 문답요약하는 것이 허용되었다면, 실제로 이자의 이자가 청구되었던 셈인 채무자들에게 무슨 차이가 있었겠는가? 이것은 분명 실질에 있어서가 아니라 말에 있어서만 법규를 정하는 것이었다.

(1) 그런 고로 짐朕은 이 명명백백한 법률로써 다음과 같이 규정한다. 누구도 결코 과거 시기나 미래 시기의 이자를 원본에 합산하여 다시 그것의 이자를 문답요약하는 것

si hoc fuerit subsecutum, usuras quidem semper usuras manere et nullum aliarum usurarum incrementum sentire, sorti autem antiquae tantummodo incrementum usurarum accedere.

【이자의 종료】

C.32.26.pr. Imperator Justinianus (a.528).

… principali enim actione non subsistente satis supervacuum est super usuris vel fructibus adhuc iudicem cognoscere.

이 허용되지 않고, 만일 이런 일이 발생한 경우에는 참으로 이자는 언제나 이자로 남고 결코 다른 이자의 증액에 이르지 않음으로써 예전의 원본에만 이자의 증액이 추가된다.

【이자의 종료】

C.32.26.pr. **유스티니아누스 황제, 528년.**
… 원본에 관한 소송이 더 이상 존재하지 않으면, 이자나 과실果實에 관해서 여전히 재판관이 심리한다는 것은 쓸 데 없는 것이다.

민법 제380조 (선택채권)
채권의 목적이 수개의 행위중에서 선택에 좇아 확정될 경우에 다른 법률의 규정이나 당사자의 약정이 없으면 선택권은 채무자에게 있다.

민법 제381조 (선택권의 이전)
① 선택권행사의 기간이 있는 경우에 선택권자가 그 기간내에 선택권을 행사하지 아니하는 때에는 상대방은 상당한 기간을 정하여 그 선택을 최고할 수 있고 선택권자가 그 기간내에 선택하지 아니하면 선택권은 상대방에게 있다.
② 선택권행사의 기간이 없는 경우에 채권의 기한이 도래한 후 상대방이 상당한 기간을 정하여 그 선택을 최고하여도 선택권자가 그 기간내에 선택하지 아니할 때에도 전항과 같다.

민법 제382조 (당사자의 선택권의 행사)
① 채권자나 채무자가 선택하는 경우에는 그 선택은 상대방에 대한 의사표시로 한다.
② 전항의 의사표시는 상대방의 동의가 없으면 철회하지 못한다.

민법 제383조 (제삼자의 선택권의 행사)
① 제삼자가 선택하는 경우에는 그 선택은 채무자 및 채권자에 대한 의사표시로 한다.
② 전항의 의사표시는 채권자 및 채무자의 동의가 없으면 철회하지 못한다.

민법 제384조 (제삼자의 선택권의 이전)
① 선택할 제삼자가 선택할 수 없는 경우에는 선택권은 채무자에게 있다.
② 제삼자가 선택하지 아니하는 경우에는 채권자나 채무자는 상당한 기간을 정하여 그 선택을 최고할 수 있고 제삼자가 그 기간내에 선택하지 아니하면 선택권은 채무자에게 있다.

민법 제385조 (불능으로 인한 선택채권의 특정)
① 채권의 목적으로 선택할 수개의 행위중에 처음부터 불능한 것이나 또는 후에 이행불능하게 된 것이 있으면 채권의 목적은 잔존한 것에 존재한다.
② 선택권없는 당사자의 과실로 인하여 이행불능이 된 때에는 전항의 규정을 적용하지 아니한다.

민법 제386조 (선택의 소급효)
선택의 효력은 그 채권이 발생한 때에 소급한다. 그러나 제삼자의 권리를 해하지 못한다.

민법 제380조 (선택채권)
채권의 목적이 수개의 행위중에서 선택에 좇아 확정될 경우에 다른 법률의 규정이나 당사자의 약정이 없으면 선택권은 채무자에게 있다.

민법 제381조 (선택권의 이전)
① 선택권행사의 기간이 있는 경우에 선택권자가 그 기간내에 선택권을 행사하지 아니하는 때에는 상대방은 상당한 기간을 정하여 그 선택을 최고할 수 있고 선택권자가 그 기간내에 선택하지 아니하면 선택권은 상대방에게 있다.
② 선택권행사의 기간이 없는 경우에 채권의 기한이 도래한 후 상대방이 상당한 기간을 정하여 그 선택을 최고하여도 선택권자가 그 기간내에 선택하지 아니할 때에도 전항과 같다.

민법 제382조 (당사자의 선택권의 행사)
① 채권자나 채무자가 선택하는 경우에는 그 선택은 상대방에 대한 의사표시로 한다.
② 전항의 의사표시는 상대방의 동의가 없으면 철회하지 못한다.

민법 제383조 (제삼자의 선택권의 행사)
① 제삼자가 선택하는 경우에는 그 선택은 채무자 및 채권자에 대한 의사표시로 한다.
② 전항의 의사표시는 채권자 및 채무자의 동의가 없으면 철회하지 못한다.

민법 제384조 (제삼자의 선택권의 이전)
① 선택할 제삼자가 선택할 수 없는 경우에는 선택권은 채무자에게 있다.
② 제삼자가 선택하지 아니하는 경우에는 채권자나 채무자는 상당한 기간을 정하여 그 선택을 최고할 수 있고 제삼자가 그 기간내에 선택하지 아니하면 선택권은 채무자에게 있다.

민법 제385조 (불능으로 인한 선택채권의 특정)
① 채권의 목적으로 선택할 수개의 행위중에 처음부터 불능한 것이나 또는 후에 이행불능하게 된 것이 있으면 채권의 목적은 잔존한 것에 존재한다.
② 선택권없는 당사자의 과실로 인하여 이행불능이 된 때에는 전항의 규정을 적용하지 아니한다.

민법 제386조 (선택의 소급효)
선택의 효력은 그 채권이 발생한 때에 소급한다. 그러나 제삼자의 권리를 해하지 못한다.

• 로마법에서 선택채권은 통상 문답계약에서 나타난다. 그것은 문답계약이야말로 구술에 의한 문問과 답答의 일치라는 최소한의 형식요건으로 당사자들이 합의하는 한 거의 모든 내용을 담을 수 있었기 때문이다. 그러나 유언에 의한 지정 또한 드물지 않았다. 선택지의 태양에 따라 목적물 간의 선택, 사람 간의 선택, 시간상의 선택, 장소 사이의 선택, 목적물과 장소를 결합한 혼합적 선택지 사이의 선택, 사람과 장소를 결합한 혼합적 선택지 사이의 선택 등이 알려져 있다.

【선택채권의 개념: 민법 제380조】

VI°.5.12.70.

In alternativis … sufficit alterutrum adimpleri.

D.50.17.110.3 Paulus 6 ad edictum.

Ubi verba coniuncta non sunt, sufficit alterutrum esse factum.

D.31.23 Marcellus 13 digestorum.

"Lucio Titio fundum Seianum vel usum fructum fundi Seiani lego". potest legatarius vel fundum vindicare vel fructum, quod facere non potest is cui tantum fundus legatus est.

D.19.1.21.6 Paulus 33 ad edictum.

Qui domum vendebat, excepit sibi habitationem, donec viveret, aut in singulos annos decem: emptor primo anno maluit decem praestare, secundo anno habitationem praestare. Trebatius ait mutandae voluntatis potestatem eum habere singulisque annis alterutrum praestare posse et quamdiu paratus sit alterutrum praestare, petitionem non esse.

• 로마법에서 선택채권은 통상 문답계약에서 나타난다. 그것은 문답계약이야말로 구술에 의한 문問과 답答의 일치라는 최소한의 형식요건으로 당사자들이 합의하는 한 거의 모든 내용을 담을 수 있었기 때문이다. 그러나 유언에 의한 지정 또한 드물지 않았다. 선택지의 태양에 따라 목적물 간의 선택, 사람 간의 선택, 시간상의 선택, 장소 사이의 선택, 목적물과 장소를 결합한 혼합적 선택지 사이의 선택, 사람과 장소를 결합한 혼합적 선택지 사이의 선택 등이 알려져 있다.

【선택채권의 개념: 민법 제380조】

교회법대전 제6서, 5.12.70.
선택사안에 있어서는 … 둘 중 하나만 이행하면 충분하다.

D.50.17.110.3 **파울루스, 고시주해 제6권.**
문언이 연언적連言的이 아닌 경우에는 둘 중 하나가 행해진 것으로 충분하다.

D.31.23 **마르켈루스, 학설집 제13권.**
"나는 루키우스 티티우스에게 세이우스 토지 또는 세이우스 토지에 대한 용익역권을 유증한다." 수유자는 토지 또는 과실果實을 소유물반환청구할 수 있는데, 이것은 오직 토지만이 유증된 자는 할 수 없는 것이다.

D.19.1.21.6 **파울루스, 고시주해 제33권.**
집을 판 자가 자신을 위하여 종신 거주권 또는 매년 10금을 유보하였다. 매수인이 첫해에는 10금을 더 이행하기를 원하였고, 둘째 해에는 거주를 제공하기를 더 원하였다. 트레바티우스 왈曰: 그는 의사를 바꿀 수 있어서 매년 둘 중 어느 것을 이행할 수 있고, 둘 중 어느 것을 이행할 용의가 있는 한 소구訴求는 인정되지 않는다.

D.45.1.75.8 Ulpianus 22 ad edictum.

Qui illud aut illud stipulatur, veluti "decem vel hominem Stichum", utrum certum an incertum deducat in obligationem, non immerito quaeritur: nam et res certae designantur et utra earum potius praestanda sit, in incerto est. sed utcumque is, qui sibi electionem constituit adiectis his verbis "utrum ego velim", potest videri certum stipulatus, cum ei liceat vel hominem tantum vel decem tantum intendere sibi dari oportere: qui vero sibi electionem non constituit, incertum stipulatur.

D.45.1.106 Iavolenus 6 epistularum.

Qui ex pluribus fundis, quibus idem nomen impositum fuerat, unum fundum sine ulla nota demonstrationis stipuletur, incertum stipulatur, id est eum fundum stipulatur, quem promissor dare voluerit. Tamdiu autem voluntas promissoris in pendenti est, quamdiu id quod promissum est solvatur.

【선택권자】

〈선택권자의 약정: 민법 제380조〉

D.30.75.3 Ulpianus 5 disputationum.

Si quis ita stipulatus: "Stichum aut decem, utrum ego velim" legaverit quod ei debebatur, tenebitur heres eius, ut praestet legatario actionem electionem habituro, utrum Stichum an decem persequi malit.

D.45.1.75.8 울피아누스, 고시주해 제22권,

이것 또는 저것, 가령 "10금 또는 노예 스티쿠스"를 문답요약한 경우, 확정물을 채권의 목적으로 하는 것인지 불확정물을 목적으로 하는 것인지 여부가 정당하게도 문의된다. 왜냐하면 확정물들이 표시되고 있지만 그것들 중 어느 것이 이행되어야만 하는지는 불확정이기 때문이다. 그러나 "그것들 중 내가 원하는 것"이라는 문언을 부가하여 자신을 위하여 선택권을 정한 자는, 왜냐하면 그에게는 노예만이 또는 10금만이 자신에게 주어질 것을 청구취지로 삼아야만 하는 것이 허용되는 것이므로, 확정물을 문답요약한 것으로 인정될 수 있다. 그러나 자신을 위하여 선택권을 정하지 않은 자는 불확정물을 문답요약하는 것이다.

D.45.1.106 야볼레누스, 서간집 제6권.

같은 이름이 부여된 여러 토지 중 하나를 아무런 지시의 표지 없이 문답요약하는 자는 불확정물을 문답요약하는 것이다. 즉 문답낙약자가 주기를 원하는 토지를 문답요약하는 것이다. 그러나 약속된 것이 변제되기까지는 문답낙약자의 의사는 미정未定상태인 것이다.

【선택권자】

〈선택권자의 약정: 민법 제380조〉

D.30.75.3 울피아누스, 토론집 제5권.

"노예 스티쿠스 또는 10금 중 내가 원하는 것" 하는 식으로 문답요약한 어떤 자가 [그 문답계약으로] 이행청구할 수 있는 것을 (물권적으로) 유증하였다면 그의 상속인은 노예 스티쿠스를 더 원할지 아니면 10금을 더 원할지 선택권을 가질 수유자에게 그 소권을 이전할 책임을 질 것이다.

D.45.1.76.pr. Paulus 18 ad edictum.

Si stipulatus fuerim "illud aut illud, quod ego voluero", haec electio personalis est, et ideo servo vel filio talis electio cohaeret: in heredes tamen transit obligatio et ante electionem mortuo stipulatore.

D.45.1.93 Paulus 3 ad Vitellium.

Si sic stipulatus fuero: "per te non fieri, quo minus hominem ex his, quos habes, sumam?" electio mea erit.

〈선택권자의 정함이 없는 경우의 선택권자 = 채무자: 민법 제380조〉

D.18.1.25.pr. Ulpianus 34 ad Sabinum.

Si ita distrahatur "illa aut illa res", utram eliget venditor, haec erit empta.

D.23.3.10.6 Ulpianus 34 ad Sabinum.

Si res in dotem datae fuerint quamvis aestimatae, verum convenerit, ut aut aestimatio aut res praestentur, si quidem fuerit adiectum "utrum mulier velit", ipsa eliget, utrum malit petere rem aestimationem<ve Brenkmann> : verum si ita fuerit adiectum "utrum maritus velit", ipsius erit electio. aut si nihil de electione adiciatur, electionem habebit maritus, utrum malit res offerre an pretium earum: nam et cum illa aut illa res promittitur, rei electio est, utram praestet. sed si res non exstet, aestimationem omnimodo maritus praestabit.

D.45.1.76.pr. **파울루스, 고시주해 제18권.**

내가 "내가 원하는 이것이나 저것"을 문답요약한 경우, 이 선택권은 일신전속적인 것이고, 그래서 내 노예나 자식에게 그러한 선택은 구속적이다. 그렇지만 상속인들에게는 채권이 이전하는데, 선택 전에 문답요약자가 사망하더라도 그러하다.

D.45.1.93 **파울루스, 비텔리우스주해 제3권.**

"네가 가진 노예들 중 어느 노예를 내가 취하지 못하도록 네가 방해하지 않는다."는 식으로 내가 문답요약을 한 경우, 선택권은 나의 것이다.

〈선택권자의 정함이 없는 경우의 선택권자 = 채무자: 민법 제380조〉

D.18.1.25.pr. **울피아누스, 사비누스주해 제34권.**

"이것 아니면 저것"으로 매각되는 경우에는 둘 중 어느 것을 매도인이 선택하든 그것이 매수될 것이다.

D.23.3.10.6 **울피아누스, 사비누스주해 제34권.**

재물이 혼인지참재산으로 주어진 경우, 비록 가액산정해서 그랬다 하더라도 가액산정액 또는 동 재물이 반환되는 것으로 합의되었다면, 참으로 "그것들 중 부인이 원하는 것"이라고 부언된 경우에는 부인이 재물을 청구하기를 더 원하는지 또는 가액산정액을 청구하기를 더 원하는지를 결정할 것이다. 그러나 "그것들 중 남편이 원하는 것"이라고 부언된 경우에는 그가 선택할 것이다. 또 선택권에 관하여 아무 것도 부언되지 않은 경우에는 재물을 제공하기를 더 원할지 아니면 그것들의 가액을 제공하기를 더 원할지 남편이 선택권을 가질 것이다. 왜냐하면 이것 또는 저것이 약속되는 경우에도 둘 중 어느 것을 이행할지는 피고의 선택이기 때문이다. 그러나 재물이 존재하지 않는 때에는 모든 경우에 남편은 가액산정액을 이행해야 할 것이다.

D.45.1.138.1 Venonius 4 stipulationum.

Cum pure stipulatus sum illud aut illud dari, licebit tibi, quotiens voles, mutare voluntatem in eo quod praestaturus sis, quia diversa causa est voluntatis expressae et eius quae inest.

〈선택권의 이전: 민법 제381조〉

C.6.43.3.1b Imperator Justinianus.

Censemus itaque, si intra annale tempus ille qui eligere iussus est hoc facere supersederit vel minime potuerit vel quandocumque decesserit, ipsi legatario videri esse datam electionem, ita tamen, ut non optimum ex servis vel aliis rebus quicquam eligat, sed mediae aestimationis, ne dum legatarium satis esse fovendum existimamus, heredis commoda defraudentur.

〈제3자의 선택권: 민법 제383조〉

D.45.1.141.1 Gaius 2 de verborum obligationibus.

Extranei quoque persona si comprehensa fuerit, veluti hoc modo: "utram earum Titius elegerit", non aliter stipulator alterutrius petendae facultatem habet, quam si Titius elegerit.

【불능으로 인한 선택채권의 특정】

〈원시적 불능: 민법 제385조 제1항〉

D.45.1.138.1 베눌레이우스, 문답계약강해 제4권.

내가 조건을 붙이지 않고서 이것 또는 저것이 내게 주어진다고 문답요약한 경우, 너에게는 네가 원하는 때는 언제든 네가 이행할 것에 관하여 의사를 변경하는 것이 허용될 것이다. 왜냐하면 명시된 의사와 내심의 의사는 서로 다른 것이기 때문이다.

〈선택권의 이전: 민법 제381조〉

C.6.43.3.1b 유스티니아누스 황제.

그리하여 짐朕은 다음과 같이 정한다. 즉 1년의 기간 내에 선택하도록 지시받은 상속인이 이것을 하지 않거나 할 수 없거나 하기 전에 사망한 경우, 선택권이 수유자 자신에게 부여된 것으로 인정된다. 그렇지만 노예나 기타 물건으로부터 최상의 무엇인가가 아니라 중간 평가액의 무엇인가를 선택해야 한다. 그것은 수유자가 매우 유리한 대우를 받는다고 짐이 생각하는 반면, 상속인의 이익이 사해詐害되지 않게 하기 위함이다.

〈제3자의 선택권: 민법 제383조〉

D.45.1.141.1 가이우스, 언성채권론言成債權論 제2권.

[문답계약에] 외부인도 포함된 경우, 가령 "티티우스가 그 노예들 중 선택하는 어느 누구를" 하는 식으로 된 경우, 문답요약자는 티티우스가 선택한 경우에 한하여 둘 중 어느 한 노예를 청구할 수 있을 뿐이다.

【불능으로 인한 선택채권의 특정】

〈원시적 불능: 민법 제385조 제1항〉

D.46.3.72.4 Marcellus 20 digestorum.

Stichum aut Pamphilum stipulatus sum, cum esset meus Pamphilus: nec si meus esse desierit, liberabitur promissor Pamphilum dando: neutrum enim videtur in Pamphilo homine constitisse nec obligatio nec solutio. …

〈후발적 불능: 민법 제385조 제1항〉

D.45.1.16.pr. Pomponius 6 ad Sabinum.

Si Stichum aut Pamphilum mihi debeas et alter ex eis meus factus sit ex aliqua causa, reliquum debetur mihi a te.

D.18.1.34.6 Paulus 33 ad edictum.

Si emptio ita facta fuerit: "est mihi emptus Stichus aut Pamphilus", in potestate est venditoris, quem velit dare, sicut in stipulationibus, sed uno mortuo qui superest dandus est: et ideo prioris periculum ad venditorem, posterioris ad emptorem respicit. Sed et si pariter decesserunt, pretium debebitur: unus enim utique periculo emptoris vixit. Idem dicendum est etiam, si emptoris fuit arbitrium quem vellet habere, si modo hoc solum arbitrio eius commissum sit, ut quem voluisset emptum haberet, non et illud, an emptum haberet.

D.30.47.3 Ulpianus 22 ad Sabinum.

Sed si Stichus aut Pamphilus legetur et alter ex his vel in fuga sit vel apud hostes, dicendum erit praesentem praestari aut absentis aestimationem: totiens enim electio est heredi committenda, quotiens moram non est facturus legatario. qua ratione placuit et, si alter decesserit, alterum omnimodo praestandum, fortassis vel mortui pretium. sed

D.46.3.72.4 마르켈루스, 학설집 제20권.

팜필루스가 내 소유인 데도 불구하고 내가 노예 스티쿠스 또는 팜필루스를 선택적으로 문답요약하였다. 그가 내 소유이기를 그치더라도 낙약자는 팜필루스를 줌으로써 채무를 벗어나지 못할 것이다. 왜냐하면 어느 것도, 즉 채권도 변제도 팜필루스에 대하여 확정된 것으로 인정되지 않기 때문이다. …

〈후발적 불능: 민법 제385조 제1항〉

D.45.1.16.pr. 폼포니우스, 사비누스주해 제6권.

네가 노예 스티쿠스 또는 팜필루스를 나에게 이행해야 하는데 그들 중 어느 한 노예가 다른 원인으로 나의 것이 된 경우에는 너는 나머지 노예를 나에게 이행해야만 한다.

D.18.1.34.6 파울루스, 고시주해 제33권.

매매가 "나에게 노예 스티쿠스 또는 팜필루스가 매수된다"고 이루어진 경우, 그가 원하는 자를 주는 것은 문답계약에 있어서처럼 매도인의 권능이다. 그러나 1인이 죽으면 남은 노예가 주어져야만 한다. 그래서 전자의 위험은 매도인에게, 후자의 위험은 매수인에게 속한다. 그러나 그들이 나란히 죽었어도 대금을 지급해야만 한다. 왜냐하면 1인은 항상 매수인의 위험으로 살았던 것이기 때문이다. 그가 원하는 자를 가지는 것이 매수인의 재량이었던 경우에도 마찬가지로 말해야만 하는데, 단 그가 매수하여 가질 것인지 여부까지도 그의 재량에 맡겨진 것이 아니라, 그가 원했던 자를 매수하여 가지는 것만이 그의 재량에 맡겨진 경우에 한한다.

D.30.47.3 울피아누스, 사비누스주해 제22권.

그러나 노예 스티쿠스 또는 노예 팜필루스가 유증되고 이들 중 어느 한 노예가 도주 중이거나 또는 적에게 잡혀있다면, 현재자現在者를 이행하거나 또는 부재자不在者의 가액산정액을 이행해야 한다고 말해야만 할 것이다. 왜냐하면 수유자에게 이행지체를 하지 않으려면 그만큼 상속인에게 선택권을 맡겨야만 하기 때문이다. 이런 이유로 둘 중

si ambo sint in fuga, non ita cavendum, ut, "si in potestate ambo redirent", sed "si vel alter", et "vel ipsum vel absentis aestimationem praestandam".

〈선택권 없는 당사자의 과실로 인한 이행불능: 민법 제385조 제2항〉

D.9.2.55 Paulus 22 quaestionum.

Stichum aut Pamphilum promisi Titio, cum Stichus esset decem milium, Pamphilus viginti: stipulator Stichum ante moram occidit: quaesitum est de actione legis Aquiliae. Respondi: cum viliorem occidisse proponitur, in hunc tractatum nihilum differt ab extraneo creditor. Quanti igitur fiet aestimatio, utrum decem milium, quanti fuit occisus, an quanti est, quem necesse habeo dare, id est quanti mea interest? Et quid dicemus, si et Pamphilus decesserit sine mora? Iam pretium Stichi minuetur, quoniam liberatus est promissor? Et sufficiet fuisse pluris cum occideretur vel intra annum. Hac quidem ratione etiam si post mortem Pamphili intra annum occidatur, pluris videbitur fuisse.

【선택의 효과: 민법 제386조】

D.30.5.pr. Paulus 1 ad Sabinum.

Servi electione legata semel dumtaxat optare possumus.

한 노예가 사망한 때에는 다른 한 노예를 최소한 이행해야만 할 것이고, 어쩌면 또는 사망한 노예의 가액을 이행해야 할 것이라는 게 통설이다. 그러나 양자 모두 도주 중이라면, "두 노예가 (상속인의) 권력 하로 귀환하는 경우"가 아니라, "둘 중 어느 한 노예가" [귀환하는 경우] 및 "부재노예 자신 또는 부재노예의 가액산정액을 이행해야 한다."라는 조항을 예비해야만 한다.

〈선택권 없는 당사자의 과실로 인한 이행불능: 민법 제385조 제2항〉

D.9.2.55 파울루스, 질의록 제22권.
내가 노예 스티쿠스 또는 팜필루스를 티티우스에게 문답약속했는데, 스티쿠스는 (가액이) 1만, 팜필루스는 2만이었다. 문답요약자가 이행지체 전에 스티쿠스를 살해하였다. 아퀼리우스법 소권에 관하여 문의되었다. 해답: 더 저렴한 노예를 살해한 것으로 제시되고 있는데, 이 논구에 관한 한 채권자는 외부인과 차이가 전혀 없다. 그러므로 배상액 산정이 얼마로 이루어져야 할 것인가? 살해된 노예 가액 상당의 1만인가, 아니면 내가 주어야만 하는 노예[즉 팜필루스]의 가액 상당액, 즉 나의 이익액인가? 그리고 만약 팜필루스도 이행지체 없이 사망한다면 무슨 이야기를 해야 할까? 문답낙약자가 채무를 벗어났으므로 이제 스티쿠스의 가액이 줄어들 것인가? 그러나 그가 살해될 때 또는 (소급하여) 1년 내에 더 고가高價였었다는 것으로 충분할 것이다. 참으로 이런 이유로 말미암아 팜필루스 사망 후 1년 내에 [스티쿠스가] 살해되어도 더 고가였던 것으로 인정될 것이다.

【선택의 효과: 민법 제386조】

D.30.5.pr. 파울루스, 사비누스주해 제1권.
노예선택권이 유증된 경우 한 번만 선택할 수 있다.

D.30.84.9 Iulianus 33 digestorum.

"Stichum aut Pamphilum, utrum heres meus volet, Titio dato". si dixerit heres Stichum se velle dare, Sticho mortuo liberabitur. cum autem semel dixerit heres, utrum dare velit, mutare sententiam non poterit.

D.31.19 Celsus 18 digestorum.

Si is, cui legatus sit Stichus aut Pamphilus, cum Stichum sibi legatum putaret, vindicaverit, amplius mutandae vindicationis ius non habet: tamquam si damnatus heres alterutrum dare Stichum dederit, cum ignoret sibi permissum vel Pamphilum dare, nihil repetere possit.

D.45.1.112.pr. Pomponius 15 ad Quintum Mucium.

Si quis stipulatus sit Stichum aut Pamphilum, utrum ipse vellet: quem elegerit, petet et is erit solus in obligatione. an autem mutare voluntatem possit et ad alterius petitionem transire, quaerentibus respiciendus erit sermo stipulationis, utrumne talis sit, "quem voluero" an "quem volam": nam si talis fuerit "quem voluero", cum semel elegerit, mutare voluntatem non poterit: si vero tractum habeat sermo illius et sit talis "quem volam", donec iudicium dictet, mutandi potestatem habebit.

【선택권 행사의 태양】

Gai.4.53d.

Causa plus petitur, uelut si quis in intentione tollat electionem debitoris, quam is habet

D.30.84.9 **율리아누스, 학설집 제33권.**
"노예 스티쿠스 또는 노예 팜필루스 중 내 상속인이 원하는 자를 [내 상속인은] 티티우스에게 주어라." 상속인이 노예 스티쿠스를 주기를 자신이 원한다고 말했다면, 스티쿠스가 죽으면 그는 유증이행 채무를 벗어날 것이다. 그런데 상속인이 일단 그들 중 그가 주기를 원하는 자를 말하였다면, 의사를 변경할 수 없을 것이다.

D.31.19 **켈수스, 학설집 제18권.**
노예 스티쿠스 또는 팜필루스가 (물권적으로) 유증된 수유자가, 스티쿠스가 자신에게 유증되었다고 생각해서 소유물반환청구를 한 경우, 그는 더 이상 소유물반환청구의 대상을 변경하는 권리를 갖지 않는다. 이것은 둘 중 하나를 줄 채권유증의 의무를 부담한 상속인이 선택적으로 팜필루스를 주는 것이 자신에게 허용되었음을 몰라서 스티쿠스를 준 경우 반환청구할 수 없는 것과 같다.

D.45.1.112.pr. **폼포니우스, 퀸투스 무키우스강해 제15권.**
어떤 자가 노예 스티쿠스 또는 팜필루스 중 자신이 원하는 자를 문답요약하고, 그가 선택한 자를 청구하는 경우에는, 그 노예만이 채권의 목적일 것이다. 그런데 그가 의사를 변경하여 다른 노예의 청구로 옮겨갈 수 있는지 여부를 묻는 자들은 문답계약의 표현이 "내가 원한 노예"인지 아니면 "내가 원하는 노예"인지를 고려해야만 할 것이다. 왜냐하면 "내가 원한 노예"라면 일단 선택한 때에는 의사를 변경하는 것이 가능하지 않을 것이지만, 그 표현이 나중의 시점을 포착하여 "내가 원하는 노예"인 때에는 제소신청을 할 때까지 의사변경을 할 수 있을 것이다.

【선택권 행사의 태양】

가이우스, 법학원론 제4권 제53d절.
급부의 태양態樣에 있어서 과다청구되는 것은 가령 어떤 자가 청구취지에서 채권의 법

obligationis iure, uelut si quis ita stipulatus sit: SESTERTIVM X MILIA AVT HOMINEM STICHVM DARE SPONDES? deinde alterutrum eorum [ex his] petat; nam quamuis petat, quod minus est, plus tamen petere uidetur, quia potest aduersarius interdum facilius id praestare, quod non petitur. …

D.13.4.2.2 Ulpianus 27 ad edictum.
Si quis Ephesi decem aut Capuae hominem dari stipulatus experiatur, non debet detracto altero loco experiri, ne auferat loci utilitatem reo.

D.13.4.2.3 Ulpianus 27 ad edictum.
Scaevola libro quinto decimo quaestionum ait non utique ea, quae tacite insunt stipulationibus, semper in rei esse potestate, sed quid debeat, esse in eius arbitrio, an debeat, non esse. et ideo cum quis Stichum aut Pamphilum promittit, eligere posse quod solvat, quamdiu ambo vivunt: ceterum ubi alter decessit, extingui eius electionem, ne sit in arbitrio eius, an debeat, dum non vult vivum praestare, quem solum debet. quare et in proposito eum, qui promisit Ephesi aut Capuae, si fuerit in ipsius arbitrio, ubi ab eo petatur, conveniri non potuisse: semper enim alium locum electurum: sic evenire, ut sit in ipsius arbitrio, an debeat: quare putat posse ab eo peti altero loco et sine loci adiectione: damus igitur actori electionem petitionis. et generaliter definit Scaevola petitorem electionem habere ubi petat, reum ubi solvat, scilicet ante petitionem. proinde mixta, inquit, rerum alternatio locorum alternationi ex necessitate facit actoris electionem et in rem propter locum: alioquin tollis ei actionem, dum vis reservare reo optionem.

리에 따라 채무자가 가지는 채무자의 선택권을 제거하는 경우인데, 가령 어떤 자가 "그대는 1만 세스테르티우스 또는 노예 스티쿠스를 줄 것을 서약하는가?" 하는 식으로 문답요약하고는 그것들 중 어느 하나를 청구하는 경우이다. 그 이유는 비록 적은 것을 청구하더라도 그럼에도 불구하고 과다 청구하는 것으로 인정되기 때문인데, 왜냐하면 상대방은 한편으로 청구되지 않은 것을 더 쉽게 이행할 수 있을 수도 있기 때문이다.

D.13.4.2.2 **울피아누스, 고시주해 제27권.**

어떤 자가 에페수스에서 10금 또는 카푸아에서 노예 1인을 받기로 문답요약하고 제소하는 경우, 이행장소의 이익을 피고로부터 박탈하지 않도록, 어느 한 장소를 빼고 제소해서는 안 된다.

D.13.4.2.3 **울피아누스, 고시주해 제27권.**

스카이볼라가 질의록 제15권에서 말하기를: "문답계약에 묵시적으로 포함된 것들이 항상 채무자의 선택권에 속하는 것은 아닌데, 채무의 내용은 그의 재량권에 속하지만, 채무의 존부는 그렇지 않다. 그래서 어떤 자가 노예 스티쿠스 또는 팜필루스를 약속하는 경우 양자가 살아 있는 한 변제할 자를 선택할 수 있다. 반면에 둘 중 한 노예가 사망한 경우에는 그의 선택권은 소멸하는데, 유일하게 변제 의무가 있는 살아있는 노예를 이행하기를 원하지 않음으로써 채무의 존부가 그의 재량에 속하지 않도록 하기 위해서이다. 그런 고로 본 사안에서도 에페수스 또는 카푸아에서 이행하기로 약속한 자는 어느 곳에서 그로부터 청구될지가 그 자신의 재량에 속한 경우에는 제소될 수 없었을 것이다. 왜냐하면 언제나 다른 장소를 선택할 것이기 때문이다. 이렇게 하면 채무의 존부가 그 자신의 재량에 속하는 일이 일어난다." 그런 고로 스카이볼라는 그에게서 둘 중 어느 장소에서든 및 장소 부가 없이 청구할 수 있다고 생각한다. 그러므로 우리는 원고에게 청구의 선택권을 부여한다. 그리고 일반적으로 스카이볼라는 청구자는 어디서 청구할지의 선택권을 가지고, 피고는 어디서 변제할지의 선택권을, 그러니까 청구 전에는, 가진다고 규정하고 있다. 그는 말하기를, 그래서 장소의 선택지가 목적물의 선택지와 혼합된 경우 필연적으로 장소로 말미암아 목적물에 대해서도

【선택채권의 일부이행】

D.12.6.26.13 Ulpianus 26 ad edictum.

Si decem aut Stichum stipulatus solvam quinque, quaeritur, an possim condicere: quaestio ex hoc descendit, an liberer in quinque: nam si liberor, cessat condictio, si non liberor, erit condictio. placuit autem, ut Celsus libro sexto et Marcellus libro vicensimo digestorum scripsit, non peremi partem dimidiam obligationis ideoque eum, qui quinque solvit, in pendenti habendum, an liberaretur, petique ab eo posse reliqua quinque aut Stichum et, si praestiterit residua quinque, videri eum et priora debita solvisse, si autem Stichum praestitisset, quinque eum posse condicere quasi indebita. sic posterior solutio comprobabit, priora quinque utrum debita an indebita solverentur. sed et si post soluta quinque et Stichus solvatur et malim ego habere quinque et Stichum reddere, an sim audiendus, quaerit Celsus. et putat natam esse quinque condictionem, quamvis utroque simul soluto mihi retinendi quod vellem arbitrium daretur.

D.31.15 Celsus 6 digestorum.

Si quis duobus heredibus institutis ita legaverit: "Stichum aut decem heredes danto", non potest alter heredum quinque, alter partem Stichi dare, sed necesse est utrumque aut Stichum totum aut decem solvere.

원고의 선택권을 초래한다고 한다. 그렇지 않은 경우에는 너는 피고에게 선택권을 유보하려고 함으로써 원고로부터 소권을 박탈하는 것이 되기 때문이다.

【선택채권의 일부이행】

D.12.6.26.13 울피아누스 고시주해 제26권.

10금 또는 스티쿠스가 문답요약되었는데 내가 5금을 변제하는 경우, 내가 변제한 것을 부당이득반환청구를 할 수 있는지 문의된다. 이 물음은 내가 5금만큼 채무에서 벗어나는지에 달려있다. 내가 채무에서 벗어나면 부당이득반환청구의 소는 소멸하고, 벗어나지 못하면 부당이득반환청구의 소권이 있을 것이기 때문이다. 그런데 켈수스가 학설집 제6권에서 그리고 마르켈루스가 학설집 제20권에서 기술했듯이, 채무의 절반이 소멸하지 않는다는 것, 그리하여 5금을 변제한 자가 채무상태로부터 벗어나는지는 미정未定인 상태에 두어야 한다는 것, 그리고 나머지 5금 또는 스티쿠스가 청구될 수 있다는 것, 그리고 나머지 5금을 지급한 경우 그가 이전의 채무도 변제한 것으로 인정되고, 반면 그가 스티쿠스를 인도한 경우에는 5금을 비채非債로서 부당이득반환청구할 수 있다는 것이 통설이다. 이렇게 뒤의 변제가 이전의 5금이 지급된 채무인지 비채인지를 정할 것이다. 그러나 나에게 5금이 변제된 후 스티쿠스도 변제되었는데 내가 5금을 보유하고 스티쿠스를 반환하기를 더 원하는 경우, 나는 청허聽許되어야 하는가라고 켈수스가 물었다. 그리고 그는 두 물건(10금과 노예)이 동시에 변제되면 비록 나에게 내가 원하는 것을 보유할 재량이 부여될지라도, 우리 사안에서는 5금의 부당이득반환청구소권은 이미 발생했다고 보았다.

D.31.15 켈수스, 학설집 제6권.

어떤 자가 상속인으로 지정된 2인에게 이렇게, 즉 "상속인들은 노예 스티쿠스 또는 10금을 주어라."라고 유증한 경우 상속인 중 한 사람은 5금을, 다른 사람은 스티쿠스의 일부(지분)를 줄 수 없고, 양자 모두 스티쿠스 전체 또는 10금을 변제하지 않으면 안 된다.

제2절 채권의 효력

민법 제387조 (이행기와 이행지체)

① 채무이행의 확정한 기한이 있는 경우에는 채무자는 기한이 도래한 때로부터 지체책임이 있다. 채무이행의 불확정한 기한이 있는 경우에는 채무자는 기한이 도래함을 안 때로부터 지체책임이 있다.

② 채무이행의 기한이 없는 경우에는 채무자는 이행청구를 받은 때로부터 지체책임이 있다.

【채무의 이행】

D.50.16.176 Ulpianus 45 ad Sabinum.

"Solutionis" verbo satisfactionem quoque omnem accipiendam placet. "Solvere" dicimus eum, qui fecit quod facere promisit.

D.46.3.54 Paulus 56 ad edictum.

Solutionis verbum pertinet ad omnem liberationem quoquo modo factam magisque ad substantiam obligationis refertur, quam ad nummorum solutionem.

【이행지체】

D.50.16.12.1 Ulpianus 6 ad edictum.

Minus solvit, qui tardius solvit: nam et tempore minus solvitur.

제2절 채권의 효력

민법 제387조 (이행기와 이행지체)

① 채무이행의 확정한 기한이 있는 경우에는 채무자는 기한이 도래한 때로부터 지체책임이 있다. 채무이행의 불확정한 기한이 있는 경우에는 채무자는 기한이 도래함을 안 때로부터 지체책임이 있다.

② 채무이행의 기한이 없는 경우에는 채무자는 이행청구를 받은 때로부터 지체책임이 있다.

【채무의 이행】

D.50.16.176 울피아누스, 사비누스주해, 제45권.

"변제"란 용어는 (채권의) 모든 만족을 의미하는 것으로 이해해야 한다는 것이 정설이다. 우리는 하기로 약속한 것을 이행한 자를 "변제한다"고 말한다.

D.46.3.54 파울루스, 고시주해, 제56권.

변제란 용어는 어떤 방식으로든 행해진 모든 채무해소행위에 관계되고, 금전의 변제라기보다는 채권의 실질 내용에 더 관련된 것이다.

【이행지체】

D.50.16.12.1 울피아누스, 고시주해, 제6권.

늦게 이행하는 자는 부족하게 이행하는 것이다. 왜냐하면 시간의 관점에서도 부족하게 이행되는 것이 가능하기 때문이다.

- 지체가 아닌 경우들 -

D.50.17.63 Iulianus 17 digestorum.

Qui sine dolo malo ad iudicium provocat, non videtur moram facere.

D.22.1.21 Ulpianus 34 ad edictum.

Sciendum est non omne, quod differendi causa optima ratione fiat, morae adnumerandum: quid enim si amicos adhibendos debitor requirat vel expediendi debiti vel fideiussoribus rogandis? Vel exceptio aliqua allegetur? Mora facta non videtur.

D.22.1.22 Paulus libro 37 ad edictum.

si modo id ipsum non fraudandi causa simuletur.

D.22.1.23.pr. Ulpianus 34 ad edictum.

Sed et si rei publicae causa abesse subito coactus sit, ut defensionem sui mandare non possit, moram facere non videbitur: sive in vinculis hostiumve potestate esse coeperit.

D.12.1.40 Paulus 3 quaestionum.

… non enim in mora est is, a quo pecunia propter exceptionem peti non potest. …

VI°.5.12.60.

Non est in mora, qui potest exceptione legitima se tueri.

-지체가 아닌 경우들-

D.50.17.63 율리아누스, 학설집 제17권.
악의 없이 소송을 거는 자는 이행지체하는 것으로 인정되지 않는다.

D.22.1.21 울피아누스, 고시주해 제34권.
최선의 이유로 연기하기 위하여 발생하는 모든 것이 이행지체로 치부되어서는 안 됨을 알아야만 한다. 채무자가 채무 이행을 위하여 또는 요청된 보증인으로서 친구들을 활용할 것을 요청하는 경우라면 어떻겠는가? 또는 어떤 항변이 주장된다면? 그 경우에는 이행지체가 이루어진 것으로 인정되지 않는다.

D.22.1.22 파울루스, 고시주해 제37권.
그것 자체가 사해 목적으로 내세워지는 것이 아닌 한.

D.22.1.23.pr. 울피아누스, 고시주해 제34권.
국가 공무로 인하여 갑자기 부재하도록 강제되어서 자신의 소송상 방어를 위임할 수 없는 경우에도 지체를 하는 것으로 인정되지 않을 것이다. 또는 구금되거나 적에게 포로가 되기 시작한 경우에도.

D.12.1.40 파울루스, 질의록 제3권.
… 왜냐하면 그로부터 채무금이 항변으로 인하여 청구될 수 없는 자는 지체에 빠진 것이 아니기 때문이다. …

교회법대전 제6서 5.12.60.
법정의 항변으로써 자신을 보호할 수 있는 자는 이행지체에 빠진 것이 아니다.

D.13.1.8.1 Ulpianus 27 ad edictum.

Si ex causa furtiva res condicatur, cuius temporis aestimatio fiat, quaeritur. Placet tamen id tempus spectandum, quo res umquam plurimi fuit, maxime cum deteriorem rem factam fur dando non liberatur: semper enim moram fur facere videtur.

D.43.16.1.35 Ulpianus 69 ad edictum.

Denique scribit Iulianus eum, qui vi deiecit ex eo praedio, in quo homines fuerant, propius esse, ut etiam sine culpa eius mortuis hominibus aestimationem eorum per interdictum restituere debeat, sicuti fur hominis etiam mortuo eo tenetur. Huic consequens esse ait, ut villae quoque et aedium incendio consumptarum pretium restituere cogatur: ubi enim quis, inquit, deiecit, per eum stetisse videtur, quo minus restitueret.

D.43.16.19 Tryphoninus 15 disputationum.

Merito Iulianus respondit, si me de fundo vi deieceris, in quo res moventes fuerunt, cum mihi interdicto unde vi restituere debeas non solum possessionem soli, sed et ea quae ibi fuerunt, quamquam ego moram fecero, quo minus interdicto te convenirem, subtractis tamen mortalitate servis aut pecoribus aliisve rebus casu intercidentibus tuum tamen onus nihilo minus in eis restituendis esse, quia ex ipso tempore delicti plus quam frustrator debitor constitutus es.

– 불법행위의 특칙 –

D.13.1.8.1 울피아누스, 고시주해 제27권.

절도 원인으로 부당이득반환청구되는 경우에 어느 시점의 가액평가가 이루어지는지 문의된다. 물건이 고가였던 시점이 고려되어야 한다는 것이 사견인데, 특히 도둑은 악화된 물건을 되돌려줌으로써 책임을 면하지 못한다. 왜냐하면 도둑은 항상 이행지체 중인 것으로 인정되기 때문이다.

D.43.16.1.35 울피아누스, 고시주해 제69권.

끝으로 율리아누스는 적고 있다. 노예들이 머물렀던 토지에서 폭력으로 몰아낸 자는 그의 과실이 없더라도 노예들이 사망한 경우, 그들의 가액산정액을 특시명령을 통하여 배상해야만 한다는 것이 비근한바, 노예의 도둑이 노예가 죽더라도 책임지는 것과 같다. 그는 화재로 소실된 농장과 건물들의 가액도 배상하도록 강제되는 것이 이에 부합한다고 말한다. 그는 가로대, 어떤 자가 몰아낸 경우에는 그의 탓으로 반환을 못한 것으로 인정되기 때문이다.

D.43.16.19 트리포니누스, 토론집 제15권.

정당하게도 율리아누스는 해답하였다. 네가 나를 자동물自動物들(즉 노예)이 있었던 토지에서 폭력으로 몰아낸 경우 너는 나에게 "Unde vi" [부동산점유회복] 특시명령으로써 비단 토지의 점유뿐 아니라 그곳에 있었던 자들까지도 배상해야만 하는 반면에, 비록 내가 그 특시명령으로써 너를 제소하는 데 지체를 했더라도, 그럼에도 불구하고 사망으로 앗긴 노예들이나 사변으로 멸실한 가축들이나 기타 물건들의 배상은 실로 너의 부담인데, 왜냐하면 너는 불법행위의 시점 자체로부터, 내가 지체자인 것 이상으로, 채무자인 것으로 확정되었기 때문이다.

【민법 제387조 제1항】

D.45.1.38.16 Ulpianus 49 ad Sabinum.

Inter incertam certamque diem discrimen esse ex eo quoque apparet, quod certa die promissum vel statim dari potest: totum enim medium tempus ad solvendum liberum promissori relinquitur:* at qui promisit "si aliquid factum sit" vel "cum aliquid factum sit", nisi cum id factum fuerit, dederit, non videbitur fecisse quod promisit.

* D.46.3.70 Celsus libro 26 digestorum.

Quod certa die promissum est, vel statim dari potest: totum enim medium tempus ad solvendum promissori liberum relinqui intellegitur.

D.50.17.186 Celsus 12 digestorum.

Nihil peti potest ante id tempus, quo per rerum naturam persolvi possit: et cum solvendi tempus obligationi additur, nisi eo praeterito peti non potest.

C.8.38.12 Imperator Justinianus (a. 529).

Magnam legum veterum obscuritatem, quae protrahendarum litium maximam occasionem usque adhuc praebebat, amputantes sancimus, ut, si quis certo tempore facturum se aliquid vel daturum se stipuletur vel quae stipulator voluit promiserit et addiderit, quod, si statuto tempore minime haec perfecta fuerint, certam poenam dabit, sciat minime posse ad evitandam poenam adicere, quod nullus eum admonuit: sed etiam citra ullam admonitionem eidem poenae pro tenore stipulationis fiet obnoxius, cum ea quae promisit ipse in memoria sua servare, non ab aliis sibi manifestari poscere debeat.

【민법 제387조 제1항】

D.45.1.38.16 울피아누스, 사비누스주해, 제49권.

불확정기한과 확정기한 사이에는 확정기한에 약속된 것은 특히 즉시 급부가 가능하다는 점에서도 차이가 있다는 것이 분명하다. 왜냐하면 중간기간 전부는 변제를 위하여 낙약자에게 자유로 남겨진 것이기 때문이다. 그러나 "어떤 것이 행해진 경우" 또는 "어떤 것이 행해진 때" 하는 식으로 약속을 한 자는, 그것이 행해진 때인데도 급부하지 않은 한, 약속한 것을 행한 것으로 인정되지 않을 것이다.

D.50.17.186 켈수스, 학설집 제12권.

사물의 본성상 변제가 가능한 시점 전에는 청구가 불가능하다. 그리고 변제기가 채무에 부가되는 경우에는 그 기간이 경과하지 않으면 청구할 수 없다.

C.8.38.12 유스티니아누스 황제, 529년.

쟁송을 지연할 수 있는 막대한 원인을 지금껏 제공해왔던 옛 법의 큰 불확실성을 제거하면서 짐은 다음과 같이 정한다. 즉 어떤 이가 확정 시점에 자신이 무엇인가 하거나 주겠다고 문답계약하거나 또는 문답채권자가 의욕한 것을 약속하고 정해진 기한에 약속한 것이 완전히 이행되지 않으면 일정액의 위약금을 지급할 것을 부가 약정한 경우, 아무도 그에게 최고하지 않았다고 해서 위약금을 회피하기 위하여 부언할 수 없음을 알아야 한다. 오히려 어떠한 최고 없이도 문답계약의 취지에 비추어 그 위약금에 구속될 것이다. 스스로 자신의 기억에 보유할 것을 약속한 것들을 그가 다른 이들로부터 자신에게 상기되도록 요구해서는 안 되기 때문이다.

【민법 제387조 제2항】

D.50.17.14 Pomponius 5 ad Sabinum.

In omnibus obligationibus, in quibus dies non ponitur, praesenti die debetur.

D.45.1.41.1 Ulpianus 50 ad Sabinum.

Quotiens autem in obligationibus dies non ponitur, praesenti die pecunia debetur, nisi si locus adiectus spatium temporis inducat, quo illo possit perveniri. Verum dies adiectus efficit, ne praesenti die pecunia debeatur: ex quo apparet diei adiectionem pro reo esse, non pro stipulatore.

〈이행청구〉

• 우리 민법은 제387조의 이행기한이 없는 경우 지체 요건으로서의 '이행청구'와 제395조의 이행지체시 손해배상 청구의 요건인 '최고'를 개념상 구별하고 있다. 그러나 현실적으로는 기한이 정해진 경우라도 통상 '이행의 촉구'라는 의미의 이행청구가 있기 마련이고, 또 많은 경우 이러한 촉구는 최고의 역할도 하는 것이 보통일 것이다. 로마법상 이 모든 경우를 구별 없이 interpellare 동사를 사용하였다. 유명한 법언 Dies interpellat pro homine (기한이 사람 대신 최고한다) 역시 이러한 예이다. 번역에서는 편의상 모두 '최고催告'로 옮겼다.

D.45.1.49.3 Paulus 37 ad edictum.

Si promissor hominis ante diem, in quem promiserat, interpellatus sit et servus decesserit, non videtur per eum stetisse.

PS.3.8.4.

Ex mora praestandorum fideicommissorum vel legatorum fructus et usurae peti possunt: mora autem fieri videtur, cum postulanti non datur.

【민법 제387조 제2항】

D.50.17.14 **폼포니우스, 사비누스주해 제5권.**
기한이 설정되지 않은 모든 채권채무관계에서 채무는 즉시 이행기에 있다.

D.45.1.41.1 **울피아누스, 사비누스주해 제50권.**
채권채무관계에 기한이 정해지지 않은 때에는 현재일에 채무가 부담된다. 단 부가된 장소가 그곳으로 갈 수 있는 시간을 요하는 경우에는 그러하지 아니하다. 참으로 부가된 기한은 현재일에 채무가 부담되지 않도록 하는 효과가 있다. 이로부터 기한의 부가는 문답채권자가 아니라 문답채무자를 위한 것임이 명백하다.

〈이행청구〉

• 우리 민법은 제387조의 이행기한이 없는 경우 지체 요건으로서의 '이행청구'와 제395조의 이행지체시 손해배상 청구의 요건인 '최고'를 개념상 구별하고 있다. 그러나 현실적으로는 기한이 정해진 경우라도 통상 '이행의 촉구'라는 의미의 이행청구가 있기 마련이고, 또 많은 경우 이러한 촉구는 최고의 역할도 하는 것이 보통일 것이다. 로마법상 이 모든 경우를 구별 없이 interpellare 동사를 사용하였다. 유명한 법언 Dies interpellat pro homine (기한이 사람 대신 최고한다) 역시 이러한 예이다. 번역에서는 편의상 모두 '최고催告'로 옮겼다.

D.45.1.49.3 **파울루스, 고시주해 제37권.**
노예를 약속한 자가 그가 약속했던 일자 전에 최고 받았는데 노예가 사망한 경우, 그의 탓이 아니었던 것으로 인정된다.

파울루스 견해록 3.8.4.
신탁유증이나 유증의 이행지체로 인하여 과실과 이자가 청구될 수 있다. 그런데 이행지체는 청구하는 자에게 공여되지 않는 경우에 발생하는 것으로 인정된다.

D.22.1.23.1 Ulpianus 34 ad edictum.

Aliquando etiam in re moram esse decerni solet, si forte non exstat qui conveniatur.

D.22.1.32 Marcianus 4 regularum.

Mora fieri intellegitur non ex re, sed ex persona, id est, si interpellatus oportuno loco non solverit: quod apud iudicem examinabitur: nam, ut et Pomponius libro duodecimo epistularum scripsit, difficilis est huius rei definitio. Divus quoque Pius Tullio Balbo rescripsit, an mora facta intellegatur, neque constitutione ulla neque iuris auctorum quaestione decidi posse, cum sit magis facti quam iuris.

(1) Et non sufficit ad probationem morae, si servo debitoris absentis denuntiatum est a creditore procuratoreve eius, cum etiam si ipsi, inquit, domino denuntiatum est, ceterum postea cum is sui potestatem faceret, omissa esset repetendi debiti instantia, non protinus per debitorem mora facta intellegitur.

(2) In bonae fidei contractibus ex mora usurae debentur.

(3) Quid ergo: si et filius familias et pater ex persona eius teneatur (sive iussu eius contractum est sive in rem versum est patris vel in peculium), cuius persona circa moram spectabitur? Et si quidem pater dumtaxat convenietur, ex mora sua non tenetur: in filium tamen dabitur actio in hoc, ut quod minus a patre actor consecutus est, filius praestet: quod si filius moram fecerit, tunc actor vel cum ipso in solidum vel cum patre dumtaxat de peculio habebit.

(4) Sed si duo rei promittendi sint, alterius mora alteri non nocet.

(5) Item si fideiussor solus moram fecerit, non tenetur, sicuti si Stichum promissum occiderit: sed utilis actio in hunc dabitur.

D.22.1.23.1 울피아누스, 고시주해 제34권.

때로는, 최고받는 자가 없더라도,* 물적 관점에서 이행지체가 존재한다고 판단되곤 한다.

* Cf. D.22.1.18 (Paulus, 3 resp.); D.22.1.32.pr. (Marcianus, 4 reg.)

D.22.1.32 마르키아누스, 법규칙편록 제4권.

[현 사안에서는] 이행지체는 물적 관점에서가 아니라 인적 관점에서 행해진다고 이해된다.* 즉 적절한 장소에서 최고 받았는데 변제하지 않는 경우에 그러하다. 이것은 심판인 면전에서 심사될 것이다. 폼포니우스도 서간집 제12권에서 썼듯이, 그것[지체]의 판단은 어렵기 때문이다. 신황 피우스도 툴리우스 발부스에게, 지체가 행해진 것으로 이해되는지는 법률문제라기보다 사실문제이기 때문에 칙법을 보아도, 법의 권위자들을 조회하여도, 결정될 수 없다고 칙답하였다.

(1) 부재不在하는 채무자의 노예에게 채권자 또는 그의 재산관리인이 통지하였다면 지체의 증명을 위하여 충분하지 않다. 왜냐하면 주인 자신에게 통고되었더라도, 그 밖에 후에 그가 자신의 권한을 행사하게 되었을지라도 이행청구가 지속되지 않았다면, 곧바로 채무자에 의하여 지체가 성립하는 것으로 이해되지는 않기 때문이다.

(2) 성의誠意 계약에서는 지체에 의하여 이자 채무가 발생한다.

(3) 그리하여 어떠한가? 가자家子뿐만 아니라 가부家父도 가자嫁資로 인하여 책임지는 경우(그의 지시指示로 체약되거나 또는 가부家父의 이익으로 또는 특유재산으로 전용轉用되어), 누구를 지체의 측면에서 포착할 것인가? 가부家父만이 제소되는 경우에 그는 자신의 지체에 기하여 책임지지 않는다. 그러나 가자家子를 상대로는 가부家父로부터 원고가 달성하지 못한 것을 가자家子가 이행하도록 소권이 허여될 것이다. 그런데 가자家子가 지체하는 경우에는, 그때 원고는 그를 전부에 관하여, 또는 가부家父를 특유재산을 한도로 하여 제소할 수 있다.

(4) 두 공동낙약자가 있는 경우, 1인의 지체는 다른 1인에게 불이익이 되지 않는다.

(5) 또 보증인만이 지체하는 경우, 그는 책임지지 않는다. 마치 그가 공여를 약속한 노예 스티쿠스를 살해하는 경우처럼. 그러나 준소권이 이 자를 상대로 허여될 것이다.

* 물적 관점(ex re) = 법률관계의 성질상 최고 없이; 인적 관점(ex persona) = 관련자의 행태상, 즉 최고를 받고도 이행하지 않을 때.

D.22.2.2 Pomponius 3 ex Plautio.

Labeo ait, si nemo sit, qui a parte promissoris interpellari traiecticiae pecuniae possit, id ipsum testatione complecti debere, ut pro petitione id cederet.

D.45.1.24 Paulus 9 ad Sabinum.

Sed si ex stipulatu Stichum debeat pupillus, non videbitur per eum mora fieri, ut mortuo eo teneatur, nisi si tutore auctore aut solus tutor interpelletur.

【채무의 영속화】

D.22.1.24.2 Paulus 37 ad edictum.

Mora videtur creditori fieri, sive ipsi sive ei cui mandaverat sive ei qui negotia eius gerebat mora facta sit: nec hoc casu per liberam personam adquiri videtur, sed officium impleri, sicuti, cum quis furtum mihi facientem deprehendit, negotium meum agens manifesti furti actionem mihi parat: item cum procurator interpellaverit promissorem hominis, perpetuam facit stipulationem.

D.45.1.91.3 Paulus 17 ad Plautium.

Sequitur videre de eo, quod veteres constituerunt, quotiens culpa intervenit debitoris, perpetuari obligationem, quemadmodum intellegendum sit. Et quidem si effecerit promissor, quo minus solvere possit, expeditum intellectum habet constitutio: si vero

D.22.2.2 폼포니우스, 플라우티우스 발췌주해 제3권.

라베오는 해상海上 소비대차금의 낙약자 측에 의해 최고催告 받을 수 있는 자가 아무도 없는 경우, 이것 자체를 증언문기에 포함시켜야 하고, 그리하여 이 일이 청구로서 효력 있을 수 있도록 해야 한다고 말했다.

D.45.1.24 파울루스, 사비누스주해 제9권.

문답계약에 기하여 노예 스티쿠스를 변제할 채무를 피후견인이 부담하는 경우에 노예가 사망한다면, 그가 책임을 지게끔 피후견인에 의하여 지체가 일어난 것으로 인정되지 않을 것이다. 단, 후견인이 조성助成하면서 피후견인이 최고 받거나 또는 후견인이 단독으로 최고 받는 경우에는 그렇지 않다.

【채무의 영속화】

D.22.1.24.2 파울루스, 고시주해 제37권.

채권자 자신에게든 그가 위임한 자에게든 또한 (위임 없이) 그의 사무를 관리하는 자에게든 지체가 일어난 경우, 채권자에게 이행지체가 일어나는 것으로 인정된다. 그리고 이 경우 인정되는 것은 자유인을 통하여 (어떤 것이 우리에게) 취득되는 것이 아니라 의무가 이행되는 것인데, 어떤 자가 나에게서 도둑질하는 자를 붙잡은 경우 나의 사무를 관리하여 현행절도소권을 나를 위하여 취득하는 것과 동일한 것이다. 마찬가지로 재산관리인이 노예를 약속한 자에게 최고한 경우 그는 그 문답계약을 영속화시키는 것이다.

D.45.1.91.3 파울루스, 플라우티우스주해 제17권.

옛 법률가들이 정한 것, 즉 채무자의 탓*이 개입하는 경우 채무관계는 영속화된다는 것에 관하여 보도록 하자. 어떻게 이해하여야 하는가. 참으로 문답채무자가 자신이 변제하지 못하도록 만든 경우, 위의 정함이 쉽게 이해된다. 그러나 지체하고 있을 뿐일

moratus sit tantum, haesitatur, an, si postea in mora non fuerit, extinguatur superior mora. Et Celsus adulescens scribit eum, qui moram fecit in solvendo Sticho quem promiserat, posse emendare eam moram postea offerendo: esse enim hanc quaestionem de bono et aequo: in quo genere plerumque sub auctoritate iuris scientiae perniciose, inquit, erratur. Et sane probabilis haec sententia est, quam quidem et Iulianus sequitur: nam dum quaeritur de damno et par utriusque causa sit, quare non potentior sit qui teneat, quam qui persequitur?

경우에는, 후에 지체가 아닌 경우 이전의 지체는 소멸하는지 의문시된다. 아들 켈수스는 약속한 노예 스티쿠스의 변제를 지체하는 자는 그 지체를 후에 변제 제공함으로써 보정補正할 수 있는데**, 왜냐하면 이 문제는 선과 형평에 관한 것이기 때문이라고 기술한다. 그렇기 때문에 이러한 종류의 사안에서는 종종 법지식의 권위 하에 심각하게 오류가 행해진다고 말한다. 확실히 이 견해가 찬동할 만한 것으로 보인다. 실제로 율리아누스도 이 견해에 찬동하였다. 왜냐하면 손해가 문제되고 두 당사자의 사정이 동일한 동안, 가지고 있는 자가 추급하는 자보다 더 강하지 않을 이유가 어디에 있겠는가?

* 현행 민법상 이행지체의 요건(민법 제387조)과 지체로 인한 손해배상의 요건(민법 제390조, 제395조)은 일단 구별된다. 로마법에서도 전자는 지체라는 객관적 사실이 채무자 측의 사정에 기인한다는 점에 착안하여 "cum per debitorem steterit", "cum per debitorem mora fuit", "cum per debitorem factum fuit, quo minus ~ " 하는 식으로, 즉 "채무자 탓으로", "채무자 측의 사정에 의해서" 지체가 일어났다는 식으로 표현하였고(Cf. D.19.1.21.3 Paulus libro 33 ad edictum; D.18.6.20 Hermogenianus libro secundo iuris epitomarum; D.12.1.5 Pomponius libro 22 ad Sabinum; D.45.1.135.2 Scaevola libro quinto responsorum), 손해배상의 요건인 채무자의 고의, 과실(culpa)과는 구별하였던 것으로 보인다. 전체 문맥으로 볼 때 이 개소의 culpa는 전자의 의미로 이해되어야 하는 넓은 용법으로 생각된다.

** Cf. D.45.1.73.2 Paulus 24 ad edictum.

Stichi promissor post moram offerendo purgat moram: certe enim doli mali exceptio nocebit ei, qui pecuniam oblatam accipere noluit.

파울루스, 고시주해 제24권.

노예 스티쿠스를 약속한 자는 지체 후에 이행 제공함으로써 지체를 세정洗正한다. 왜냐하면 확실히 변제 제공된 채무금을 수령하기를 원하지 않았던 채권자에게는 악의의 항변이 해로울 것이기 때문이다.

D.17.1.59.5 Paulus 4 responsorum.

"Ille illi salutem. Mando tibi, ut Blaesio Severo adfini meo octoginta credas sub pignore illo et illo: in quam pecuniam et quidquid usurarum nomine accesserit indemnem rationem tuam me esse ex causa mandati in eum diem, quoad vixerit Blaesius Severus, praestaturum." Postea saepe conventus mandator non respondit: quaero, an morte debitoris liberatus sit. Paulus respondit mandati obligationem perpetuam esse, licet in mandato adiectum videatur indemnem rationem tuam me esse ex causa mandati in eum diem, quoad vixerit Blaesius Severus, praestaturum.

- 이행지체의 洗正 -

D.45.1.84 Paulus 74 ad edictum.

Si insulam fieri stipulatus sim et transierit tempus, quo potueris facere, quamdiu litem contestatus non sim, posse te facientem liberari placet: quod si iam litem contestatus sim, nihil tibi prodesse, si aedifices.

D.17.1.59.5 파울루스, 해답집 제4권.

"갑이 을에게 안부 전합니다. 나는 그대에게 나의 매부 블라이시우스 세베루스에게 이런 저런 질물 하에 80금을 대금貸金해 줄 것을 위임합니다. 이 금액에 대하여 그리고 모든 이자 명목으로 그대의 회계가 손실이 없도록 내가 위임의 원인으로 블라이시우스 세베루스가 살아있는 그 날까지 보장할 것임이 추가조건입니다." 후에 거듭 최고 받았으나 위임인은 반응하지 않았다. 질문: 채무자의 사망으로 그는 채무를 벗어난 것인가. 파울루스의 해답: 비록 위임에 그대의 회계가 손실이 없도록 내가 위임의 원인으로 블라이시우스 세베루스가 살아있는 그 날까지 보장할 것임이 추가된 것으로 인정되더라도, 위임상 채무는 영속적인 상태이다.

- 이행지체의 洗正 -

D.45.1.84 파울루스, 고시주해 제74권.

내가 아파트가 건축되는 것을 문답요약했는데 네가 건축 가능했던 기한이 경과한 경우, 내가 쟁점결정을 하지 않은 동안에는 너는 건축하여 채무를 면할 수 있다는 것이 사견이다. 그러나 내가 이미 쟁점결정을 한 경우에는 네가 건축하더라도 너에게 아무런 도움이 안 된다는 것이 사견이다.

민법 제388조 (기한의 이익의 상실)
채무자는 다음 각 호의 경우에는 기한의 이익을 주장하지 못한다.
1. 채무자가 담보를 손상, 감소 또는 멸실하게 한 때
2. 채무자가 담보제공의 의무를 이행하지 아니한 때

【이행 기한】

D.50.16.213.pr. Ulpianus 1 regularum.
"Cedere diem" significat incipere deberi pecuniam: "venire diem" significat eum diem venisse, quo pecunia peti possit. Ubi pure quis stipulatus fuerit, et cessit et venit dies: ubi in diem, cessit dies, sed nondum venit: ubi sub condicione, neque cessit neque venit dies pendente adhuc condicione.

D.50.17.14 Pomponius 5 ad Sabinum.
In omnibus obligationibus, in quibus dies non ponitur, praesenti die debetur.

【기한의 이익】

D.50.17.17 Ulpianus 23 ad Sabinum.
Cum tempus in testamento adicitur, credendum est pro herede adiectum, nisi alia mens fuerit testatoris: sicuti in stipulationibus promissoris gratia tempus adicitur

민법 제388조 (기한의 이익의 상실)

채무자는 다음 각 호의 경우에는 기한의 이익을 주장하지 못한다.

1. 채무자가 담보를 손상, 감소 또는 멸실하게 한 때
2. 채무자가 담보제공의 의무를 이행하지 아니한 때

【이행 기한】

D.50.16.213.pr. **울피아누스, 법규칙편록 제1권.**

"권리발생일이 개시하다"는 것은 채무가 개시한다는 것을 의미한다. "권리청구일이 도래하다"는 것은 채무를 청구할 수 있는 그 날이 도래했음을 의미한다. 어떤 자가 부관 없이 문답요약한 경우에는 동시에 권리발생일도 개시하고 권리청구일도 도래한 것이다. 기한부期限附인 경우에는 권리발생일은 개시했으나 권리청구일은 아직 도래하지 않았다. 조건부條件附인 경우에는, 조건이 걸려 있는 한, 권리발생일도 개시하지 않았고 권리청구일도 도래하지 않은 것이다.

D.50.17.14 **폼포니우스, 사비누스주해 제5권.**

이행 기일이 설정되지 않은 모든 채권은 당일에 이행해야만 한다.

【기한의 이익】

D.50.17.17 **울피아누스, 사비누스주해 제23권.**

기한이 유언에 부가되는 경우, 유언자가 다른 의사가 아닌 한 상속인을 위하여 부가된 것으로 믿어야만 한다. 이것은 문답계약에서 문답채무자를 위하여 기한이 부가되는 것과 같은 것이다.

D.45.1.41.1 Ulpianus 50 ad Sabinum.

Quotiens autem in obligationibus dies non ponitur, praesenti die pecunia debetur, nisi si locus adiectus spatium temporis inducat, quo illo possit perveniri. Verum dies adiectus efficit, ne praesenti die pecunia debeatur: ex quo apparet diei adiectionem pro reo esse, non pro stipulatore.

D.45.1.38.16 Ulpianus 49 ad Sabinum.

Inter incertam certamque diem discrimen esse ex eo quoque apparet, quod certa die promissum vel statim dari potest: totum enim medium tempus ad solvendum liberum promissori relinquitur: at qui promisit “si aliquid factum sit” vel “cum aliquid factum sit”, nisi cum id factum fuerit, dederit, non videbitur fecisse quod promisit.

【기한 이익의 상실】

• 민법 제388조 각호의 규정은 로마법에 상응하지 않는다.

D.45.1.41.1 울피아누스, 사비누스주해 제50권.

그런데 채권채무관계에서 기한이 설정되지 않은 경우에는 채무금은 당일로 이행기에 있다. 단, 장소가 부가되어 그곳에 도착할 수 있을 시간을 발생시키는 경우에는 그러하지 않다. 반면 기한이 설정되면 당일로 채무가 이행기에 있는 것은 아니다. 이로써 기한의 부가는 채무자의 이익인 것이고, 문답채권자의 이익이 아니라는 것이 명백하다.

D.45.1.38.16 울피아누스, 사비누스주해 제49권.

불확정 기일과 확정 기일 사이의 차이는 또한 다음으로도 분명하다. 즉 확정 기일에 이행하기로 약속된 것은 물론 즉시 이행이 가능하다. 왜냐하면 모든 중간 기간은 변제를 위한 자유로운 기간으로서 낙약자에게 주어진 것이기 때문이다.* 그러나 "어떤 것이 행해진 경우" 또는 "어떤 것이 행해졌으므로"라는 부관부附款附로 약속한 자는 그것이 행해진 경우가 아니면 급부하였어도 약속한 것을 행한 것으로 인정되지 않을 것이다.

* ≒ D.46.3.70 Celsus libro 26 digestorum

Quod certa die promissum est, vel statim dari potest: totum enim medium tempus ad solvendum promissori liberum relinqui intellegitur.

【기한 이익의 상실】

• 민법 제388조 각호의 규정은 로마법에 상응하지 않는다.

민법 제389조 (강제이행)

① 채무자가 임의로 채무를 이행하지 아니한 때에는 채권자는 그 강제이행을 법원에 청구할 수 있다. 그러나 채무의 성질이 강제이행을 하지 못할 것인 때에는 그러하지 아니하다.
② 전항의 채무가 법률행위를 목적으로 한 때에는 채무자의 의사표시에 가름할 재판을 청구할 수 있고 채무자의 일신에 전속하지 아니한 작위를 목적으로 한 때에는 채무자의 비용으로 제삼자에게 이를 하게 할 것을 법원에 청구할 수 있다.
③ 그 채무가 부작위를 목적으로 한 경우에 채무자가 이에 위반한 때에는 채무자의 비용으로써 그 위반한 것을 제각하고 장래에 대한 적당한 처분을 법원에 청구할 수 있다.
④ 전3항의 규정은 손해배상의 청구에 영향을 미치지 아니한다.

【강제이행: 민법 제389조 제1항 본문】

• 로마법에서는 권리를 실체법 차원에서보다 무엇보다도 소송을 통하여 실현할 수 있는 소권訴權(actio)의 차원에서 우선적으로 파악하여 법 자체를 소권의 체계로 관념하였다.

〈소권〉

D.7.6.5.pr. Ulpianus 17 ad edictum.
… de suo enim, non de alieno iure quemque agere oportet. …

– 소권의 개념 –

D.44.7.51 Celsus 3 digestorum.
Nihil aliud est actio quam ius quod sibi debeatur, iudicio persequendi.

민법 제389조 (강제이행)

① 채무자가 임의로 채무를 이행하지 아니한 때에는 채권자는 그 강제이행을 법원에 청구할 수 있다. 그러나 채무의 성질이 강제이행을 하지 못할 것인 때에는 그러하지 아니하다.
② 전항의 채무가 법률행위를 목적으로 한 때에는 채무자의 의사표시에 가름할 재판을 청구할 수 있고 채무자의 일신에 전속하지 아니한 작위를 목적으로 한 때에는 채무자의 비용으로 제삼자에게 이를 하게 할 것을 법원에 청구할 수 있다.
③ 그 채무가 부작위를 목적으로 한 경우에 채무자가 이에 위반한 때에는 채무자의 비용으로써 그 위반한 것을 제각하고 장래에 대한 적당한 처분을 법원에 청구할 수 있다.
④ 전3항의 규정은 손해배상의 청구에 영향을 미치지 아니한다.

【강제이행: 민법 제389조 제1항 본문】

• 로마법에서는 권리를 실체법 차원에서보다 무엇보다도 소송을 통하여 실현할 수 있는 소권訴權(actio)의 차원에서 우선적으로 파악하여 법 자체를 소권의 체계로 관념하였다.

〈소권〉

D.7.6.5.pr. 울피아누스, 고시주해 제17권.
누구든 남의 권리가 아니라 자신의 권리에 관하여 소구해야만 한다.

- 소권의 개념 -

D.44.7.51 켈수스, 학설집 제3권.
소권이란 자신이 청구할 권리가 있는 것을 소송으로써 추급하는 권리 이외의 다른 것이 아니다.*

* = Inst. 4.6.pr:

… actio autem nihil aliud est quam ius persequendi iudicio quod sibi debetur.

－소권의 효능－

D.50.16.108 Modestinus 4 pandectarum.

"Debitor" intellegitur is, a quo invito exigi pecunia potest.

D.50.17.15 Paulus 4 ad Sabinum.

Is, qui actionem habet ad rem reciperandam, ipsam rem habere videtur.

D.50.16.143 Ulpianus 9 ad legem Iuliam et Papiam.

Id "apud se" quis "habere" videtur, de quo habet actionem: habetur enim quod peti potest.

D.41.1.52 Modestinus 7 regularum.

Rem in bonis nostris habere intellegimur, quotiens possidentes exceptionem aut amittentes ad reciperandam eam actionem habemus.

D.50.17.204 Pomponius 28 ad Quintum Mucium.

Minus est actionem habere quam rem.

D.50.16.14.1 Paulus 7 ad edictum.

"Rem amisisse" videtur, qui adversus nullum eius persequendae actionem habet.

〈재판상 청구〉

C.7.53.1 Imperatores Severus, Antoninus (a.206).

Nimis propere iudex pignora Marcellae capi ac distrahi iussit ante rem iudicatam. Prius

-소권의 효능-

D.50.16.108 **모데스티누스, 총람 제4권.**
"채무자"란 그로부터 의사에 반하여 채무금이 추심될 수 있는 자를 의미한다.

D.50.17.15 **파울루스, 사비누스주해 제4권.**
물건을 회수할 수 있는 소권을 가진 자는 물건 자체를 가진 것으로 인정된다.

D.50.16.143 **울피아누스, 율리우스·파피우스법주해 제9권.**
그에 관한 소권을 가지는 물건은 "자신이" "가지는 것"으로 인정된다. 왜냐하면 청구할 수 있는 것은 가진 것이기 때문이다.

D.41.1.52 **모데스티누스, 법규칙편록 제7권.**
우리가 물건을 우리 재산 중에 가지는 것으로 여겨지는 것은, 우리가 점유하는 자로서 항변권을 가지거나, 또는 점유상실자로서 그것을 회복하는 소권을 가지는 경우이다.

D.50.17.204 **폼포니우스, 퀸투스 무키우스주해 제28권.**
소권을 가지는 것은 물건을 가지는 것보다는 적은 것이다.

D.50.16.14.1 **파울루스, 고시주해 제7권.**
누구를 상대로도 물건을 추급할 수 있는 소권을 가지지 못 한 자는 "물건을 상실한 것"으로 인정된다.

〈재판상 청구〉

C.7.53.1 **셉티미우스 세베루스 / 안토니누스 카라칼라 황제 (206년).**
심판인이 지나치게 서둘러서 본안 재판 전에 마르켈라의 질물들을 압류하고 매각하도

est ergo, ut servato ordine actionem adversus eam dirigas et causa cognita sententiam accipias.

D.48.7.7 Callistratus 5 de cognitionibus.

Creditores si adversus debitores suos agant, per iudicem id, quod deberi sibi putant, reposcere debent: alioquin si in rem debitoris sui intraverint id nullo concedente, divus Marcus decrevit ius crediti eos non habere. Verba decreti haec sunt. “Optimum est, ut, si quas putas te habere petitiones, actionibus experiaris: interim ille in possessione debet morari, tu petitor es”. Et cum Marcianus diceret: “Vim nullam feci”: Caesar dixit: “Tu vim putas esse solum, si homines vulnerentur? Vis est et tunc, quotiens quis id, quod deberi sibi putat, non per iudicem reposcit. Non puto autem nec verecundiae nec dignitati nec pietati tuae convenire quicquam non iure facere. Quisquis igitur probatus mihi fuerit rem ullam debitoris non ab ipso sibi traditam sine ullo iudice temere possidere, eumque sibi ius in eam rem dixisse, ius crediti non habebit”.

【채무이행능력】

D.45.1.137.4-5 Venuleius 1 stipulationum.

(4) Illud inspiciendum est, an qui centum dari promisit confestim teneatur an vero cesset obligatio, donec pecuniam conferre possit. Quid ergo, si neque domi habet neque inveniat creditorem? Sed haec recedunt ab impedimento naturali et respiciunt ad facultatem dandi. Est autem facultas personae commodum incommodumque, non

록 명한 것이었다. 그러므로 절차를 지켜서 그대가 그녀를 상대로 소를 제기해서 사안 심리 후 판결을 받는 것이 먼저이다.

D.48.7.7 칼리스트라투스, 비상심리절차론 제5권.
채권자들이 자신의 채무자들을 상대로 청구하는 경우에는 자신의 채권이라고 생각하는 것을 심판인을 통하여 요구해야만 한다. 그러지 않고 자신의 채무자의 재산을, 그것을 채무자가 허용하지 않는 데도 불구하고, 침범한 경우에는 신황神皇 마르쿠스가 채권의 권리를 그들이 가지지 않는다고 재결裁決하였다. 이 재결의 문언은 이와 같다: "그대가 어떤 청구들을 가지고 있다고 생각하면 소권들을 행사하는 것이 최선이다. 잠정적으로 그는 점유에 머물러야만 하며, 너는 청구자인 것이다." 그러자 마르키아누스가 "저는 폭력을 행사하지 않았습니다"라고 말하였을 때, 황제는 말하였다. "그대는 사람들이 상해를 입었을 때에만 폭력이라고 생각하는가? 어떤 자가 자신의 채권이라고 생각하는 것을 심판인을 통하여 요구하지 않는 경우도 폭력이다. 그런데 나는 합법적으로 행하지 않는 것은 그대의 염치에도, 지위에도, 또 신실함에도 부합하지 않는다고 생각한다. 그런 고로 누구든지 채무자의 무슨 물건이든 그 스스로에 의해 자신에게 인도되지 않은 것을 아무런 심판인(의 개입) 없이 함부로 점유하고 있는 것이, 그래서 그가 자신을 위하여 이 문제에 대해 법을 선언했다는 것이 짐朕에게 증명되는 자는 대금貸金채권의 권리를 가지지 못할 것이다."

【채무이행능력】

D.45.1.137.4-5 베눌레이우스, 문답계약강해 제1권.
(4) 100금을 공여하기로 약속한 자가 즉시 공여의 책임을 지는지, 그가 금전을 준비할 때까지 채무관계가 정지하는지 살펴보아야 한다. 집에 금전도 가지고 있지 않고 새로운 채권자를 만나지도 못할 경우에는 어찌 할 것인가? 그러나 이것은 성질에 의한 장애라는 개념에서 벗어나는 것이고, 급부 능력과 관련된다. 그런데 이 능력이란 당사자

rerum quae promittuntur. Et alioquin si quis Stichum dari spoponderit, quaeremus, ubi sit Stichus: aut si non multum referre videatur "Ephesi daturum se", an, quod Ephesi sit, cum ipse Romae sit, dare spondeat: nam hoc quoque ad facultatem dandi pertinet, quia in pecunia et in Sticho illud commune est, quod promissor in praesentia dare non potest. Et generaliter causa difficultatis ad incommodum promissoris, non ad impedimentum stipulatoris pertinet, ne incipiat dici eum quoque dare non posse, qui alienum servum, quem dominus non vendat, dare promiserit.
(5) Si ab eo stipulatus sim, qui efficere non possit, cum alio possibile sit, iure factam obligationem Sabinus scribit.

〈판결의 내용: 민법 제389조 제2항, 제3항〉

• 로마법상 모든 판결은 금액 배상 판결이었다. 의사표시의 대체代替, 작위의 대집행代執行, 부작위 위반의 제거 등은 따라서 판결 취지로서 전혀 고려되지 않았다. 물건의 반환을 본지에 따라 이행하도록 명할 수는 있었으나, 어디까지나 소송 중의 중간명령에 그쳤고, 이 경우에도 그에 따르지 않으면 일정한 공권력의 행사가 가능했으나 이런 예외적인 경우를 제외하면 모든 경우 금액 배상의 최종판결로 귀결되었다.

Gai.4.48.
Omnium autem formularum, quae condemnationem habent, ad pecuniariam aestimationem condemnatio concepta est. itaque et si corpus aliquod petamus, uelut fundum, hominem, uestem, aurum, argentum, iudex non ipsam rem condemnat eum, cum quo actum est, sicut olim fieri solebat, sed aestimata re pecuniam eum condemnat.

D.6.1.68 Ulpianus 51 ad edictum.
Qui restituere iussus iudici non paret contendens non posse restituere, si quidem

의 유불리有不利이지 약속된 물건과 관련된 유불리有不利는 아니다. 그리고 어떤 이가 스티쿠스를 공여하기로 서약한 경우, 우리는 스티쿠스가 어디에 있는지 묻는다. "에페수스에서 자신이 줄 것이다" 하는 것인지와, 자신은 로마에 있을지라도 에페수스에 있는 것을 공여할 것을 서약하는지가 큰 차이가 나는지 묻는다. 인정되는 경우, 이것도 급부의 능력에 속하는데, 왜냐하면 문답채무자가 공여를 당장 할 수 없다는 공통점이 금전과 스티쿠스의 경우에 있기 때문이다. 그리고 일반적으로 어려움의 사정은 문답채무자의 불리이고 문답채권자의 장애는 아니다. 이는 타인의 노예를 공여할 것을 약속한 자도, 주인이 그 노예를 팔지 않아 공여할 수 없다고 주장하지 않도록 하기 위함이다. (5) 다른 이에게는 그것이 가능하지만 이행할 수 없는 자로부터 문답요약을 한 경우, 사비누스는 채권채무관계가 법적으로 성립하였다고 기술한다.

〈판결의 내용: 민법 제389조 제2항, 제3항〉

• 로마법상 모든 판결은 금액 배상 판결이었다. 의사표시의 대체代替, 작위의 대집행代執行, 부작위 위반의 제거 등은 따라서 판결 취지로서 전혀 고려되지 않았다. 물건의 반환을 본지에 따라 이행하도록 명할 수는 있었으나, 어디까지나 소송 중의 중간명령에 그쳤고, 이 경우에도 그에 따르지 않으면 일정한 공권력의 행사가 가능했으나 이런 예외적인 경우를 제외하면 모든 경우 금액 배상의 최종판결로 귀결되었다.

가이우스, 법학원론 제4권 제48절.

그런데 판결권한부여를 포함하는 모든 소송방식서는 금전평가액으로 유책판결하는 것으로 작성되어 있다. 그래서 어떤 유체물, 가령 토지, 노예, 의복, 금, 은을 우리가 청구하는 경우에도 심판인은 예전에 행해졌듯이 피고를 그 물건 자체에 관하여 유책판결을 하지 않고, 물건을 평가한 후 그 상당액에 관하여 그를 유책판결한다.

D.6.1.68 울피아누스, 고시주해 제51권.

반환을 명받고서 반환이 가능하지 않다고 주장하면서 심판인에게 불복종하는 자는, 참

habeat rem, manu militari officio iudicis ab eo possessio transfertur et fructuum dumtaxat omnisque causae nomine condemnatio fit. Si vero non potest restituere, si quidem dolo fecit quo minus possit, is, quantum adversarius in litem sine ulla taxatione in infinitum iuraverit, damnandus est. Si vero nec potest restituere nec dolo fecit quo minus possit, non pluris quam quanti res est, id est quanti adversarii interfuit, condemnandus est. Haec sententia generalis est et ad omnia, sive interdicta, sive actiones in rem sive in personam sunt, ex quibus arbitratu iudicis quid restituitur, locum habet.

D.42.1.13.1 Celsus 6 digestorum.

Si quis promiserit prohibere se, ut aliquid damnum stipulator patiatur, et faciat ne quod ex ea re damnum ita habeatur, facit quod promisit: si minus, quia non facit quod promisit, in pecuniam numeratam condemnatur, sicut evenit in omnibus faciendi obligationibus.

D.42.1.14 Celsus 25 digestorum.

Quod iussit vetuitve praetor, contrario imperio tollere et remittere licet: de sententiis contra.

〈확인의 소〉

Inst.4.6.13

Praeiudiciales actiones in rem esse videntur, quales sunt, per quas quaeritur, an aliquis liber vel an libertus sit, vel de partu agnoscendo. ex quibus fere una illa legitimam causam habet, per quam quaeritur, an aliquis liber sit: ceterae ex ipsius praetoris iurisdictione substantiam capiunt.

으로 물건을 가지고 있는 경우에는 심판인의 직권에 따라 집행 인력에 의하여 그로부터 점유가 이전되며, 과실果實과 모든 수반이익의 명목으로만 유책판결이 이루어진다. 그러나 그가 반환하는 것이 불가능한데 참으로 그가 악의로 불가능하게 만든 경우에는 그는 상대방이 아무런 한도 없이 무제한으로까지 소송물가액 선서하는 상당액을 유책판결 받아야만 할 것이다. 그러나 그가 반환하는 것이 가능하지도 않고 악의로 가능하지 않도록 만든 것도 아닌 경우에는 물物의 가액상당액, 즉 상대방의 이익상당액을 유책판결해야만 할 것이다. 이 취지는 일반적인 것이며 그래서 심판인의 재정에 따라서 어떤 것이 반환되는 모든 특시명령 또는 소권에, 대물소권이든 대인소권이든, 적용된다.

D.42.1.13.1 **켈수스, 학설집 제6권.**
어떤 자가 자신이 문답채권자가 어떤 손해를 입는 것을 막겠다고 약속했고 이 일로 인해 손해가 발생하지 않도록 하는 경우, 그는 약속한 것을 행하는 것이다. 그렇지 않은 경우에는 그는 약속한 것을 행하지 않는 것이므로, 모든 작위 채무에 있어서 그런 것처럼, 금전 배상 판결을 받는다.

D.42.1.14 **켈수스, 학설집 제25권.**
법무관이 명하거나 금지한 것은 반대 고권행사로써 제거하거나 허용할 수 있다. 판결에 대해서는 그 반대이다.

〈확인의 소〉

유스티니아누스 법학제요 제4권 제6장 제13절.
선결소권은 대물소권인 것으로 인정되는데, 어떤 자가 출생자유인인지 아니면 해방노예인지 여부, 또는 신생아 인지認知에 관하여 묻게 되는 소권이 이러한 것들이다. 이들 중에서 어떤 자가 출생자유인인지 여부를 묻게 되는 그 하나만이 법률상의 기초가 있고, 나머지 것들은 법무관 자신의 사법관할권에 기하여 효력을 취하는 것들이다.

【예외: 민법 제389조 제1항 단서】

D.45.1.73.pr. Paulus 24 ad edictum.

Interdum pura stipulatio ex re ipsa dilationem capit, veluti si id quod in utero sit aut fructus futuros aut domum aedificari stipulatus sit: tunc enim incipit actio, cum ea per rerum naturam praestari potest. Sic qui Carthagini dari stipulatur, cum Romae sit, tacite tempus complecti videtur, quo perveniri Carthaginem potest. Item si operas a liberto quis stipulatus sit, non ante dies earum cedit, quam indictae fuerint nec sint praestitae.

• 로마법에서 의무는 있으나 그 이행을 강제할 수 없는, 즉 소권이 인정되지 않는 채권채무관계의 대표적인 것으로 무방식의 약정(pactum)과 다양한 자연채무(obligatio naturalis)를 들 수 있다.

〈무방식의 약정〉

• 무방식의 약정은 당사자 사이의 단순한 합의로서 법이 정한 일정한 요건을 갖추어 그에 따른 특정한 형식의 법률행위가 되지 않는 모든 경우의 의사합치를 말하며, 적극적으로 상대방의 이행을 청구할 수 있는 소권(actio)은 발생하지 않으나, 소극적으로 상대방의 청구를 방어할 수 있는 항변권(exceptio)은 발생하였다.

D.2.14.7.4 Ulpianus 4 ad edictum.

Sed cum nulla subest causa, propter conventionem hic constat non posse constitui obligationem: igitur nuda pactio obligationem non parit, sed parit exceptionem.

D.2.14.41 Papinianus 11 responsorum.

“Intra illum diem debiti partem mihi si solveris, acceptum tibi residuum feram et te

【예외: 민법 제389조 제1항 단서】

D.45.1.73.pr. 파울루스, 고시주해 제24권.
때로는 부관없는 문답계약도 사안 자체의 성질상 유예가 일어나는데, 가령 모태에 있는 것이거나 장래의 과실果實이거나 건물의 건축이 계약된 경우가 그러하다. 왜냐하면 그것이 사물의 본성상 급부가 가능한 때에 소권이 개시하기 때문이다. 이리하여 로마에 있으면서 카르타고에서 급부받을 것을 문답요약하는 자는 암묵적으로 카르타고에 도착할 수 있는 기간을 포함시킨 것으로 인정된다. 또 노무를 해방노예로부터 어떤 자가 문답요약한 경우에도 통지하였으나 제공되지 않기 전에는 그 채권의 권리발생일이 도래하지 않는다.

• 로마법에서 의무는 있으나 그 이행을 강제할 수 없는, 즉 소권이 인정되지 않는 채권 채무관계의 대표적인 것으로 무방식의 약정(pactum)과 다양한 자연채무(obligatio naturalis)를 들 수 있다.

〈무방식의 약정〉

• 무방식의 약정은 당사자 사이의 단순한 합의로서 법이 정한 일정한 요건을 갖추어 그에 따른 특정한 형식의 법률행위가 되지 않는 모든 경우의 의사합치를 말하며, 적극적으로 상대방의 이행을 청구할 수 있는 소권(actio)은 발생하지 않으나, 소극적으로 상대방의 청구를 방어할 수 있는 항변권(exceptio)은 발생하였다.

D.2.14.7.4 울피아누스, 고시주해 제4권.
그러나 아무런 법정의 원인이 뒷받침하지 않는 경우, 이때에는 단순한 합의로 인해서는 채권이 창설될 수 없다는 것이 정설이다. 그런 고로 단순한 무방식의 약정은 채권을 발생시키지 않고 항변만을 발생시킬 뿐이다.

D.2.14.41 파피니아누스, 해답집 제11권.
"그대가 모모일某某日 내에 채무의 일부를 나에게 변제하면 나는 그대에게 나머지 채무

liberabo." Licet actionem non habet, pacti tamen exceptionem competere debitori constitit.

D.2.14.45 Hermogenianus 2 iuris epitomarum.

Divisionis placitum nisi traditione vel stipulatione sumat effectum, ad actionem, ut nudum pactum, nulli prodesse poterit.

Inst.4.13.3.

Praeterea debitor si pactus fuerit cum creditore, ne a se peteretur, nihilo minus obligatus manet, quia pacto convento obligationes non omnimodo dissolvuntur: qua de causa efficax est adversus eum actio qua actor intendit 'si paret eum dare oportere'. sed quia iniquum est, contra pactionem eum damnari, defenditur per exceptionem pacti conventi.

C.2.3.10 Imperator Alexander Severus (a.227).

Legem, quam dixisti, cum dotem pro alumna dares, servari oportet, nec obesse tibi potuit, quod dici solet ex pacto actionem non nasci: tunc enim hoc iure utimur, cum pactum nudum est: alioquin cum pecunia datur et aliquid de reddenda ea convenit, utilis est condictio.

C.4.65.27 Imperatores Diocletianus, Maximianus (a.294).

Si tibi quae pro colonis conducti praedii prorogasti dominus fundi stipulanti dare spopondit, competens iudex reddi tibi iubebit. Nam si conventio placiti fine stetit, ex nudo pacto perspicis actionem iure nostro nasci non potuisse.

를 요식변제수령 처리하여 그대를 채무에서 벗어나게 할 것이다." 그가 소권을 가지지는 않을지라도 약정의 항변이 채무자에게 인정된다는 것이 정설이다.

D.2.14.45 헤르모게니아누스, 법적요法摘要 제2권.

분할 합의는 인도 또는 문답계약에 의하여 효력를 얻지 않으면, 단순한 무방식의 약정처럼, 아무에게도 소권의 이득이 있을 수 없다.

유스티니아누스 법학제요 제4권 제13장 제3절.

또 채무자는 채권자와 자기에게서 청구되지 않는다는 무방식의 약정을 맺었더라도 그럼에도 불구하고 여전히 구속된 채로 남는다. 왜냐하면 약정과 합의만으로는 채권채무관계는 도대체 해소되지 않기 때문이다. 이런 이유로 그를 상대로 원고가 '그가 주어야 한다는 것이 판명되면'이란 청구취지를 표하는 소권이 효과적이다. 그러나 약정에 반하여 그를 유책판결하는 것은 불공평하므로 그는 약정 · 합약合約의 항변을 통하여 방어된다.

C.2.3.10 알렉산데르 세베루스 황제 (227년).

그대가 혼인지참재산을 유모를 위하여 공여할 때 그대가 말한 조항은 준수되어야 하며, 무방식의 약정으로부터는 소권이 발생하지 않는다고 하는 것은 그대에게 방해가 될 수 없었다. 왜냐하면 이 법이 적용되는 것은 약정이 나裸약정인 때이기 때문이다. 그런 경우가 아니어서 재산이 공여되고 그 반환에 관하여 어떤 것이 합의되는 경우에는 (채무원인 무표시의 추상적) 반환청구소권이 유용한 것이다.

C.4.65.27 디오클레티아누스 / 막시미아누스 황제 (294년).

그대가 임차 부동산의 차지인借地人을 위하여 [차임을] 선급先給한 것을 토지의 소유자가 문답요약하는 그대에게 지급할 것을 문답서약한 경우, 관할 심판인은 그대에게 상환될 것을 명할 것이다. 그리고 합의가 약정의 끝에 있었다면, 그대는 나裸약정으로부터는 우리의 법에 의하면 소권이 발생할 수 없었음을 명찰明察하고 있는 것이다.

민법 제390조 (채무불이행과 손해배상)
채무자가 채무의 내용에 좇은 이행을 하지 아니한 때에는 채권자는 손해배상을 청구할 수 있다. 그러나 채무자의 고의나 과실 없이 이행할 수 없게 된 때에는 그러하지 아니하다.

<민법 제390조 본문>

【채무의 내용의 동일성】

D.45.1.83.5 Ulpianus 42 ad Sabinum.

Sacram vel religiosam rem vel usibus publicis in perpetuum relictam (ut forum aut basilicam) aut hominem liberum inutiliter stipulor, quamvis sacra profana fieri et usibus publicis relicta in privatos usus reverti et ex libero servus fieri potest. Nam et cum quis rem profanam aut Stichum dari promisit, liberatur, si sine facto eius res sacra esse coeperit aut Stichus ad libertatem pervenerit, nec revocantur in obligationem, si rursus lege aliqua et res sacra profana esse coeperit et Stichus ex libero servus effectus sit. Quoniam una atque eadem causa et liberandi et obligandi esset, quod aut dari non possit aut dari possit: nam et si navem, quam spopondit, dominus dissolvit et isdem tabulis compegerit, quia eadem navis esset, inciperet obligari. Pro quo et illud dici posse Pedius scribit: si stipulatus fuero ex fundo centum amphoras vini, exspectare debeo, donec nascatur: et si natum sine culpa promissoris consumptum sit, rursum exspectare debeam, donec iterum nascatur et dari possit: et per has vices aut cessaturam aut valituram stipulationem. Sed haec dissimilia sunt: adeo enim, cum liber homo promissus est, servitutis tempus spectandum non esse, ut ne haec quidem stipulatio de homine libero probanda sit: "illum, cum servus esse coeperit, dare spondes?" item "eum locum, cum ex sacro religiosove profanus esse coeperit, dari?" quia nec praesentis temporis obligationem recipere potest et ea dumtaxat, quae natura sui possibilia sunt,

민법 제390조 (채무불이행과 손해배상)
채무자가 채무의 내용에 좇은 이행을 하지 아니한 때에는 채권자는 손해배상을 청구할 수 있다. 그러나 채무자의 고의나 과실 없이 이행할 수 없게 된 때에는 그러하지 아니하다.

<민법 제390조 본문>

【채무의 내용의 동일성】

D.45.1.83.5 울피아누스, 사비누스주해 제42권.
신성물神聖物, 지령물地靈物 또는 (광장이나 공회당처럼) 영속적으로 공용公用에 맡겨진 물건 또는 자유인을 내가 문답요약하면, 신성물神聖物이 속물俗物이 될 수 있고 공용公用에 맡겨진 물건이 사용私用으로 되돌려질 수 있고 자유인이 노예가 될 수 있다 하더라도 무효이다. 반면 어떤 이가 속용물俗用物 또는 노예 스티쿠스를 공여하기로 약속했는데 속용물이 그의 행위 없이 신성물이 되거나 스티쿠스가 자유를 얻게 되는 경우 채무에서 벗어난다. 어떤 법률로 다시금 신성물이 속용물이 되고 스티쿠스가 자유인에서 노예로 만들어진 경우에도 그들이 채권채무관계로 복귀하지는 않는다. 왜냐하면 제공되지 못하거나 제공될 수 있기에 채무로부터 벗어나게 하는 것과 채무부담 시키는 원인이 동일하기 때문이다. 반면 문답낙약한 배를 소유자가 해체하고 동일한 판재로 재건조再建造한 경우라도, 동일한 배이기 때문에 채무를 지게 된다. 그리하여 다음도 말해질 수 있다고 페디우스는 기술한다. 내가 토지로부터 포도주 100 암포라를 문답요약하는 경우, 생산될 때까지 기다려야 한다. 그리고 생산된 것이 문답채무자의 과실 없이 소비되는 경우, 다시금 나는 다시 생산되고 공여될 수 있을 때까지 기다려야 한다. 그리고 이러한 사정의 변화 동안 문답계약은 정지되거나 유효하게 된다. 그러나 이 사안들은 상이하다. 왜냐하면 자유인이 약속된 경우, "노예가 될 그를 공여할 것을 너는 서약하는가?"와 같은 문답계약이 자유인에 관하여 인정되지 않도록, 노예상태로 될 시점은 고려하지 말아야 한다. 또 "신성물, 지령물로부터 속용물이 되면 그 장소를 공여할

deducuntur in obligationem. vini autem non speciem, sed genus stipulari videmur et tacite in ea tempus continetur: homo liber certa specie continetur. Et casum adversamque fortunam spectari hominis liberi neque civile neque naturale est: nam de his rebus negotium recte geremus, quae subici usibus dominioque nostro statim possunt. Et navis si hac mente resoluta est, ut in alium usum tabulae destinarentur, licet mutato consilio perficiatur, tamen et perempta prior navis et haec alia dicenda est: sed si reficiendae navis causa omnes tabulae refixae sint, nondum intercidisse navis videtur et compositis rursus eadem esse incipit: sicuti de aedibus deposita tigna ea mente, ut reponantur, aedium sunt, sed si usque ad aream deposita sit, licet eadem materia restituatur, alia erit. Hic tractatus etiam ad praetorias stipulationes pertinet, quibus de re restituenda cavetur et an eadem res sit, quaeritur.

【이행의 범위】

D.17.1.10.2 Ulpianus 31 ad edictum.

Si ex fundo quem mihi emit procurator fructus consecutus est, hos quoque officio iudicis praestare eum oportet.

【일부이행】

D.12.1.21 Iulianus 48 digestorum.

Quidam existimaverunt neque eum, qui decem peteret, cogendum quinque accipere et

것을 너는 서약하는가?"도 마찬가지이다. 왜냐하면 현 시점에서는 채권채무관계를 인정할 수 없고, 그 성질상 가능한 것만이 채권채무관계에 들어가기 때문이다. 그런데 포도주는 우리가 특정물이 아니라, 종류물로써 문답요약한다고 인정되어, 이 안에는 암묵적으로 시간이 포함되어 있다. 자유인은 특정존재에 속한다. 그리고 자유인의 사변事變과 불운이 고려되는 것은 시민법적인 것도 자연법적인 것도 아니니다. 왜냐하면 즉시 우리의 사용과 소유의 대상이 될 수 있는 재산에 관하여만 우리가 법률행위를 제대로 할 수 있기 때문이다. 배 한 척이 판재板材를 다른 용도로 쓸 생각으로 분해된 경우, 계획이 바뀌어 다시 재조립한 경우더라도 이전 배가 소멸하고 다시 만든 배는 다른 것이라고 하여야 한다. 그러나 배를 수선할 목적으로 모든 판재를 뜯어낸 경우, 배가 소멸된 것으로 인정되지 않고 다시 조립됨으로써 다시금 동일한 것이 된다. 다시 접합시키려고 건물로부터 건축자재가 분리되어도 건물에 속하는 것처럼. 그러나 지면에 이르도록 철거된 경우 동일한 건재로 다시 지어진다 하더라도 그 건물은 다른 것일 것이다. 여기에서의 논의는 물건 반환에 관하여 담보가 제공되고 그 물건의 동일성이 문제되는 경우에서의 법무관 명에 의한 문답계약에도 적용된다.

【이행의 범위】

D.17.1.10.2 울피아누스, 고시주해 제31권.
수임인인 재산관리인이 나를 위하여 매수하는 토지로부터 과실果實을 취득한 경우, 심판인의 직권에 따라 그는 그 과실도 위임인인 나에게 반환하여야 한다.

【일부이행】

D.12.1.21 율리아누스, 학설집 제48권.
어떤 법률가들은 10금을 청구하는 자는 5금만을 수령하고 잔금을 새로 소구하도록 강

reliqua persequi, neque eum, qui fundum suum diceret, partem dumtaxat iudicio persequi: sed in utraque causa humanius facturus videtur praetor, si actorem compulerit ad accipiendum id quod offeratur, cum ad officium eius pertineat lites deminuere.

【이행지체】

C.4.49.10 Imperatores Diocletianus, Maximianus (a.293).
Cum venditorem carnis fide conventionis rupta tempore placito hanc non exhibuisse proponas, empti actione eum quanti interest tua tunc tibi praestitam fuisse apud praesidem provinciae convenire potes.

D.13.1.8.1 Ulpianus 27 ad edictum.
Si ex causa furtiva res condicatur, cuius temporis aestimatio fiat, quaeritur. Placet tamen id tempus spectandum, quo res umquam plurimi fuit, maxime cum deteriorem rem factam fur dando non liberatur: semper enim moram fur facere videtur.

D.13.1.20 Tryphoninus 15 disputationum.
Licet fur paratus fuerit excipere condictionem et per me steterit, dum in rebus humanis res fuerat, condicere eam, postea autem perempta est, tamen durare condictionem veteres voluerunt, quia videtur, qui primo invito domino rem contrectaverit, semper in restituenda ea, quam nec debuit auferre, moram facere.

제되어서는 안 되고, 토지 전체가 자신의 것이라고 주장하는 자가 그 일부만을 소송으로 추급하도록 강제되어서도 안 된다는 견해였다. 그러나 위 양 사안에서 법무관이 제공된 것을 수령하도록 원고를 강제한다면, 법무관은 더 충실하게 직무 수행할 것으로 보인다. 왜냐하면 쟁송을 감소시키는 것이 그의 직무에 속하기 때문이다.

【이행지체】

C.4.49.10 **디오클레티아누스 / 막시미아누스 황제** (293년).
그대가 정육의 매도인이 합의의 신의를 깨고 약정된 시점에 정육을 제시하지 않았다고 주장하므로, 그대는 매수소권으로써 그를, 그대가 그 시점에 그대에게 이행이 되었을 것에 대해 가지는 이익상당액을 도백道伯 앞에 제소할 수 있다.

D.13.1.8.1 **울피아누스, 고시주해 제27권**.
절도원인부당이득소권으로 반환 청구되는 경우, 어떤 시점에 평가가 이루어지는지 문의된다. 통설에 의하면, 물건이 최고의 가액이었던 시점이 고려되어야 하는데, 악화된 물건을 공여함으로써 절도범이 책임에서 벗어나지 못한다. 즉 절도범은 항상 이행지체하는 것으로 간주되기 때문이다.

D.13.1.20 **트뤼포니누스, 토론집 제15권**.
절도범이 부당이득반환청구에 응소하려는 용의가 있고, 물건이 존재하는 동안 부당이득반환청구를 하는 것이 나의 책임이었는데, 후에 물건이 멸실된 경우에도, 옛 법률가들은 그럼에도 불구하고 부당이득반환청구소권이 존속하는 것으로 보려 하였다. 왜냐하면 일단 소유자의 의사에 반하여 물건에 저촉抵觸한 자는, 취거하지 말았어야 했던 그 물건의 반환에 있어 항상 지체하는 것으로 간주되기 때문이라는 것이다.

【하자 있는 이행】

D.19.2.15.1 Ulpianus 32 ad edictum.

Competit autem ex his causis fere: ut puta si re quam conduxit frui ei non liceat (forte quia possessio ei aut totius agri aut partis non praestatur, aut villa non reficitur vel stabulum vel ubi greges eius stare oporteat) vel si quid in lege conductionis convenit, si hoc non praestatur, ex conducto agetur.

D.19.1.6.4 Pomponius 9 ad Sabinum.

Si vas aliquod mihi vendideris et dixeris certam mensuram capere vel certum pondus habere, ex empto tecum agam, si minus praestes. Sed si vas mihi vendidieris ita, ut adfirmares integrum, si id integrum non sit, etiam id, quod eo nomine perdiderim, praestabis mihi: si vero non id actum sit, ut integrum praestes, dolum malum dumtaxat praestare te debere. Labeo contra putat et illud solum observandum, ut, nisi in contrarium id actum sit, omnimodo integrum praestari debeat: et est verum. Quod et in locatis doliis praestandum Sabinum respondisse Minicius refert.

D.19.1.13.pr.-2 Ulpianus 32 ad edictum.

Iulianus libro quinto decimo inter eum, qui sciens quid aut ignorans vendidit, differentiam facit in condemnatione ex empto: ait enim, qui pecus morbosum aut tignum vitiosum vendidit, si quidem ignorans fecit, id tantum ex empto actione praestaturum, quanto minoris essem empturus, si id ita esse scissem: si vero sciens reticuit et emptorem decepit, omnia detrimenta, quae ex ea emptione emptor traxerit, praestaturum ei: sive igitur aedes vitio tigni corruerunt, aedium aestimationem, sive pecora contagione morbosi pecoris perierunt, quod interfuit idonea venisse erit praestandum.

【하자 있는 이행】

D.19.2.15.1 **울피아누스, 고시주해 제32권.**

그런데 다음의 사안들에서 대체로 임차인 소권이 허여된다. 즉 예컨대 임차인이 임차한 물건을 수익할 수 없는 경우(아마도 그에게 토지 전체 또는 일부의 점유가 이전되지 않았기 때문이거나, 농장 또는 마구간 또는 그의 가축떼가 있어야 할 곳이 수리되지 않았기 때문에), 또는 어떤 것이 임대차계약의 약관에서는 합의되었는데 급부되지는 않는 경우, 임차인 소권으로 추급된다.

D.19.1.6.4 **폼포니우스, 사비누스주해 제9권.**

어떤 용기容器를 나에게 네가 팔면서 일정한 용량이나 중량을 가진다 말하는 경우, 네가 그보다 못한 것을 공여한다면 나는 매수소권으로 너를 제소할 수 있다. 그런데 용기를 나에게 네가 온전하다고 확언確言하여 팔았는데 온전하지 않은 경우, 그 명목으로 내가 손실 입을 수 있는 것도 나에게 책임질 것이다. 그러나 온전한 것을 공여한다고 합의가 행해지지 않은 경우에는, 너는 악의에 대해서만 책임진다. 라베오는 반대의 견해인데, 반대의 약정이 없는 한 언제나 온전한 것이 공여되어야 한다는 점이 견지되어야 한다고 한다. 이 견해가 옳다. 이 점이 술독 임대차에 있어서도 보증되어야 한다고 사비누스가 해답하였다고 미니키우스가 전한다.

D.19.1.13.pr.-2 **울피아누스, 고시주해 제32권.**

율리아누스는 제15권에서, 매수인 소송의 유책판결에서 알면서 무엇인가를 매도한 자와 모르면서 매도한 자를 구별한다. 즉 병든 가축 또는 하자 있는 목재를 매도한 자가 만일 그가 모르면서 행위한 경우에는, 만일 그것이 그렇다는 것을 알았더라면 매수인이 감액하여 매수하였을 만큼을 매수소권에 의하여 배상하여야 할 것이고, 반면에 알면서 묵비默秘하고 매수인을 기망하였다면 그 매수로부터 매수인이 당하는 모든 손해를 배상해야한다고 그는 말한다. 그리하여 건물이 목재의 하자로 붕괴한 경우에 건물의 평가액을 배상하든지 또는 가축들이 병든 가축에 의한 전염에 의하여

(1) Item qui furem vendidit aut fugitivum, si quidem sciens, praestare debebit, quanti emptoris interfuit non decipi: si vero ignorans vendiderit, circa fugitivum quidem tenetur, quanti minoris empturus esset, si eum esse fugitivum scisset, circa furem non tenetur: differentiae ratio est, quod fugitivum quidem habere non licet et quasi evictionis nomine tenetur venditor, furem autem habere possumus.
(2) Quod autem diximus "quanti emptoris interfuit non decipi", multa continet, et si alios secum sollicitavit ut fugerent, vel res quasdam abstulit.

D.19.2.13.4-6 Ulpianus 32 ad edictum.
(4) Item Iulianus libro octagensimo sexto digestorum scripsit, si sutor puero parum bene facienti forma calcei tam vehementer cervicem percusserit, ut ei oculus effunderetur, ex locato esse actionem patri eius: quamvis enim magistris levis castigatio concessa sit, tamen hunc modum non tenuisse: sed et de Aquilia supra diximus. Iniuriarum autem actionem competere Iulianus negat, quia non iniuriae faciendae causa hoc fecerit, sed praecipiendi.
(5) Si gemma includenda aut insculpenda data sit eaque fracta sit, si quidem vitio materiae fractum sit, non erit ex locato actio, si imperitia facientis, erit. Huic sententiae addendum est, nisi periculum quoque in se artifex receperat: tunc enim etsi vitio materiae id evenit, erit ex locato actio.
(6) Si fullo vestimenta polienda acceperit eaque mures roserint, ex locato tenetur, quia debuit ab hac re cavere. Et si pallium fullo permutaverit et alii alterius dederit, ex locato actione tenebitur, etiamsi ignarus fecerit.

멸실된 경우 제대로 된 것들이 매도되었더라면 가졌던 이익상당액을 배상하여야 한다.

(1) 또 절도범 노예 또는 도망노예를 매도하는 자는, 알면서 매도하였다면 기망되지 않는데 대해 매수인이 가졌던 이익상당액을 배상하여야 할 것이다. 반면에 모르면서 매도한 경우에는, 도망노예의 경우에는 만일 매수인이 그가 도망노예인 것을 알았었더라면 감액하여 매수하였을 만큼 책임을 진다. 절도범 노예는 책임지지 않는다. 그 차이의 이유는 도망노예는 매수인이 보유할 수 없고 마치 추탈당한 것처럼 매도인이 책임지지만, 절도범 노예는 매수인이 보유할 수 있기 때문이다.

(2) 그런데 우리가 "기망되지 않는데 대해 매수인이 가졌던 이익상당액"이라고 기술한 것은 많은 것을 포함한다. 즉 다른 이들을 자신과 함께 도망가도록 부추기거나 또는 어떤 물건들을 취거한 경우가 이에 속한다.

D.19.2.13.4-6 울피아누스, 고시주해 제32권.

(4) 또 율리아누스는 학설집 제86권에서 다음과 같이 썼다. 신기료장수가 일을 잘 하지 못하는 도제徒弟에게 구두골로 아주 세게 뒷목을 쳐서 그의 한 쪽 눈이 튀어나오게 한 경우, 그는 아이의 아버지에게 도급인소권으로 책임진다. 왜냐하면 장인匠人의 가벼운 체벌은 허용됨에도 불구하고, 이러한 한도를 지키지 못했기 때문이다. 아퀼리우스법 소권에 관해서도 위에서 우리는 말하였다. 그런데 침욕소권이 부여되는 것은 율리아누스가 부정하였다. 침욕을 범하기 위하여가 아니라 가르치기 위하여 이것을 행한 것이기 때문이라는 것이다.

(5) 보석이 감입嵌入되거나 조각되도록 주어졌는데 깨진 경우, 재료의 하자에 의하여 깨졌다면, 도급인소권이 발생하지 않을 테지만, 제작자의 미숙련에 의하여 그랬다면, 도급인소권이 부여될 것이다. '수공업자가 위험까지 인수하지 않은 한'이라는 단서를 붙여야 한다. 그때에는 재료의 결함으로 이 일이 발생했더라도 도급인소권이 발생할 것이기 때문이다.

(6) 세탁업자가 세탁을 위하여 의복을 맡았는데 그것을 쥐가 쏠은 경우, 도급인소권으로 책임질 것이다. 그러한 일이 생기지 않도록 주의했어야 하기 때문이다. 세탁업자가 사람들의 외투를 서로 바꾸어 준 경우, 모르고 그랬더라도, 도급인소권으로 책임질 것이다.

D.19.2.45.1 Paulus 22 ad edictum.

Si hominem tibi locavero, ut habeas in taberna, et is furtum fecerit, dubitari potest, utrum ex conducto actio sufficiat, quasi longe sit a bona fide actum, ut quid patiaris detrimenti per eam rem quam conduxisti, an adhuc dicendum sit extra causam conductionis esse furti crimen et in propriam persecutionem cadere hoc delictum: quod magis est.

【손해배상액의 산정】

D.45.1.114 Ulpianus 17 ad Sabinum.

Si fundum certo die praestari stipuler et per promissorem steterit, quo minus ea die praestetur, consecuturum me, quanti mea intersit moram facti non esse.

C.4.49.10 Imperatores Diocletianus, Maximianus (a. 293).

Cum venditorem carnis fide conventionis rupta tempore placito hanc non exhibuisse proponas, empti actione eum quanti interest tua tunc tibi praestitam fuisse apud praesidem provinciae convenire potes.

D.17.1.37 Africanus 8 quaestionum.

Hominem certum pro te dari fideiussi et solvi: cum mandati agatur, aestimatio eius ad id potius tempus, quo solutus sit, non quo agatur, referri debet, et ideo etiamsi mortuus fuerit, nihilo minus utilis ea actio est. Aliter in stipulatione servatur: nam tunc id tempus spectatur quo agitur, nisi forte aut per promissorem steterit, quo minus sua die solveret, aut per creditorem, quo minus acciperet: etenim neutri eorum frustratio sua prodesse debet.

D.19.2.45.1 파울루스, 고시주해 제22권.
네가 점포에서 부리도록 내가 노예를 너에게 임대하고 그 노예가 절도를 범한 경우, 임차한 물건 때문에 네가 임의의 손해를 입어야 한다는 것은 성의誠意에서 매우 벗어나는 것이기에 임차인소권으로 충분한지, 아니면 임대차의 사정을 넘어 절도라는 불법행위가 존재하고 이 불법행위는 고유한 소구 사항에 해당한다고까지 말해야 하는지 의문이 들 수 있다. 후자가 더 옳다.

【손해배상액의 산정】

D.45.1.114 울피아누스, 사비누스주해 제17권.
토지가 확정일에 공여되기로 내가 문답요약하고, 그 날에 공여되지 않은 것이 문답채무자의 탓인 경우에, 나는 지체가 되지 않는데 대해 가지는 나의 이익상당액을 배상 받을 것이다.

C.4.49.10 디오클레티아누스 / 막시미아누스 황제, 293년.
육류의 매도인이 계약상의 신의를 깨고 적절한 시점에 육류를 변제 제공하지 않았다고 그대가 진술하므로, 그대는 매수소권으로 그 시점에 그대에게 변제되었을 바에 대하여 가지는 그대의 이익상당액에 관하여, 도백道伯 관할 절차에서 그를 제소할 수 있다.

D.17.1.37 아프리카누스, 질의록 제8권.
특정한 노예가 공여된다고 내가 너를 위하여 보증하고 변제하였다. 위임의 소가 제기되었을 때, 그의 평가는 제소된 시점이 아니라 변제된 시점에 이루어져야 한다. 그래서 그가 사망한 경우에도, 그 소권이 유용하다.* 문답계약에서는 다르다. 왜냐하면 이때에는 제소되는 시점이 고려되기 때문이다. 단, 자신이 원한 유리한 날에 변제되지 않은 것이 낙약자측의 탓이거나 수령되지 않은 것이 채권자측의 탓인 경우에는 그렇지 않다. 왜냐하면 그들 중 누구에게도 해태가 자신에게 이익이 되어서는 안 되는 것이 확실하기 때문이다.

* Cf. D.17.1.50.1 Celsus libro 38 digestorum.

D.19.1.31.pr.-1 Neratius 3 membranarum.

Si ea res, quam ex empto praestare debebam, vi mihi adempta fuerit: quamvis eam custodire debuerim, tamen propius est, ut nihil amplius quam actiones persequendae eius praestari a me emptori oporteat, quia custodia adversus vim parum proficit. Actiones autem eas non solum arbitrio, sed etiam periculo tuo tibi praestare debebo, ut omne lucrum ac dispendium te sequatur.

(1) Et non solum quod ipse per eum adquisii praestare debeo, sed et id, quod emptor iam tunc sibi tradito servo adquisiturus fuisset.

D.19.2.19.1 Ulpianus 32 ad edictum.

Si quis dolia vitiosa ignarus locaverit, deinde vinum effluxerit, tenebitur in id quod interest nec ignorantia eius erit excusata: et ita Cassius scripsit. Aliter atque si saltum pascuum locasti, in quo herba mala nascebatur: hic enim si pecora vel demortua sunt vel etiam deteriora facta, quod interest praestabitur, si scisti, si ignorasti, pensionem non petes, et ita Servio Labeoni Sabino placuit.

D.22.1.8 Papinianus 7 responsorum.

Equis per fideicommissum relictis post moram fetus quoque praestabitur ut fructus, sed fetus secundus ut causa, sicut partus mulieris.

D.26.7.15 Paulus 2 sententiarum.

Si tutor constitutus quos invenerit debitores non convenerit ac per hoc minus idonei efficiantur, vel intra sex primos menses pupillares pecunias non collocaverit, ipse in debitam pecuniam et in usuras eius pecuniae quam non faeneravit convenitur.

D.19.1.31.pr.-1 네라티우스, 양피첩羊皮帖 제3권.

매매에 기하여 이행하여야 했던 물건이 폭력에 의하여 나에게서 탈취된 경우, 비록 그것을 보관할 책임을 지는 것은 나였지만 물건을 추급할 소권들을 내가 매수인에게 양도하는 것 이상으로 할 필요가 없다는 것이 더 적절하다. 왜냐하면 보관 조치는 폭력에 대해서는 별 소용이 없기 때문이다. 그런데 그 소권들은 너의 선택(재량)에 의해서뿐만 아니라 너의 위험 부담으로 너에게 내가 양도하여야 할 것이고 그리하여 모든 이익과 손해가 너에게 속하게 된다.

(1) 그리고 나는 나 스스로 매매된 노예를 통하여 취득한 것뿐만 아니라 매수인이 일찌감치 그때 자신에게 노예가 인도되었다면 취득할 수 있었던 것도 양도하여야 한다.

D.19.2.19.1 울피아누스, 고시주해 제32권.

어떤 이가 모르면서 하자 있는 술독을 임대하고 그 후에 포도주가 샌 경우, 그는 이익상당액에 대하여 책임질 것이고 그의 무지는 면책되지 않을 것이다. 이렇게 카씨우스도 기술하였다. 네가 독초毒草가 자라고 있던 방목 초장을 임대한 경우에는 다르다. 이때에는 가축들이 죽거나 상태가 나빠진 경우, 네가 알았다면, 그 이익상당액을 배상하여야 할 것이다. 네가 몰랐다면 차임을 청구하지 못할 것이다. 이것이 세르비우스, 라베오, 사비누스의 견해이기도 했다.

D.22.1.8 파피니아누스, 해답집 제7권.

말들이 신탁유증으로 남겨진 경우, 지체 후에 태어난 망아지도 과실果實로 반환하여야 하는데, 두 번째 망아지는 여자노예의 아이와 마찬가지로 손익부가물로 반환하여야 한다.

D.26.7.15 파울루스, 의견집 제2권.

후견인으로 지정된 자가 찾은 채무자들을 제소하지 않아 이로써 그들이 무자력하게 된 경우 또는 첫 6개월 내에 피후견인의 금전을 활용하지도 않는 경우, 그 자신이 채무금이나 식리殖利하지 않은 돈의 이자에 대하여 제소된다.

D.13.3.4 Gaius 9 ad edictum provinciale.

Si merx aliqua, quae certo die dari debebat, petita sit, veluti vinum oleum frumentum, tanti litem aestimandam Cassius ait, quanti fuisset eo die, quo dari debuit: si de die nihil convenit, quanti tunc, cum iudicium acciperetur. Idemque iuris in loco esse, ut primum aestimatio sumatur eius loci, quo dari debuit, si de loco nihil convenit, is locus spectetur, quo peteretur. Quod et de ceteris rebus iuris est.

〈민법 제390조 단서〉

D.18.1.57.pr.-1 Paulus 5 ad Plautium.

Domum emi, cum eam et ego et venditor combustam ignoraremus. Nerva Sabinus Cassius nihil venisse, quamvis area maneat, pecuniamque solutam condici posse aiunt. Sed si pars domus maneret, Neratius ait hac quaestione multum interesse, quanta pars domus incendio consumpta permaneat, ut, si quidem amplior domus pars exusta est, non compellatur emptor perficere emptionem, sed etiam quod forte solutum ab eo est repetet: sin vero vel dimidia pars vel minor quam dimidia exusta fuerit, tunc coartandus est emptor venditionem adimplere aestimatione viri boni arbitratu habita, ut, quod ex pretio propter incendium decrescere fuerit inventum, ab huius praestatione liberetur.

(1) Sin autem venditor quidem sciebat domum esse exustam, emptor autem ignorabat, nullam venditionem stare, si tota domus ante venditionem exusta sit: si vero quantacumque pars aedificii remaneat, et stare venditionem et venditorem emptori quod interest restituere.

D.13.3.4 가이우스, 속주고시주해 제9권.

확정일에 급부해야만 했던 어떤 상품이, 가령 포도주, 기름, 곡물과 같은 것이, 청구된 경우, 카씨우스는 말하기를 급부해야만 했던 그 날의 가액상당액만큼 소송물가액이 산정되어야 한다고 하였다. 일자에 대하여 아무 합의가 없는 때에는 심판인절차를 수용한 시점의 그것이 산정되어야 한다고 하였다. 그리고 같은 법리는 장소에 관해서도 타당하여, 우선 급부해야 했던 그 장소의 가액평가가 취해져야 하고, 장소에 관하여 아무런 합의가 없는 때에는 청구되는 그 장소가 고려되어야 한다. 이것은 또한 다른 물건들에 대해서도 타당한 법리이다.

〈민법 제390조 단서〉

D.18.1.57.pr.-1 파울루스, 플라우티우스주해 제5권.

내가 집을 매수하였는데, 그것이 소실燒失된 것을 나도 매도인도 몰랐다. 네르바, 사비누스, 카씨우스는 대지垈地가 남아 있을지라도 매매는 무효이고 지급된 금전은 부당이득으로 반환 청구될 수 있다고 주장한다. 그런데 집의 일부가 남은 경우, 네라티우스는 이 문제에서 집이 화재로 불타버린 때에 얼마만큼의 부분이 남았는지가 매우 중요하다고 한다. 즉 집의 절반보다 더 불탔다면, 매수인은 매수를 완성하도록 강제되지 않고 오히려 그가 지급한 것이 있으면 반환 청구할 수 있다고 한다. 그런데 반면 절반 이하가 소실된 경우에는 매수인이 선량인善良人의 재정裁定에 의한 평가에 따라 매매를 이행하도록 강제되어야 한다. 그때 대금에서 화재로 인하여 감축된 것으로 확인된 것은 그 지급이 감액된다.

(1) 그런데 매도인은 집이 소실된 것을 알고 매수인은 몰랐던 경우, 집 전체가 매매 전에 소실되었다면 매매가 성립하지 않는다고 한다. 반면 건물의 어떠한 부분이라도 남게 되는 경우라면, 매매도 성립하고 매도인도 매수인에게 이익 상당액을 배상하여야 한다고 한다.

D.18.1.62.1 Modestinus 5 regularum.

Qui nesciens loca sacra vel religiosa vel publica pro privatis comparavit, licet emptio non teneat, ex empto tamen adversus venditorem experietur, ut consequatur quod interfuit eius, ne deciperetur.

D.18.1.62.1 모데스티누스, 법규칙편록 제5권.

선의로 신성물神聖物인 토지 또는 지령물地靈物인 토지 또는 공유公有의 토지를 사유물私有物로서 매입한 자는, 매매는 효력이 없을지라도, 그가 기망되지 않는데 대해 갖는 이익을 배상받기 위하여 매도인을 상대로 매수소권으로 추급할 수 있을 것이다.*

* 예링(Rudolph von Jhering)이 1860년 계약 체결상의 과실(culpa in contrahendo) 이론을 발전시키는 데 기초가 되었던 개소이다.

민법 제391조 (이행보조자의 고의, 과실)
채무자의 법정대리인이 채무자를 위하여 이행하거나 채무자가 타인을 사용하여 이행하는 경우에는 법정대리인 또는 피용자의 고의나 과실은 채무자의 고의나 과실로 본다.

【자기책임 원칙】

D.39.1.5.5 Ulpianus 52 ad edictum.

Si plurium res sit, in qua opus novum fiat et uni nuntietur, recte facta nuntiatio est omnibusque dominis videtur denuntiatum: sed si unus aedificaverit post operis novi nuntiationem, alii, qui non aedificaverint, non tenebuntur: neque enim debet nocere factum alterius ei qui nihil fecit.

〈민법 제391조: 이행보조자책임〉

[원칙]

D.50.17.149 Ulpianus 67 ad edictum.

Ex qua persona quis lucrum capit, eius factum praestare debet.

D.44.4.4.17 Ulpianus 76 ad edictum.

In hac exceptione et de dolo servi vel alterius personae iuri nostro subiectae excipere possumus et de eorum dolo, quibus adquiritur. sed de servorum et filiorum dolo, si quidem ex peculiari eorum negotio actio intendatur, in infinitum exceptio obicienda est: si autem non ex peculiari causa, tum de eo dumtaxat excipi oportet, qui admissus sit in ipso negotio quod geritur, non etiam si postea aliquis dolus intervenisset: neque enim esse aequum servi dolum amplius domino nocere, quam in quo opera eius esset usus.

민법 제391조 (이행보조자의 고의, 과실)
채무자의 법정대리인이 채무자를 위하여 이행하거나 채무자가 타인을 사용하여 이행하는 경우에는 법정대리인 또는 피용자의 고의나 과실은 채무자의 고의나 과실로 본다.

【자기책임 원칙】

D.39.1.5.5 울피아누스, 고시주해 제52권.
새로운 공사工事가 행해지는 부동산이 수인數人의 것이고 그중 1인에게 신축공사유지통고新築工事留止通告[operis novi nuntiatio]가 되는 경우에는 통고는 제대로 이루어진 것이고 또한 모든 소유자들에게 통고된 것으로 인정된다. 그러나 신축공사유지통고 후에 1인이 건축하는 경우 건축하지 않은 나머지 사람들은 책임지지 않을 것이다. 왜냐하면 타인의 행위는 아무 짓도 하지 않은 자에게 해가 되어서는 안 되기 때문이다.

〈민법 제391조: 이행보조자책임〉
[원칙]

D.50.17.149 울피아누스, 고시주해 제67권.
타인을 이용하여 이익을 취한 자는, 그 타인의 행위에 책임져야만 한다.

D.44.4.4.17 울피아누스, 고시주해 제76권.
이 항변[악의의 항변]에 있어서 노예나 우리의 권력에 복服하는 타인의 악의에 관해서도 항변할 수 있고, 그를 통하여 [재산이] 취득되는 자의 악의도 항변할 수 있다. 그러나 노예와 가자家子의 악의에 관해서는, 만약 그들의 특유재산에 관한 거래로부터 소권이 주장되는 경우라면, 기간의 제한없이 항변이 제기될 수 있다. 그런데 특유재산을 원인으로 한 것이 아닌 경우, 그때에는 그 행해진 거래 자체에서 저질러진 그것에 한하여 항변되는 것이 합당하고, 이후에 어떤 악의가 개입한 경우까지는 아니다. 왜냐하면 노예의 악의가, 그의 노무가 사용된 거래 이상으로 주인에게 해가 되는 것은 공평하지 않기 때문이다.

[다양한 사례들]

- 사무관리 -

D.3.5.20.3 Paulus 9 ad edictum.

Mandatu tuo negotia mea Lucius Titius gessit: quod is non recte gessit, tu mihi actione negotiorum gestorum teneris non in hoc tantum, ut actiones tuas praestes, sed etiam quod imprudenter eum elegeris, ut quidquid detrimenti neglegentia eius fecit, tu mihi praestes.

- 선박업자 -

D.4.9.7.pr. Ulpianus 18 ad edictum.

Debet exercitor omnium nautarum suorum, sive liberi sint sive servi, factum praestare: nec immerito factum eorum praestat, cum ipse eos suo periculo adhibuerit. Sed non alias praestat, quam si in ipsa nave damnum datum sit: ceterum si extra navem licet a nautis, non praestabit. Item si praedixerit, ut unusquisque vectorum res suas servet neque damnum se praestaturum, et consenserint vectores praedictioni, non convenitur.

- 소유물반환청구 -

D.6.1.16.1 Paulus 21 ad edictum.

Culpa non intellegitur, si navem petitam tempore navigationis trans mare misit, licet ea perierit: nisi si minus idoneis hominibus eam commisit.

[다양한 사례들]

－사무관리－

D.3.5.20.3 파울루스, 고시주해 제9권.

너의 위임으로 나의 사무를 루키우스 티티우스가 관리하였다. 그가 제대로 관리하지 못한 경우, 너는 나에게 사무관리 소권으로 책임질 것인데, 네가 너의 소권들을 양도하는 것만이 아니라, 네가 그를 부주의하게 선임한 경우라면, 너는 그가 자신의 부주의로 가한 모든 손해를 나에게 배상하여야 한다.

－선박업자－

D.4.9.7.pr. 울피아누스, 고시주해 제18권.

선박업자는 자신의 모든 선원의 행위에 대하여, 그들이 자유인이든 노예이든, 책임져야 한다. 그가 그들의 행위에 대하여 책임지는 것은 부당하지 않다. 왜냐하면 그가 스스로 자신의 위험 부담으로 그들을 사용하는 것이기 때문이다. 그런데 바로 그 배안에서 손해가 가해진 경우에만 책임진다. 그렇지 않고 선박의 밖에서라면, 선원들에 의해서 가해되었더라도, 그는 책임지지 않을 것이다. 또 승객 각자가 스스로 물건에 대하여 주의해야 하고 자신은 손해를 배상하지 않을 것이라고 그가 공지하고 승객들이 이러한 공지에 동의하는 경우에는 그가 제소되지 않는다.

－소유물반환청구－

D.6.1.16.1 파울루스, 고시주해 제21권.

점유자가 소유물 반환청구된 배를 항해에 적합한 시기에 바다로 항행航行시킨 경우, 배가 침몰하더라도 과실過失로 이해되지 않는다. 단, 배를 적합하지 않은 사람들에게 맡긴 경우에는 그러하지 않다.

- 사용대차 -

D.13.6.5.14 Ulpianus 28 ad edictum.

Si de me petisses, ut triclinium tibi sternerem et argentum ad ministerium praeberem, et fecero, deinde petisses, ut idem sequenti die facerem et cum commode argentum domi referre non possem, ibi hoc reliquero et perierit: qua actione agi possit et cuius esset periculum? Labeo de periculo scripsit multum interesse, custodem posui an non: si posui, ad me periculum spectare, si minus, ad eum penes quem relictum est. Ego puto commodati quidem agendum, verum custodiam eum praestare debere, penes quem res relictae sunt, nisi aliud nominatim convenit.

D.13.6.10 Ulpianus 29 ad Sabinum.

Eum, qui rem commodatam accepit, si in eam rem usus est in quam accepit, nihil praestare, si eam in nulla parte culpa sua deteriorem fecit, verum est: nam si culpa eius fecit deteriorem, tenebitur.

(1) Si rem inspectori dedi, an similis sit ei cui commodata res est, quaeritur. et si quidem mea causa dedi, dum volo pretium exquirere, dolum mihi tantum praestabit: si sui, et custodiam: et ideo furti habebit actionem. sed et si dum refertur periit, si quidem ego mandaveram per quem remitteret, periculum meum erit: si vero ipse cui voluit commisit, aeque culpam mihi praestabit, si sui causa accepit.

– **사용대차** –

D.13.6.5.14 울피아누스, 고시주해 제28권.

너에게 상을 차려 줄 것과 은식기를 사용하도록 제공해 줄 것을 네가 나에게 청하였는데, 내가 그대로 하고, 그 후에 네가 다시 동일한 바를 이튿날에도 해 줄 것을 청한 경우, 은식기를 집으로 편하게 가져갈 수 없어서, 그곳에 그것을 남겨놓았는데 상실되었다. 어떠한 소권으로 제소될 수 있을까 그리고 위험은 누구의 것인가? 라베오는 위험에 관하여 쓰기를, 내가 지키는 사람을 두었는지 아닌지에 따라 크게 다르다고 하였다. 내가 지키는 사람을 둔 경우에는 위험은 나의 것이지만, 두지 않은 경우에는, 은식기가 남겨졌던 자가 위험을 부담한다고 한다. 사용대차 소권으로 제소하여야 한다는 것이 사견私見이다. 명시적으로 다른 바가 합의되지 않은 한, 자기 집에 은식기가 남겨졌던 자가 보관책임을 져야 한다.

D.13.6.10 울피아누스, 사비누스주해 제29권.

물건을 사용대차로 수령한 자는 그가 수령한 용도로 그 물건을 사용하는 경우, 그가 그 물건을 어떤 부분에 있어서도 자신의 과실로써 악화시키지 않는 한 책임을 지지 않는다는 것은 진실이다. 그런데 그가 대주貸主의 과실로써 [물건을] 악화시킨 경우에는 책임질 것이다.

(1) 내가 물건을 전문가에게 [감정하도록] 공여供與한 경우에 그가 물건이 사용대차된 자와 유사한지 문제이다. 내가 참으로, 가격을 알아내기를 원하므로, 나를 위하여 공여했다면 그는 나에게 고의에 대해서만 책임질 것이다. 만일 그를 위해서였다면 또한 보관책임도 질 것이다. 그리고 그 결과 그는 절도소권도 가질 것이다. 그러나 [물건이] 반환되는 중에 멸실滅失한 때에는 참으로 내가 물건의 반환을 맡을 자를 지정한 경우에는 위험은 나에게 속할 것이다. 그러나 그 자신이 원한 자에게 [반환업무]를 맡긴 경우에는 마찬가지로 과실過失에 대해서도 나에게 책임질 것인데, 그가 자신을 위하여 수령했던 경우라면 그러하다.

D.13.6.11 Paulus 5 ad Sabinum.

qui non tam idoneum hominem elegerit, ut recte id perferri possit:

D.13.6.12.pr. Ulpianus 29 ad Sabinum.

Si mei causa, dolum tantum.

D.13.6.20 Iulianus 3 ad Urseium Ferocem.

Argentum commodatum si tam idoneo servo meo tradidissem ad te perferendum, ut non debuerit quis aestimare futurum, ut a quibusdam malis hominibus deciperetur, tuum, non meum detrimentum erit, si id mali homines intercepissent.

－지배인－

D.14.3.1 Ulpianus 28 ad edictum.

Aequum praetori visum est, sicut commoda sentimus ex actu institorum, ita etiam obligari nos ex contractibus ipsorum et conveniri. sed non idem facit circa eum qui institorem praeposuit, ut experiri possit: sed si quidem servum proprium institorem habuit, potest esse securus adquisitis sibi actionibus: si autem vel alienum servum vel etiam hominem liberum, actione deficietur: ipsum tamen institorem vel dominum eius convenire poterit vel mandati vel negotiorum gestorum. Marcellus autem ait debere dari actionem ei qui institorem praeposuit in eos, qui cum eo contraxerint.

－임대차－

D.19.2.11.pr. Ulpianus 32 ad edictum.

Videamus, an et servorum culpam et quoscumque induxerit praestare conductor

D.13.6.11 파울루스, 사비누스주해 제5권.
그는 그것이 적절히 운반될 수 있을 그러한 적합한 노예를 선임하지 않았기 때문이다.

D.13.6.12.pr. 울피아누스, 사비누스주해, 제29권.
그가 나를 위하여 수령했다면, 그는 고의에 대해서만 책임진다.

D.13.6.20 율리아누스, 우르세이우스 페록스주해 제3권.
사용대차된 은기를 내가 너에게 가져다주도록 나의 노예에게 인도한 경우, 그 노예가 악한들에 의하여 기망되리라고 아무도 생각하지 말아야 할 정도로 믿음직하였는데 만일 악한들이 은기를 가로챘다면 손해는 나의 것이 아니라 너의 것이다.

– **지배인** –

D.14.3.1 울피아누스, 고시주해 제28권.
우리가 지배인들의 행위로부터 이득을 얻듯이 우리가 지배인들의 계약에 의하여 의무를 부담하고 제소되는 것이 합당하다고 법무관은 보았다. 그러나 법무관은 지배인을 선임한 자에 관하여 같은 규정을 두어서 그[선임자]가 소구할 수 있는 것으로 하지는 않았다. 그런데 그가 자신의 노예를 지배인으로 삼은 경우에는 스스로 소권을 취득하여 안전할 수 있다. 그러나 타인의 노예 혹은 자유인을 지배인으로 삼은 경우에는 소권을 결할 것이다. 그렇지만 그는 지배인 자신이나 그[지배인]의 소유주를 위임소권 또는 사무관리소권에 기하여 소구할 수 있을 것이다. 그러나 마르켈루스는 지배인을 선임한 자에게 지배인과 계약을 체결한 자들을 상대로 소권이 부여되지 않으면 안 된다고 말한다.

– **임대차** –

D.19.2.11.pr. 울피아누스, 고시주해 제32권.
임차인은 노예들과 그가 끌어들인 자들의 과실過失에 대해서도 책임져야만 하는지 살

debeat? et quatenus praestat, utrum ut servos noxae dedat an vero suo nomine teneatur? et adversus eos quos induxerit utrum praestabit tantum actiones an quasi ob propriam culpam tenebitur? mihi ita placet, ut culpam etiam eorum quos induxit praestet suo nomine, etsi nihil convenit, si tamen culpam in inducendis admittit, quod tales habuerit vel suos vel hospites: et ita Pomponius libro sexagesimo tertio ad edictum probat.

D.19.2.60.7 Labeo 5 posteriorum a Iavoleno epitomatorum.

Servum meum mulionem conduxisti: neglegentia eius mulus tuus perit. Si ipse se locasset, ex peculio dumtaxat et in rem versum damnum tibi praestaturum dico: sin autem ipse eum locassem, non ultra me tibi praestaturum, quam dolum malum et culpam meam abesse: quod si sine definitione personae mulionem a me conduxisti et ego eum tibi dedissem, cuius neglegentia iumentum perierit, illam quoque culpam me tibi praestaturum aio, quod eum elegissem, qui eiusmodi damno te adficeret.

– **운송계약** –

D.19.2.13.1 Ulpianus 32 ad edictum.

Si navicularius onus Minturnas vehendum conduxerit et, cum flumen Minturnense navis ea subire non posset, in aliam navem merces transtulerit eaque navis in ostio fluminis perierit, tenetur[1] primus navicularius? Labeo, si culpa caret, non teneri ait:

1) tenetur] teneturne

펴보자. 그리고 어느 정도까지 책임지는지, 노예들을 가해자위부加害者委付하는 책임인지 아니면 자신의 이름으로 책임을 지는지? 그리고 그가 끌어들인 자들을 상대로 하는 소권들만을 양도할 것인지, 아니면 마치 자신의 과실로 인한 것처럼 책임을 질 것인지? 사견私見으로는 그가 끌어들인 자들의 과실 역시, 아무런 합의사항이 없더라도, 자신의 이름으로 책임져야 하는데, 그가 끌어들임에 있어서 과실을 범하는 경우라면 말인데, 그가 그런 자들을 자기 권속眷屬으로 또는 손님으로 가졌기 때문이다. 그리고 폼포니우스도 『고시주해』 제63권에서 이 견해를 승인하고 있다.

D.19.2.60.7 라베오, 야볼레누스가 적요摘要한 유고집遺稿集 제5권.
나의 노새몰이꾼 노예를 네가 임차하였다. 그런데 그의 부주의로 너의 노새가 멸실되었다. 노예 자신이 스스로를 임대하였더라면, 내가 특유재산을 한도로 그리고 이익으로 전용된 바에 대하여 손해를 너에게 배상하여야 한다고 나는 말한다. 반면 내 자신이 그를 임대한 경우에는, 나는 나의 악의와 과실을 넘는 범위로 너에게 배상하지는 않을 것이다. 그런데 누구인지 특정하지 않고 노새몰이꾼 한 사람을 나로부터 네가 임차하고 내가 한 노예를 너에게 넘겨주었는데 그의 부주의로 역축役畜이 멸실된 경우, 그 과실도 내가 너에게 책임질 것이라는 것이 사견私見이다. 왜냐하면 그러한 손해를 너에게 가한 자를 내가 선택하였기 때문이다.

- 운송계약 -

D.19.2.13.1 울피아누스, 고시주해 제32권.
선주船主가 선하船荷를 민투르나이[1]로 운송하기로 계약을 체결하였고, 그 선박이 민투르나이 강으로 접근할 수 없어서 다른 선박에 화물을 이적移積하였고, 그 선박이 하구河口에서 멸실한 경우, 첫 번째 선주船主가 책임을 져야 하는가? 라베오는, 그가 과실이

1) Latium의 도시.

ceterum si vel invito domino fecit vel quo non debuit tempore aut si minus idoneae navi, tunc ex locato agendum.

– 전가문소권前加文訴權 –

D.19.5.20.2 Ulpianus 32 ad edictum.

Si, cum emere argentum velles, vascularius ad te detulerit et reliquerit et, cum displicuisset tibi, servo tuo referendum dedisti et sine dolo malo et culpa tua perierit, vascularii esse detrimentum, quia eius quoque causa sit missum. certe culpam eorum, quibus custodiendum perferendumve dederis, praestare te oportere Labeo ait, et puto praescriptis verbis actionem in hoc competere.

– 여관업자 –

D.47.5.1.6 Ulpianus 38 ad edictum.

Caupo praestat factum eorum, qui in ea caupona eius cauponae exercendae causa ibi sunt, item eorum, qui habitandi causa ibi sunt: viatorum autem factum non praestat. namque viatorem sibi eligere caupo vel stabularius non videtur nec repellere potest iter agentes: inhabitatores vero perpetuos ipse quodammodo elegit, qui non reiecit, quorum factum oportet eum praestare. in navi quoque vectorum factum non praestatur.

없다면, 책임지지 않는다고 말한다. 반면에 그가 하주荷主의 의사에 반하여 [이적移積] 하였거나, 해서는 안 되는 때에 하였거나, 적합하지 않은 선박에 한 경우라면, 그때에는 도급인소권으로 제소되어야 한다고 한다.

- 전가문소권前加文訴權 -

D.19.5.20.2 울피아누스, 고시주해 제32권.
네가 은기銀器를 매수하기 원하고, 은기제조인이 너에게 [은기를] 가져왔고 두고 갔는데, 너의 마음에 들지 않아서, 반환하기 위하여 네가 너의 노예에게 넘겨주었고, 너의 악의나 과실없이 멸실하였다면, 손해는 은기제조인에게 속하는데, [은기가] 또한 그를 위해서도 보내졌기 때문이다. 확실히 네가 보관 또는 운반을 위하여 [은기를] 넘긴 그 자의 과실을 네가 책임지는 것이 합당하다고 라베오는 말하고, 사견私見으로도 전가문소권前加文訴權이 이 경우에 인정된다.

- 여관업자 -

D.47.5.1.6 울피아누스, 고시주해 제38권.
여관업자는 그 여관에서 그 여관을 경영하기 위하여 그곳에 있는 자의 행위를 책임지고, 또한 거주하기 위하여 그곳에 있는 자들의 행위도 책임진다. 그런데 그는 여행객의 행위는 책임지지 않는다. 왜냐하면 여관업자나 마방馬房업자는 여객을 자신을 위하여 선택한 것으로 보이지 않고, 여행객들을 거부할 수도 없기 때문이다. 그러나 어느 의미에서 여관업자가 영구적 거주자를 선택하면, 그가 거절하지 않았기 때문에, 그는 그들의 행위를 책임지는 것이 합당하다. 선박의 경우에도 승객의 행위는 책임지지 않는다.

[부론附論] 〈불법행위〉 → 민법 제756조

D.50.17.169.pr. Paulus 2 ad Plautium.

Is damnum dat, qui iubet dare: eius vero nulla culpa est, cui parere necesse sit.

D.9.2.27.9 / 11 Ulpianus 18 ad edictum.

(9) Si fornacarius servus coloni ad fornacem obdormisset et villa fuerit exusta, Neratius scribit ex locato conventum praestare debere, si neglegens in eligendis ministeriis fuit. (11) Proculus ait, cum coloni servi villam exussissent, colonum vel ex locato vel lege Aquilia teneri, ita ut colonus possit servos noxae dedere, et si uno iudicio res esset iudicata, altero amplius non agendum. Sed haec ita, si culpa colonus careret: ceterum si noxios servos habuit, damni eum iniuria teneri, cur tales habuit. Idem servandum et circa inquilinorum insulae personas scribit: quae sententia habet rationem.

D.14.3.5.8 Ulpianus 28 ad edictum.

Idem ait, si libitinarius servum pollinctorem habuerit isque mortuum spoliaverit, dandam in eum quasi institoriam actionem, quamvis et furti et iniuriarum actio competeret.

[부론附論] 〈불법행위〉 → 민법 제756조

D.50.17.169.pr. 파울루스, 플라우티우스주해 제2권.
가해하도록 명령하는 자가 가해하는 것이다. 반면에 복종이 필연적인 자의 과실過失은 없는 것이다.

D.9.2.27.9 / 11 울피아누스, 고시주해 제18권.
(9) 화덕 화부火夫인 차지농借地農의 노예가 화덕 옆에서 잠이 들어 농장이 불에 탄 경우, 네라티우스는 대주소권으로 제소된 차주는, 피용인을 선임하는데 있어 부주의했던 경우, 책임져야 한다고 기술한다.
(11) 프로쿨루스는 말하길, 차지농의 노예들이 농장을 불태운 경우, 차지농은 임대인소권으로, 또는 차지농이 노예들을 가해자위부加害者委付하도록 아퀼리우스법 소권으로 책임진다고 한다. 그리고 하나의 재판으로 사안이 판결되면 다른 재판으로 더 이상 소구할 수 없다고 한다. 반면에 그가 가해행위를 한 노예들을 사용한 경우에는 그러한 자들을 사용했기 때문에 불법가해소권으로 책임진다고 한다. 그는 또 임대아파트의 세입자들에게도 동일한 바가 적용되어야 한다고 기술한다. 이 견해는 근거가 있다.

D.14.3.5.8 울피아누스, 고시주해 제28권.
동인同人[=라베오]은, 장의업자가 노예를 염습인殮襲人으로 두었는데 그가 망자亡者를 약탈한 경우에는 비록 절도소권과 침욕侵辱소권이 인정될지라도 그[장의업자]를 상대로 하는 의사擬似 지배인소권을 부여할 것이라고 말하였다.

민법 제392조 (이행지체중의 손해배상)

채무자는 자기에게 과실이 없는 경우에도 그 이행지체중에 생긴 손해를 배상하여야 한다. 그러나 채무자가 이행기에 이행하여도 손해를 면할 수 없는 경우에는 그러하지 아니하다.

【이행지체】

D.22.1.23.1 Ulpianus libro 34 ad edictum.

Aliquando etiam in re moram esse decerni solet, si forte non exstat qui conveniatur.

D.22.1.32 Marcianus 4 regularum.

Mora fieri intellegitur non ex re, sed ex persona, id est, si interpellatus oportuno loco non solverit: quod apud iudicem examinabitur: nam, ut et Pomponius libro duodecimo epistularum scripsit, difficilis est huius rei definitio. Divus quoque Pius Tullio Balbo rescripsit, an mora facta intellegatur, neque constitutione ulla neque iuris auctorum quaestione decidi posse, cum sit magis facti quam iuris.

(1) Et non sufficit ad probationem morae, si servo debitoris absentis denuntiatum est a creditore procuratoreve eius, cum etiam si ipsi, inquit, domino denuntiatum est, ceterum postea cum is sui potestatem faceret, omissa esset repetendi debiti instantia, non protinus per debitorem mora facta intellegitur.

(2) In bonae fidei contractibus ex mora usurae debentur.

(3) Quid ergo: si et filius familias et pater ex persona eius teneatur (sive iussu eius contractum est sive in rem versum est patris vel in peculium), cuius persona circa moram spectabitur? Et si quidem pater dumtaxat convenietur, ex mora sua non tenetur: in filium tamen dabitur actio in hoc, ut quod minus a patre actor consecutus est, filius praestet: quod si filius moram fecerit, tunc actor vel cum ipso in solidum vel cum patre dumtaxat de peculio habebit.

민법 제392조 (이행지체중의 손해배상)
채무자는 자기에게 과실이 없는 경우에도 그 이행지체중에 생긴 손해를 배상하여야 한다. 그러나 채무자가 이행기에 이행하여도 손해를 면할 수 없는 경우에는 그러하지 아니하다.

【이행지체】

D.22.1.23.1 울피아누스, 고시주해 제34권.
때로, 제소되는 자가 없는 경우에도, 사안에서는 지체가 존재한다고 통상 판단된다.

D.22.1.32 마르키아누스, 법규칙편록 제4권.
지체는 물적 관점에서가 아니라 인적 관점에서 행해진다고 이해된다. 즉 적절한 장소에서 최고 받았는데 변제하지 않는 경우에 그러하다. 이것은 심판인 면전에서 심사될 것이다. 폼포니우스도 서간집 제12권에서 썼듯이, 그것[지체]의 판단은 어렵기 때문이다. 신황 피우스도 툴리우스 발부스에게, 지체가 행해진 것으로 이해되는지는 법률 문제라기보다 사실 문제이기 때문에 칙법을 보아도, 법의 권위자들을 조회하여도, 결정될 수 없다고 칙답하였다.
(1) 부재不在하는 채무자의 노예에게 채권자 또는 그의 재산관리인이 통지하였다면 지체의 증명을 위하여 충분하지 않다. 왜냐하면 주인 자신에게 통고되었더라도 그 밖에 후에 그가 자신의 권한을 행사하게 됐을지라도 채권 청구가 지속되지 않았다면, 곧바로 채무자에 의하여 지체가 성립하는 것으로 이해되지는 않기 때문이다.
(2) 성의誠意 계약에서는 지체에 의하여 이자 채무가 발생한다.
(3) 그리하여 어떠한가? 가자家子뿐만 아니라 가부家父도 가자로 인하여 책임지는 경우(그의 지시指示로 체약되거나 또는 가부의 이익으로 또는 특유재산으로 전용轉用되어), 누구를 지체의 측면에서 포착할 것인가? 가부만이 피소되는 경우에 그는 자신의 지체에 기하여 책임지지 않는다. 그러나 가자를 상대로는 가부로부터 원고가 달성하지 못한 것을 가자가 이행하도록 소권이 허여될 것이다. 그런데 가자가 지체하는 경우에는, 그때 원고는

(4) Sed si duo rei promittendi sint, alterius mora alteri non nocet.

(5) Item si fideiussor solus moram fecerit, non tenetur, sicuti si Stichum promissum occiderit: sed utilis actio in hunc dabitur.

D.22.2.2 Pomponius 3 ex Plautio.

Labeo ait, si nemo sit, qui a parte promissoris interpellari traiecticiae pecuniae possit, id ipsum testatione complecti debere, ut pro petitione id cederet.

〈민법 제392조 본문〉

– 이행지체 전 –

D.45.1.33 Pomponius 25 ad Sabinum.

Si Stichus certo die dari promissus ante diem moriatur, non tenetur promissor.

– 이행지체 후 –

D.50.17.173.2 Paulus 6 ad Plautium.

Unicuique sua mora nocet. quod et in duobus reis promittendi observatur.

D.22.1.32.4 Marcianus 4 regularum.

Sed si duo rei promittendi sint, alterius mora alteri non nocet.

그를 전부에 관하여, 또는 가부를 특유재산을 한도로 하여 제소할 수 있다.
(4) 두 공동낙약자가 있는 경우, 1인의 지체는 다른 1인에게 불이익이 되지 않는다.
(5) 또 보증인만이 지체하는 경우, 그는 책임지지 않는다. 마치 그가 공여를 약속한 노예 스티쿠스를 살해하는 경우처럼. 그러나 준소권이 이 자를 상대로 허여될 것이다.

D.22.2.2 폼포니우스, 플라우티우스 발췌주해 제3권.
라베오는 해상海上 소비대차금의 낙약자 측에 의해 최고催告 받을 수 있는 자가 아무도 없는 경우, 이것 자체를 증언문기에 포함시켜야 하고, 그리하여 이 일이 청구로서 효력 있을 수 있도록 한다고 말했다.

〈민법 제392조 본문〉
- 이행지체 전 -

D.45.1.33 폼포니우스, 사비누스주해 제25권.
확정일에 급부되기로 약속된 노예 스티쿠스가 기일 전에 사망하는 경우 문답채무자는 책임지지 않는다.

- 이행지체 후 -

D.50.17.173.2 파울루스, 플라우티우스주해 제6권.
각자에게는 그 자신의 이행지체가 유해한 것이다. 이것은 2인의 문답채무자의 경우에도 적용된다.

D.22.1.32.4 마르키아누스, 법규칙편록 제4권.
그러나 문답채무자가 2인인 경우 1인의 이행지체는 다른 사람에게 해가 되지 않는다.

D.12.1.5 Pomponius 22 ad Sabinum.

Quod te mihi dare oporteat si id postea perierit, quam per te factum erit quominus id mihi dares, tuum fore id detrimentum constat. Sed cum quaeratur, an per te factum sit, animadverti debebit, non solum in potestate tua fuerit id nec ne aut dolo malo feceris quominus esset vel fuerit nec ne, sed etiam si aliqua iusta causa sit, propter quam intellegere deberes te dare oportere.

D.30.108.11 Africanus 5 quaestionum.

Si servus legatus sit et moram heres fecerit, periculo eius et vivit et deterior fit, ut, si debilem forte tradat, nihilo minus teneatur.

D.30.39.1 Ulpianus 21 ad Sabinum.

… Ipsius quoque rei interitum post moram debet, sicut in stipulatione, si post moram res interieret, aestimatio eius praestatur. …

D.45.1.23 Pomponius 9 ad Sabinum.

Si ex legati causa aut ex stipulatu hominem certum mihi debeas, non aliter post mortem eius tenearis mihi, quam si per te steterit, quo minus vivo eo eum mihi dares: quod ita fit, si aut interpellatus non dedisti aut occidisti eum.

D.5.3.40.pr. Paulus 20 ad edictum.

Illud quoque quod in oratione divi Hadriani est, ut post acceptum iudicium id actori praestetur, quod habiturus esset, si eo tempore quo petit restituta esset hereditas, interdum durum est. Quid enim, si post litem contestatam mancipia aut iumenta aut

D.12.1.5 폼포니우스, 사비누스주해 제22권.

네가 나에게 주어야 하는 것이 너의 탓으로 그것이 나에게 주어지지 못하게 된 후에 멸실한 경우, 그 손실은 너의 것이 된다는 것이 정설이다. 그런데 너의 탓으로 일이 발생했는가가 문의되는 경우 비단 그것이 너의 권능 내에 있었던가 아닌가, 또는 네가 악의로 그렇지 못하거나 못할 것이 되도록 했는가 아닌가의 여부뿐만 아니라, 또한 네가 그 사유로 인하여 급부해야 한다는 것을 인식해야 하는 어떤 정당한 사유가 있는지의 여부도 고려해야만 할 것이다.

D.30.108.11 아프리카누스, 질의록 제5권.

노예가 유증되었는데 상속인이 (그 이행을) 지체한 경우, 그의 위험으로 그 노예는 살아가고 악화하는 것으로, 그 결과 가령 쇠약한 상태로 인도하면 인도에도 불구하고 책임을 진다.

D.30.39.1 울피아누스, 사비누스주해 제21권.

… [유증의 경우] 물건 자체의 멸실도 이행지체 후 문답계약의 경우처럼 책임져야 하고, 그래서 이행지체 후 물건이 멸실한 경우 그 평가가액이 급부된다. …

D.45.1.23 폼포니우스, 사비누스주해 제9권.

유증의 원인으로 또는 문답계약의 원인으로 네가 어떤 노예를 나에게 변제하여야 하는 경우, 그의 생전에 그를 나에게 공여하지 않은 것이 너의 탓이라면 그가 죽은 후에 너는 나에게 책임진다. 최고를 받고 네가 그를 공여하지 않거나 살해하는 경우에도 마찬가지이다.

D.5.3.40.pr. 파울루스, 고시주해 제20권.

신황 하드리아누스의 선시宣示에 규정된 것, 즉 심판인절차 수용 후에는 청구 시점에 상속재산이 반환되었더라면 원고가 가졌을 바가 원고에게 급부되어야 한다는 것은 때로는 가혹하다. 왜냐하면 쟁점결정 후에 노예나 역축役畜이나 가축이 죽은 경우에는

pecora deperierint? Damnari debebit secundum verba orationis, quia potuit petitor restituta hereditate distraxisse ea. Et hoc iustum esse in specialibus petitionibus Proculo placet: Cassius contra sensit. In praedonis persona Proculus recte existimat, in bonae fidei possessoribus Cassius. Nec enim debet possessor aut mortalitatem praestare, aut propter metum huius periculi temere indefensum ius suum relinquere.

D.22.1.32.2 Marcianus 4 regularum.

In bonae fidei contractibus ex mora usurae debentur.

D.45.1.82.1 Ulpianus 78 ad edictum.

Si post moram promissoris homo decesserit, tenetur nihilo minus, proinde ac si homo viveret.

〈민법 제392조 단서〉

D.16.3.14.1 Gaius 9 ad edictum provinciale.

Sive autem cum ipso apud quem deposita est actum fuerit sive cum herede eius et sua natura res ante rem iudicatam interciderit, veluti si homo mortuus fuerit, Sabinus et Cassius absolvi debere eum cum quo actum est dixerunt, quia aequum esset naturalem interitum ad actorem pertinere, utique cum interitura esset ea res et si restituta esset actori.

어찌되겠는가? 선시의 문언에 따르면 유책판결을 내려야만 하는바, 왜냐하면 청구자는 상속재산이 반환되었더라면 그것을 매각했을 수 있었기 때문이다. 그리고 이것은 개별물 청구에서 정당하다고 프로쿨루스는 생각한다. 카씨우스는 반대 견해였다. 무단점유자의 경우 프로쿨루스가 생각하는 것이 옳고, 선의점유자의 경우에는 카씨우스가 옳다. 왜냐하면 점유자는 자연적 사망을 책임지거나 혹은 이러한 위험에 대한 두려움 때문에 함부로 자신의 권리를 불방어상태로 내버려두어서는 안 되기 때문이다.

D.22.1.32.2 **마르키아누스, 법규칙편록 제4권.**
성의계약의 경우 이행지체로 인해서 이자채무가 발생한다.

D.45.1.82.1 **울피아누스, 고시주해 제78권.**
문답채무자의 이행지체 후에 [이행하기로 한] 노예가 죽은 경우에는 그럼에도 불구하고 그 노예가 살아있는 것처럼 책임진다.

〈민법 제392조 단서〉

D.16.3.14.1 **가이우스, 속주고시주해 제9권.**
그런데 수치인을 상대로 또는 그의 상속인을 상대로 제소되었는데 그 성질상 물건이 판결되기 전에 멸실한 경우라면, 가령 노예가 사망한 경우처럼, 사비누스와 카씨우스는 피고가 면소되어야만 한다고 말하였는데, 왜냐하면 본성에 따른 멸실은, 어쨌든 그 물건이 원고에게 반환되었더라도 멸실할 것이었다면, 원고의 부담이 되는 것이 공평하기 때문이라고 하였다.

민법 제393조 (손해배상의 범위)

① 채무불이행으로 인한 손해배상은 통상의 손해를 그 한도로 한다.

② 특별한 사정으로 인한 손해는 채무자가 그 사정을 알았거나 알 수 있었을 때에 한하여 배상의 책임이 있다.

【손해와 이익】

D.50.17.24 Paulus 5 ad Sabinum.

Quatenus cuius intersit, in facto, non in iure consistit.

D.43.8.2.11 Ulpianus 68 ad edictum.

Damnum autem pati videtur, qui commodum amittit, quod ex publico consequebatur, qualequale sit.

〈민법 제393조 제1항: 통상 손해〉

D.6.1.17.1 Ulpianus 16 ad edictum.

Idem Iulianus eodem libro scribit, si moram fecerit in homine reddendo possessor et homo mortuus sit, et fructuum rationem usque ad rei iudicatae tempus spectandam esse. Idem Iulianus ait non solum fructus, sed etiam omnem causam praestandam: et ideo et partum venire in restitutionem et partuum fructus. Usque adeo autem et causae veniunt, ut Iulianus libro septimo scribit, si per eum servum possessor adquisierit actionem legis Aquiliae, restituere cogendum. …

D.7.4.29.pr. Ulpianus 17 ad Sabinum.

Pomponius quaerit, si fundum a me proprietarius conduxerit eumque fundum vendidit Seio non deducto usu fructu, an usum fructum per emptorem retineam. et ait, licet

민법 제393조 (손해배상의 범위)

① 채무불이행으로 인한 손해배상은 통상의 손해를 그 한도로 한다.

② 특별한 사정으로 인한 손해는 채무자가 그 사정을 알았거나 알 수 있었을 때에 한하여 배상의 책임이 있다.

【손해와 이익】

D.50.17.24 **파울루스, 사비누스주해 제5권.**

어떤 자의 이익상당액이 어느 만큼인가는 사실의 문제이고 법률의 문제가 아니다.

D.43.8.2.11 **울피아누스, 고시주해 제68건.**

공용지에서 얻을 수 있었던 이익을, 그것이 어떤 것이든, 상실하는 자는 손해를 입는 것으로 인정된다.

〈민법 제393조 제1항: 통상 손해〉

D.6.1.17.1 **울피아누스, 고시주해 제16권.**

같은 율리아누스는 같은 책에서 이렇게 쓰고 있다. 점유자가 노예를 반환함에 있어서 지체하였는데 그 노예가 사망한 경우에는 판결시까지의 과실果實들이 고려되어야만 한다. 같은 율리아누스는 또 말하였다. 과실뿐만 아니라 모든 수반이익이 반환되어야 한다. 그래서 노예자식도 반환에 포함되고 노예자식으로 얻은 과실[수익]도 포함된다. 그런데 부수이익은 율리아누스가 제7권에서 쓰고 있듯이 점유자가 그 노예를 통하여 아퀼리우스법소권을 취득한 경우에 그것을 반환하도록 강제되는 데까지 이른다. …

D.7.4.29.pr. **울피아누스, 사비누스주해 제17권.**

폼포니우스는, 토지를 나에게서 소유자가 임차하고, 그 토지를 [소유자가] 세이우스에게 용익역권의 유보없이 매도한 경우, 내가 매수인을 통하여 용익역권을 보유할 수 있

proprietarius mihi pensionem solverit, tamen usum fructum amitti, quia non meo nomine, sed suo fruitus est emptor: teneri plane mihi ex locato proprietarium, quanti mea interfuit id factum non esse. quamquam si a me conductum usum fructum quis alii locaverit, retinetur usus fructus: sed si proprietarius eum locasset suo nomine, dicendum amitti: non enim meo nomine fruitur colonus.

D.9.2.22.1 Paulus 22 ad edictum.

Item causae corpori cohaerentes aestimantur, si quis ex comoedis aut symphoniacis aut gemellis aut quadriga aut ex pari mularum unum vel unam occiderit: non solum enim perempti corporis aestimatio facienda est, sed et eius ratio haberi debet, quo cetera corpora depretiata sunt.

Inst.4.3.10.

Illud non ex verbis legis, sed ex interpretatione placuit non solum perempti corporis aestimationem habendam esse secundum ea quae diximus, sed eo amplius quidquid praeterea perempto eo corpore damni vobis adlatum fuerit, veluti si servum tuum heredem ab aliquo institutum ante quis occiderit, quam is iussu tuo adiret: nam hereditatis quoque amissae rationem esse habendam constat. item si ex pari mularum unam vel ex quadriga equorum unum occiderit, vel ex comoedis unus servus fuerit occisus: non solum occisi fit aestimatio, sed eo amplius id quoque computatur, quanto depretiati sunt qui supersunt.

는지의 문제를 제기한다. 그리고 말하기를, 토지 소유자가 나에게 차임을 변제하더라도, 용익역권이 상실되는데, 왜냐하면 매수인은 나의 명의로가 아니라 자신의 명의로 수익하였기 때문이다. 물론 토지 소유자는 나에게 임약賃約에 기하여, 그 [매도]행위가 없었더라면 나에게 있었을 이익상당액을 책임져야 한다고 한다. 비록 어떤 자가 나로부터 임차된 용익역권을 타인에게 전대轉貸한 경우, 용익역권은 보유된다. 그러나 소유자가 그것을 자신의 명의로 임대하였다면, [용익권한은] 상실된다고 말해야만 한다. 왜냐하면 차지인借地人은 나의 명의로 수익하지 않기 때문이다.

D.9.2.22.1 **파울루스, 고시주해 제22권.**

또한 [동물 또는 노예의] 신체에 결부된 부수사정들이 산정되어야 하는데, 어떤 이가 연극단원이나 악단원 중에서 남자 또는 여자 한 명, 쌍둥이 중 남자 또는 여자 한 명, 사필일조마四匹一組馬 중에서 말 한 필, 한 쌍의 노새 중에서 암컷 또는 수컷 한 마리를 죽인 경우에 그러하다. 죽임을 당한 [동물 또는 노예의] 신체에 대한 산정이 행해져야 할 뿐만 아니라 다른 [동물 또는 노예의] 신체가 가치감소된 그 액수가 고려되어야만 한다.

유스티니아누스, 법학제요, 제4권 제3장 10절.

이것은 법률의 문언에 기초한 것이 아니라 해석에 기초한 것인데, 살해된 [노예의] 신체만을 산정해서는 안 되고, 짐이 기술한 바에 따라 그 이상으로 그 외에 그 신체의 죽음으로 인하여 너희에게 가해진 어떤 손해라도 산정해야 한다는 것이 정설이다. 예컨대 어떤 이에 의하여 상속인으로 지정된 너의 노예를, 그가 너의 명으로 상속승인하기 전에, 누군가 죽인 경우가 그러하다. 즉 상실한 상속재산도 고려되어야만 한다는 것이 정설이다. 또 한 쌍의 노새 중에서 한 마리를, 또는 사필일조마四匹一組馬 중에서 말 한 필을 죽이거나 또는 연극단원 중에서 한 명의 노예가 살해되는 경우도 마찬가지이다. 살해된 것만이 평가되는 것이 아니라, 그 외에 살아남은 것들이 얼마나 가치가 감소되었는지도 산입하여야 한다.

D.9.2.33.pr.-1 Paulus 2 ad Plautium.

Si servum meum occidisti, non affectiones aestimandas esse puto, veluti si filium tuum naturalem quis occiderit quem tu magno emptum velles, sed quanti omnibus valeret. Sextus quoque Pedius ait pretia rerum non ex affectione nec utilitate singulorum, sed communiter fungi: itaque eum, qui filium naturalem possidet, non eo locupletiorem esse, quod eum plurimo, si alius possideret, redempturus fuit, nec illum, qui filium alienum possideat, tantum habere, quanti eum patri vendere posset. in lege enim Aquilia damnum consequimur: et amisisse dicemur, quod aut consequi potuimus aut erogare cogimur.

(1) In damnis, quae lege Aquilia non tenentur, in factum datur actio.

D.18.6.20(19) Hermogenianus 2 iuris epitomarum.

Venditori si emptor in pretio solvendo moram fecerit, usuras dumtaxat praestabit, non omne omnino, quod venditor mora non facta consequi potuit, veluti si negotiator fuit et pretio soluto ex mercibus plus quam ex usuris quaerere potuit.

D.19.1.49.1 Hermogenianus 2 iuris epitomarum.

Pretii, sorte licet post moram soluta, usurae peti non possunt, cum hae non sint in obligatione, sed officio iudicis praestentur.

D.19.1.31.1 Neratius 3 membranarum.

Et non solum quod ipse per eum adquisii praestare debeo, sed et id, quod emptor iam tunc sibi tradito servo adquisiturus fuisset.

D.9.2.33.pr.-1 **파울루스, 플라우티우스주해, 제2권.**

네가 나의 노예를 살해한 경우, 마치 네가 거액으로 매수하기 원하는 너의 [혼외]친생자[노예]를 누군가가 살해한 경우에서와 같이, 애호가치愛好價値는 산정되어서는 안 되고, 객관적인 가치 상당액이 산정되어야 한다는 것이 사견私見이다. 섹스투스 페디우스Sextus Pedius도 말하길, 물건의 가치는 애호가치로도 개개인이 갖는 이익에 따라서도 산정되면 안 되고, 객관적으로 산정되어야 한다고 한다. 따라서 [여자노예와의 관계에서 태어난] 친생자를 점유 중인 자는, 다른 사람이 그를 점유 중일 때 그를 더 고가高價로 되사려고 했을 것이라는 이유로, 그만큼 더 부富해져서는 안 되고, 타인의 자子를 점유 중인 자도, 그가 부父에게 매도될 수 있었을 그만큼을 가지는 것이 아니라고 한다. 왜냐하면 아퀼리우스법에서는 [객관적] 손해를 따르기 때문이다. 즉 "손해를 입었다"는 것은, 우리가 얻을 수 있었[는데 얻지 못하였]거나 [지출하지 않아도 되는데] 지출해야만 하는 것을 말한다. (1) 아퀼리우스법상 배상되지 않는 손해에 대하여는 사실소권이 부여된다.

D.18.6.20(19) **헤르모게니아누스, 법적요法摘要 제2권.**

매도인에게 매수인이 대금 지급에서 지체를 한 경우 그는 이자만을 급부할 것이고, 가령 매도인이 상인이었고 그래서 대금이 변제되었다면 이자로 인해 얻을 수 있었던 것보다도 더 많이 상품거래로 인하여 얻을 수 있었던 경우처럼 매도인이 지체가 없었더라면 얻을 수 있었을 모든 것을 예외 없이 급부해야 하는 것이 아니다.

D.19.1.49.1 **헤르모게니아누스, 법적요法摘要 제2권.**

원본이 이행지체 후에 변제되었더라도 매매대금의 이자는 청구할 수 없는데, 왜냐하면 이것은 채무의 내용이 아니고, 심판인의 직권으로 급부하는 것이기 때문이다.

D.19.1.31.1 **네라티우스, 양피첩 제3권.**

그리고 [내가 노예를 매도하였는데 이행기에 이행하지 못한 경우] 내[=노예매도인]는, 나 자신이 [인도하기로 한] 노예를 통하여 취득한 것뿐만 아니라, 매수인이 이행기에 이미 자신에게 노예가 인도되었더라면 취득하였을 것도 함께 급부해야만 한다.

D.19.1.23 Iulianus 13 digesta.

Si quis servum, quem cum peculio vendiderat, manumiserit, non solum peculii nomine, quod servus habuit tempore quo manumittebatur, sed et eorum, quae postea adquirit, tenetur et praeterea cavere debet, quidquid ex hereditate liberti ad eum pervenerit, restitutu iri. Marcellus notat: illa praestare venditor ex empto debet, quae haberet emptor, si homo manumissus non esset: non continebuntur igitur, quae, si manumissus non fuit, adquisiturus non esset.

Gai.2.280.

Item fideicommissorum usurae et fructus debentur, si modo moram solutionis fecerit, qui fideicommissum debebit; legatorum uero usurae non debentur, idque rescripto diui Hadriani significatur. scio tamen Iuliano placuisse in eo legato, quod sinendi modo relinquitur, idem iuris esse, quod in fideicommissis; quam sententiam et his temporibus magis optinere uideo.

D.22.1.17.4 Paulus libro singulari de usuris.

Ex locato qui convenitur, nisi convenerit ut tardius pecuniae illatae usuras deberet, non nisi ex mora usuras praestare debet.

〈민법 제393조 제2항: 특별 손해〉

D.13.4.2.8 Ulpianus 27 ad edictum.

Nunc de officio iudicis huius actionis loquendum est, utrum quantitati contractus debeat servire an vel excedere vel minuere quantitatem debeat, ut, si interfuisset rei Ephesi potius solvere quam eo loci quo conveniebatur, ratio eius haberetur. Iulianus Labeonis opinionem secutus etiam actoris habuit rationem, cuius interdum potuit interesse Ephesi recipere: itaque utilitas quoque actoris veniet. quid enim si traiecticiam

D.19.1.23 율리아누스, 학설집 제13권.

어떤 자가 특유재산과 함께 매도한 노예를 해방시킨 경우, 노예가 해방당시에 가졌던 특유재산의 명목으로 뿐만 아니라 그[=해방노예][1]가 그 이후에 취득한 것의 명목으로도 책임져야 한다. 또 특히 해방노예의 상속재산으로부터 그에게 오는 것은 무엇이든지 반환될 것이라고 [문답계약을 통하여] 담보제공해야만 한다. 마르켈루스 주註: 매도인은 매수에 기하여, 노예가 해방되지 않았더라면 매수인이 가졌을 것[만]을 급부하여야 한다. 그러므로 해방되지 않았더라면 취득하지 않았을 것은 포함되지 않을 것이다.

가이우스, 법학원론 제2권 280절.

또 신탁유증의 의무를 부담할 자가 변제를 지체하는 한, 신탁유증의 이자와 과실果實의 채무가 발생한다. 그러나 유증에서는 이자 채무가 발생하지 않는다. 이것이 신황 하드리아누스의 칙답에 드러나 있다. 그러나 내가 보기에 허용유증許容遺贈에서도 신탁유증에서와 동일한 법리가 적용된다는 것이 율리아누스의 견해였다. 또 이 견해가 지금도 더 유력하다고 생각된다.

D.22.1.17.4 파울루스, 이자론 단권.

임약소권으로 제소되는 자는, 늦게 변제한 채무금의 이자를 부담한다는 합의가 없는 경우, 지체를 이유로 해서가 아니면 이자를 급부할 필요가 없다.

〈민법 제393조 제2항: 특별 손해〉

D.13.4.2.8 울피아누스, 고시주해 제27권.

이제 이 소송[2]에서의 심판인의 직무에 관하여 말해야만 하는데, 심판인은 계약상의 금액에 따라야만 하는가 아니면 가령 제소지보다는 에페수스에서 변제하는 데에 피고

1) "그"를 매도인으로 보는 견해가 있다.

2) D.13.4의 표제는 de eo quod certo loco dari oportet. 즉, 「특정 장소에서 이행되어야 할 것에 관하여」.

pecuniam dederat Ephesi recepturus, ubi sub poena debebat pecuniam vel sub pignoribus, et distracta pignora sunt vel poena commissa mora tua? vel fisco aliquid debebatur et res stipulatoris vilissimo distracta est? in hanc arbitrariam quod interfuit veniet et quidem ultra legitimum modum usurarum. quid si merces solebat comparare: an et lucri ratio habeatur, non solius damni? puto et lucri habendam rationem.

【손해의 산정】

D.14.2.2.4 Paulus 34 ad edictum.

Portio autem pro aestimatione rerum quae salvae sunt et earum quae amissae sunt praestari solet, nec ad rem pertinet, si hae quae amissae sunt pluris veniri poterunt, quoniam detrimenti, non lucri fit praestatio. sed in his rebus, quarum nomine conferendum est, aestimatio debet haberi non quanti emptae sint, sed quanti venire possunt.

D.17.2.23.1 Ulpianus 30 ad Sabinum.

Idem quaerit, an commodum, quod propter admissum socium accessit, compensari cum damno, quod culpa praebuit, debeat, et ait compensandum. quod non est verum, nam et Marcellus libro sexto digestorum scribit, si servus unius ex sociis societati a

에게 이익이 있는 경우 그의 사정이 고려되는 것과 같이 금액을 증액 또는 감액하여야만 하는가? 라베오의 견해를 따르는 율리아누스는, 때때로 에페수스에서 수령하는 것에 이익이 있을 수 있는 원고까지도 고려하였다. 따라서 원고의 이익도 고려될 것이다. 왜냐하면 해상소비대차금을 준 자가 에페수스에서 반환받기로 하였는데, 그 곳에서 그 자가 위약벌부 또는 질권부質權附 채무가 있었고, 너의 지체로 말미암아 질물質物이 매각되거나 위약벌이 발효된 경우라면 어떠한가? 또는 국고에 무엇인가 채무를 지고 있었는데 그 문답채권자의 물건이 [국고에 의하여] 헐값으로 공매된 경우라면 어떠한가? 이러한 재정裁定소송에서는 있었던 이익이 고려될 것이고, 실로 법정이자의 한계를 넘어서까지 고려될 것이다. 어떤 이가 상품을 매수하는 상인이었던 경우라면 어떠한가? 이득도 고려되어야 하고 손해만 [고려되어야 하는 것은] 아니지 않는가? 이득도 고려되어야만 한다는 것이 사견私見이다.

【손해의 산정】

D.14.2.2.4 **파울루스, 고시주해 제34권.**
그런데 분담부분은 [해난에서] 구조救助된 물건과 투하된 물건의 가치산정에 따라 급부되는 법이다. 투하된 물건이 더 고가高價로 매도될 수 있었다는 것은 사안과는 무관한데, 왜냐하면 손해에 대한 급부가 이루어지는 것이지 이득에 대한 급부가 이루어지는 것이 아니기 때문이다. 그러나 그것의 명목으로 [가치가] 산정되어야 하는 [구조된] 물건의 경우에 가치산정은 매수된 상당액이 아니라 매도될 수 있을 상당액으로 평가되어야 한다.

D.17.2.23.1 **울피아누스, 사비누스주해 제30권.**
동인同人[폼포니우스]은, 조합원의 가입으로 인하여 증가한 이득이 [그의] 과실로 야기한 손해와 상계되어야 하는지의 문제를 제기하고, 상계되어야 한다고 말한다. 그러나 그것은 타당하지 않은데, 왜냐하면 마르켈루스도 학설집 제6권에서 쓰기를, 조합원 중

domino praepositus neglegenter versatus sit, dominum societati qui praeposuerit praestaturum nec compensandum commodum, quod per servum societati accessit, cum damno: et ita divum Marcum pronuntiasse, nec posse dici socio: 'abstine commodo, quod per servum accessit, si damnum petis.'

D.17.2.25 Paulus 6 ad Sabinum.

Non ob eam rem minus ad periculum socii pertinet quod neglegentia eius perisset, quod in plerisque aliis industria eius societas aucta fuisset: et hoc ex appellatione imperator pronuntiavit.

D.19.1.3.3 Pomponius 9 ad Sabinum.

Si per venditorem vini mora fuerit, quo minus traderet, condemnari eum oportet, utro tempore pluris vinum fuit, vel quo venit vel quo lis in condemnationem deducitur, item quo loco pluris fuit, vel quo venit vel ubi agatur.

D.19.1.3.4 Pomponius 9 ad Sabinum.

Quod si per emptorem mora fuisset, aestimari oportet pretium quod sit cum agatur, et quo loco minoris sit. mora autem videtur esse, si nulla difficultas venditorem impediat, quo minus traderet, praesertim si omni tempore paratus fuit tradere. item non oportet eius loci pretia spectari, in quo agatur, sed eius, ubi vina tradi oportet: nam quod a Brundisio vinum venit, etsi venditio alibi facta sit, Brundisi tradi oportet.

1인의 노예로서 그 주인에 의하여 조합업무집행인으로 임명된 노예가 부주의하게 행위한 경우 [그 노예를 업무집행인으로] 임명한 주인이 조합에 대하여 책임져야 할 것이고, 그 노예를 통하여 조합에 증가한 이득을 손해와 상계해서는 안 된다고 하였다. 그리고 [마르켈루스는 말하길] 같은 취지로 신황神皇 마르쿠스는, [다른] 조합원에게 "네가 손해배상을 청구하는 경우, 노예를 통하여 증가한 이득을 포기하라"고 말할 수 없다고 선고하였다고 한다.

D.17.2.25 **파울루스, 사비누스주해 제6권.**

어느 조합원의 과실過失로 멸실된 것은, 대부분의 다른 경우 그 조합원의 노고勞苦로 조합재산이 증가되었다고 하는 사유로 인해, 그 조합원의 위험으로 덜 귀속하는 것이 아니다. 그리고 이것을 황제가 상소사건에서 선고하였다.

D.19.1.3.3 **폼포니우스, 사비누스주해 제9권.**

포도주의 매도인이 포도주를 인도하지 못하여 이행지체에 빠진 경우, 그는 유책판결되는 것이 합당한데, [유책판결액은] 매도시 또는 유책판결시 중에서 포도주가 더 고가高價인 시점으로, 또한 매도지나 제소지 중에서 더 고가인 장소에 의한다.

D.19.1.3.4 **폼포니우스, 사비누스주해 제9권.**

매수인이 [수령]지체에 빠졌던 경우 제소된 시점의, 그리고 저가低價인 장소에서의 [포도주의] 가치가 산정되어야 한다. 그런데 수령지체는 어떠한 어려움도 인도하지 못하도록 매도인을 방해하지 않고, 특히 매도인이 언제든지 인도할 준비가 되어 있었던 경우에 인정된다. 또한 [수령지체의 경우] 제소된 장소의 가치가 고려되어서는 안 되고, 포도주가 인도되어야 할 장소의 가치가 고려되어야 한다. 그리고 "부룬디시움으로부터" 포도주가 매도되었다는 것은, 비록 매도[계약]이 다른 장소에서 이루어졌더라도, 부룬디시움에서 인도되어야 한다.

D.19.1.21.3 Paulus 33 ad edictum.

Cum per venditorem steterit, quo minus rem tradat, omnis utilitas emptoris in aestimationem venit, quae modo circa ipsam rem consistit: neque enim si potuit ex vino puta negotiari et lucrum facere, id aestimandum est, non magis quam si triticum emerit et ob eam rem, quod non sit traditum, familia eius fame laboraverit: nam pretium tritici, non servorum fame necatorum consequitur. nec maior fit obligatio, quod tardius agitur, quamvis crescat, si vinum hodie pluris sit, merito, quia sive datum esset, haberem emptor, sive non, quoniam saltem hodie dandum est quod iam olim dari oportuit.

D.19.1.21.3 **파울루스, 고시주해 제33권.**

물건이 인도되지 않은 것이 매도인측의 탓인 경우, 매수인의 모든 이익이 산정되는데, 그 물건 자체에 관하여 존재하는 [이익]에 한한다. 그리하여 예컨대 [매수인이] 포도주로 영업하여 이윤을 낼 수 있었을 경우 [그것은] 산정되어서는 안 되고, 곡물을 매수하였는데 그것이 인도되지 않아서 그의 노예가 기아를 겪었던 경우도 마찬가지이다. 왜냐하면 곡물의 가치가 추구되는 것이고, 아사한 노예의 가치가 추구되는 것이 아니기 때문이다. 그리고 [매도인의] 의무는, 더 늦게 소제기되었다는 이유로는 더 크게 되지 않지만, 그러나 포도주가 오늘 더 고가高價인 경우에는 [매도인의 의무는] 증가한다. 이것은 타당한데, 왜냐하면 포도주가 공여되면 매수인이 가질 것이고, 공여되지 않으면 이미 그 당시에 공여해야 마땅했을 것이 적어도 오늘 공여되어야만 하기 때문이다.

민법 제394조 (손해배상의 방법)

다른 의사표시가 없으면 손해는 금전으로 배상한다.

• 로마법상 손해배상은 원칙적으로 모든 경우에 금전배상(condematio pecuniaria)이었다.

Gai.4.48.

Omnium autem formularum, quae condemnationem habent, ad pecuniariam aestimationem condemnatio concepta est. itaque et si corpus aliquod petamus, uelut fundum, hominem, uestem, aurum, argentum, iudex non ipsam rem condemnat eum, cum quo actum est, sicut olim fieri solebat, sed aestimata re pecuniam eum condemnat.

【손해배상】 → 민법 제390조 (채무불이행과 손해배상)

민법 제394조 (손해배상의 방법)

다른 의사표시가 없으면 손해는 금전으로 배상한다.

- 로마법상 손해배상은 원칙적으로 모든 경우에 금전배상(condematio pecuniaria)이었다.

가이우스, 법학원론 제4권 제48절.

그런데 판결권한부여를 포함하는 모든 소송방식서는 금전평가액으로 유책판결하는 것으로 작성되어 있다. 그래서 어떤 유체물, 가령 토지, 노예, 의복, 금, 은을 우리가 청구하는 경우에도 심판인은 예전에 행해졌듯이 피고를 그 물건 자체에 관하여 유책판결을 하지 않고, 물건을 평가한 후 그 상당액에 관하여 그를 유책판결한다.

【손해배상】 → 민법 제390조 (채무불이행과 손해배상)

민법 제395조 (이행지체와 전보배상)

채무자가 채무의 이행을 지체한 경우에 채권자가 상당한 기간을 정하여 이행을 최고하여도 그 기간내에 이행하지 아니하거나 지체후의 이행이 채권자에게 이익이 없는 때에는 채권자는 수령을 거절하고 이행에 가름한 손해배상을 청구할 수 있다.

→ 민법 제387조 (이행기와 이행지체); 민법 제390조 (채무불이행과 손해배상); 민법 제392조 (이행지체중의 손해배상)

민법 제395조 (이행지체와 전보배상)

채무자가 채무의 이행을 지체한 경우에 채권자가 상당한 기간을 정하여 이행을 최고하여도 그 기간내에 이행하지 아니하거나 지체후의 이행이 채권자에게 이익이 없는 때에는 채권자는 수령을 거절하고 이행에 가름한 손해배상을 청구할 수 있다.

→ 민법 제387조 (이행기와 이행지체); 민법 제390조 (채무불이행과 손해배상); 민법 제392조 (이행지체중의 손해배상)

민법 제396조 (과실상계)
채무불이행에 관하여 채권자에게 과실이 있는 때에는 법원은 손해배상의 책임 및 그 금액을 정함에 이를 참작하여야 한다.

• 로마법상 쌍방의 과실을 상계의 방식으로 고려한다는 이른바 과실상계는 알려져 있지 않았다. 이러한 관념이 나타난 것은 주석학파 때의 일이다(Gl. ad D.9.2.9.4): Culpa culpam abolet ("과실이 과실을 상쇄한다"). 이후 논의의 기초를 이룬 것은 "자기 과실로 인한 손해는 손해가 아니다"라는 법리칙法理則이었다(D.50.17.203).

D.9.2.9.4 Ulpianus 18 ad edictum.
Sed si per lusum iaculantibus servus fuerit occisus, Aquiliae locus est: sed si cum alii in campo iacularentur, servus per eum locum transierit, Aquilia cessat, quia non debuit per campum iaculatorium iter intempestive facere. Qui tamen data opera in eum iaculatus est, utique Aquilia tenebitur:

D.9.2.11.pr. Ulpianus 18 ad edictum.
Item Mela scribit, si, cum pila quidam luderent, vehementius quis pila percussa in tonsoris manus eam deiecerit et sic servi, quem tonsor habebat, gula sit praecisa adiecto cultello: in quocumque eorum culpa sit, eum lege Aquilia teneri. Proculus in tonsore esse culpam: et sane si ibi tondebat, ubi ex consuetudine ludebatur vel ubi transitus frequens erat, est quod ei imputetur: quamvis nec illud male dicatur, si in loco periculoso sellam habenti tonsori se quis commiserit, ipsum de se queri debere.

D.50.17.203 Pomponius 8 ad Quintum Mucium.
Quod quis ex culpa sua damnum sentit, non intellegitur damnum sentire.

민법 제396조 (과실상계)
채무불이행에 관하여 채권자에게 과실이 있는 때에는 법원은 손해배상의 책임 및 그 금액을 정함에 이를 참작하여야 한다.

• 로마법상 쌍방의 과실을 상계의 방식으로 고려한다는 이른바 과실상계는 알려져 있지 않았다. 이러한 관념이 나타난 것은 주석학파 때의 일이다(Gl. ad D.9.2.9.4): Culpa culpam abolet ("과실이 과실을 상쇄한다"). 이후 논의의 기초를 이룬 것은 "자기 과실로 인한 손해는 손해가 아니다"라는 법리칙法理則이었다(D.50.17.203).

D.9.2.9.4 울피아누스, 고시주해 제18권.
그런데 놀이로 투창하는 자들로 인해 노예가 살해당한 경우에는 아퀼리우스법이 적용된다. 그러나 다른 사람들이 운동장에서 투창을 하는데 노예가 그 장소를 통과해 지나간 경우에는 아퀼리우스법이 적용되지 않는데, 왜냐하면 그는 부적시不適時에 투창경기 운동장을 통과하여 길을 가서는 안 되었기 때문이다. 그렇지만 의도적으로 그에게 창을 던진 자는 항상 아퀼리우스법에 의해 책임질 것이다.

D.9.2.11.pr. 울피아누스, 고시주해 제18권.
또 멜라는 쓰기를, 어떤 자들이 공차기 놀이를 하고 있던 중 어떤 자가 강하게 공을 차서 이발사의 손에 공을 떨어뜨리고 그래서 이발사가 이발을 하고 있던 노예의 목이 면도칼이 들어가서 잘린 경우, 그들 중 과실이 있는 자가 누구든 그가 아퀼리우스법으로 책임진다고 한다. 프로쿨루스는 이발사에게 과실이 있다고 한다. 정녕 그가 관행상 놀이가 행해지거나 왕래인파가 빈번한 곳에서 이발을 한 경우에는 그에게 책임귀속시킬 것이 있다. 어떤 자가 위험한 장소에 이발의자를 마련한 이발사에게 자신을 맡긴 경우에는 자기 자신을 탓하지 않으면 안 된다고 말하는 것이 틀린 말이 아님에도 불구하고 말이다.

D.50.17.203 폼포니우스, 퀸투스 무키우스주해 제8권.
어떤 자가 자신의 과실에 기하여 손해를 입는 경우 손해를 입는 것으로 이해되지 않는다.

민법 제397조 (금전채무불이행에 대한 특칙)

① 금전채무불이행의 손해배상액은 법정이율에 의한다. 그러나 법령의 제한에 위반하지 아니한 약정이율이 있으면 그 이율에 의한다.

② 전항의 손해배상에 관하여는 채권자는 손해의 증명을 요하지 아니하고 채무자는 과실없음을 항변하지 못한다.

D.22.1.32.2 Marcianus 4 regularum.

In bonae fidei contractibus ex mora usurae debentur.

D.19.1.49.1 Hermogenianus 2 iuris epitomarum.

Pretii, sorte licet post moram soluta, usurae peti non possunt, cum hae non sint in obligatione, sed officio iudicis praestentur.

민법 제397조 (금전채무불이행에 대한 특칙)

① 금전채무불이행의 손해배상액은 법정이율에 의한다. 그러나 법령의 제한에 위반하지 아니한 약정이율이 있으면 그 이율에 의한다.

② 전항의 손해배상에 관하여는 채권자는 손해의 증명을 요하지 아니하고 채무자는 과실없음을 항변하지 못한다.

D.22.1.32.2 **마르키아누스, 법규칙편록 제4권.**

성의계약誠意契約들에 있어서는 이행지체로 인하여 이자가 채무부담된다.

D.19.1.49.1 **헤르모게니아누스, 법적요法摘要 제2권.**

매매대금의 이자는, 비록 원본이 지체 후에 변제되었더라도, 청구할 수 없으니, 왜냐하면 이자는 원채무의 내용이 아니라, 심판인의 직권에 의하여 급부될 것이기 때문이다.

→ 민법 제379조 (법정이율); 민법 제373조 (채권의 목적)

민법 제398조 (배상액의 예정)

① 당사자는 채무불이행에 관한 손해배상액을 예정할 수 있다.

② 손해배상의 예정액이 부당히 과다한 경우에는 법원은 적당히 감액할 수 있다.

③ 손해배상액의 예정은 이행의 청구나 계약의 해제에 영향을 미치지 아니한다.

④ 위약벌의 약정은 손해배상액의 예정으로 추정한다.

⑤ 당사자가 금전이 아닌 것으로써 손해의 배상에 충당할 것을 예정한 경우에도 전4항의 규정을 준용한다.

【계약벌 · 위약벌】

• 로마법상 계약당사자들은 다양한 목적을 위하여 계약벌(clausula poenalis)을 약정할 수 있었다. 이에 사용된 법적 형식은 거의 모든 내용을 담을 수 있는 가소적可塑的인 문답계약이었다(stipulatio poenae). 일정한 기존의 의무 위반, 즉 진정한 위약에 대한 벌(poena)을 약정하는 경우에는 진정한 위약벌 약정이고, 반면에 기존의 위반할 의무가 없는 경우에는 위약벌과 연계된 행위나 부작위를 간접적으로 강제하는 수단으로서 부진정한 위약벌이었다. 진정한 위약벌의 경우에는 현행민법에서처럼 손해배상액의 예정(limitatio sarciendi damni)으로서 기능할 수도 있었으나, 로마법은 이 모든 것을 당사자의 사적 자치에 맡기고, 법정의 획일적인 규율을 마련하지 아니하였다.

D.45.1.38.17 Ulpianus 49 ad Sabinum.

Alteri stipulari nemo potest, praeterquam si servus domino, filius patri stipuletur: inventae sunt enim huiusmodi obligationes ad hoc, ut unusquisque sibi adquirat quod sua interest: ceterum ut alii detur, nihil interest mea. plane si velim hoc facere, poenam stipulari conveniet, ut, si ita factum non sit, ut comprehensum est, committetur stipulatio etiam ei, cuius nihil interest: poenam enim cum stipulatur quis, non illud inspicitur, quid intersit, sed quae sit quantitas quaeque condicio stipulationis.

민법 제398조 (배상액의 예정)

① 당사자는 채무불이행에 관한 손해배상액을 예정할 수 있다.

② 손해배상의 예정액이 부당히 과다한 경우에는 법원은 적당히 감액할 수 있다.

③ 손해배상액의 예정은 이행의 청구나 계약의 해제에 영향을 미치지 아니한다.

④ 위약벌의 약정은 손해배상액의 예정으로 추정한다.

⑤ 당사자가 금전이 아닌 것으로써 손해의 배상에 충당할 것을 예정한 경우에도 전4항의 규정을 준용한다.

【계약벌 · 위약벌】

• 로마법상 계약당사자들은 다양한 목적을 위하여 계약벌(clausula poenalis)을 약정할 수 있었다. 이에 사용된 법적 형식은 거의 모든 내용을 담을 수 있는 가소적可塑的인 문답계약이었다(stipulatio poenae). 일정한 기존의 의무 위반, 즉 진정한 위약에 대한 벌(poena)을 약정하는 경우에는 진정한 위약벌 약정이고, 반면에 기존의 위반할 의무가 없는 경우에는 위약벌과 연계된 행위나 부작위를 간접적으로 강제하는 수단으로서 부진정한 위약벌이었다. 진정한 위약벌의 경우에는 현행민법에서처럼 손해배상액의 예정(limitatio sarciendi damni)으로서 기능할 수도 있었으나, 로마법은 이 모든 것을 당사자의 사적 자치에 맡기고, 법정의 획일적인 규율을 마련하지 아니하였다.

D.45.1.38.17 울피아누스, 사비누스주해 제49권.

누구도 타인을 위하여(즉 그가 채권자가 되는 방식으로) 문답요약할 수 없는데, 노예가 주인을 위하여, 가자家子가 가부家父를 위하여 문답요약하는 것은 예외이다. 이와 같은 종류의 채무들은 각자가 자신에게 이익있는 것을 자신에게 취득하기 위하여 고안되었다. 반면 타인에게 공여되는 것은, 나에게 아무런 이익이 없다. 물론 내가 이것을 하기를 원한다면, 위약벌을 문답요약하는 것이 합당할 것인데, 그리하여 언급된 대로 행해지지 않으면 문답계약이 이익이 없는 자에게까지도 발효發效되게 말이다. 왜냐하면 어떤 이가 위약벌을 문답요약하면, 무엇이 이익인지를 살펴야 하는 것이 아니고 그 문답계약

Inst.3.15.7.

Non solum res in stipulatum deduci possunt, sed etiam facta: ut si stipulemur fieri aliquid vel non fieri. et in huiusmodi stipulationibus optimum erit poenam subicere, ne quantitas stipulationis in incerto sit ac necesse sit actori probare, quid eius intersit. itaque si quis ut fiat aliquid stipuletur, ita adici poena debet: si ita factum non erit, tum poenae nomine decem aureos dare spondes? sed si quaedam fieri, quaedam non fieri una eademque conceptione stipuletur, clausula erit huiusmodi adicienda: si adversus ea factum erit sive quid ita factum non erit, tunc poenae nomine decem aureos dare spondes?

D.45.1.118.2 Papinianus 27 quaestionum.

"Decem mihi aut Titio, utrum ego velim, dare spondes?" ex eo, quod mihi dandum est, certi stipulatio est, ex eo, quod illi solvendum, incerti: finge mea interesse Titio potius quam mihi solvi, quoniam poenam promiseram, si Titio solutum non fuisset.

D.44.7.44.5 Paulus 74 ad edictum praetoris.

Si ita stipulatus sim: "si fundum non dederis, centum dare spondes?" sola centum in stipulatione sunt, in exsolutione fundus.

〈위약벌의 許否〉

D.35.1.71.1 Papinianus 17 quaestionum.

Titio centum relicta sunt ita, ut Maeviam uxorem quae vidua est ducat: condicio non

에서 정한 액수와 문답계약의 조건이 무엇인지 살펴야 하기 때문이다.

법학제요 제3권 제15장 7절.
물건뿐만 아니라, 우리가 어떤 것이 행해지도록 또는 행해지지 않도록 문답요약하는 경우처럼 행위도 문답계약의 목적이 될 수 있다. 그러한 문답계약에서 문답계약의 가액이 불확실하게 있지 않도록 그리고 이익 상당액을 원고가 증명할 필요가 없도록 위약벌 의무를 부과하는 것이 최상일 것이다. 그리하여 어떤 이가 어떤 것이 행해지도록 문답요약하는 경우, '그렇게 행해지지 않을 경우, 위약벌의 명목으로 10금을 줄 것을 서약하는가?'로 위약벌이 부가되어야 한다. 그런데 어떤 것은 행해지고 다른 어떤 것은 행해지지 않는다고 하나의 동일한 작성양식에 의해 문답요약하는 경우에는 다음과 같은 조항을 부가하여야 할 것이다. '이것들에 위반하여 행해졌거나 또는 그렇게 행해지지 않을 경우, 그때에는 위약벌의 명목으로 10금을 줄 것을 서약하는가?'

D.45.1.118.2 파피니아누스, 질의록 제27권.
"나와 티티우스 중 내가 원하는 자에게 10금을 줄 것을 너는 서약하는가?" 나에게 주어야 한다는 점에서는 문답계약은 확정적이고, 그에게 변제되어야 한다는 점에서는 불확정적이다. 즉, 티티우스에게 변제되지 않으면 내가 위약벌을 약속하였기 때문에 나보다는 티티우스에게 변제되는 것이 나에게 이익이 되는 경우를 상정하라.

D.44.7.44.5 파울루스, 법무관고시주해 제74권.
내가 "네가 토지를 공여하지 않으면, 100금을 공여할 것을 너는 서약하는가?"라고 문답요약한 경우, 100금만이 문답계약의 이행내용이고, 토지는 [채무의] 해소에 대한 것이다.

〈위약벌의 許否〉

D.35.1.71.1 파피니아누스, 질의록 제17권.
과부 마이비아Maevia를 취처娶妻한다는 조건으로 티티우스에게 100금이 유증되었다. 조건

remittetur et ideo nec cautio remittenda est. huic sententiae non refragatur, quod, si quis pecuniam promittat, si Maeviam uxorem non ducat, praetor actionem denegat: aliud est enim eligendi matrimonii poenae metu libertatem auferri, aliud ad testamentum certa lege invitari.

D.45.1.134.pr. Paulus 15 responsorum.

Titia, quae ex alio filium habebat, in matrimonium coit Gaio Seio habente familiam: et tempore matrimonii consenserunt, ut filia Gaii Seii filio Titiae desponderetur, et interpositum est instrumentum et adiecta poena, si quis eorum nuptiis impedimento fuisset: postea Gaius Seius constante matrimonio diem suum obiit et filia eius noluit nubere: quaero, an Gaii Seii heredes teneantur ex stipulatione. respondit ex stipulatione, quae proponeretur, cum non secundum bonos mores interposita sit, agenti exceptionem doli mali obstaturam, quia inhonestum visum est vinculo poenae matrimonia obstringi sive futura sive iam contracta.

〈위약벌의 사례〉

D.22.2.9 Labeo 5 pithanon a Paulo epitomatorum.

Si traiecticiae pecuniae poena (uti solet) promissa est, quamvis eo die, qui primus solvendae pecuniae fuerit, nemo vixerit, qui eam pecuniam deberet, tamen perinde committi poena potest, ac si fuisset heres debitoris.

D.44.7.23 Africanus 7 quaestionum.

Traiecticiae pecuniae nomine, si ad diem soluta non esset, poena (uti adsolet) ob operas eius qui eam pecuniam peteret in stipulationem erat deducta: is qui eam pecuniam petebat parte exacta petere desierat, deinde interposito tempore interpellare

이 면免해지지 않고 그리하여 담보제공이 면免해져서도 안 된다. 누군가 마이비아를 아내로 맞이하지 않는다는 조건으로 위약금을 약속하는 경우 법무관이 그 소권을 거부하는 것은 이 견해와 상충하지 않는다. 왜냐하면 혼인 선택의 자유를 위약벌의 위하威嚇로 박탈하는 것과 일정한 조건하에 유언의 내용을 지키도록 하는 것은 다르기 때문이다.

D.45.1.134.pr. **파울루스, 해답집 제15권.**
다른 남자와의 관계에서 아들이 있는 티티아가 딸을 가진 가이우스 세이우스와 혼인하였다. 그리고 혼인당시에 가이우스 세이우스의 딸이 티티아의 아들과 약혼되는 것으로 그들은 합의하였고, 그들 중 누군가가 그들의 혼인에 장애가 되는 경우를 대비하여 문기文記가 작성되고 위약벌이 부가되었다. 그 후에 가이우스 세이우스가 혼인관계 계속 중에 사망하였고, 그의 딸은 혼인하기를 원치 않았다. 질문: 가이우스 세이우스의 상속인이 문답계약에 기하여 책임을 져야 하는가? 해답: 언급된 문답계약은 선량한 풍속에 반反하여 작성되었으므로, 그에 기하여 소제기하는 자에게 악의의 항변이 장애가 될 것인데, 왜냐하면 위약벌의 사슬로써 혼인이, 장래의 것이든 또는 이미 체결된 것이든, 속박되는 것은 양속위반적인 것으로 보이기 때문이다.

〈위약벌의 사례〉

D.22.2.9 **라베오, 파울루스 발췌 개연논증론 제5권.**
해상소비대차에 위약벌이 (관례대로) 약속된 경우, 비록 금전변제의 첫 번째 기일에 그 금전채무자 중 아무도 생존해 있지 않다면, 흡사 채무자의 상속인이 존재했었던 것처럼 위약벌이 발효發效될 수 있다.

D.44.7.23 **아프리카누스, 질의록 제7권.**
해상소비대차의 명목으로, [소비대차금이] 기일에 지급되지 못한 경우 (관례대로) 위약벌이 그 금전을 청구할 자의 노무를 원인으로 문답계약에 삽입되었다. 그 금전을 청구한 자가 일부 변제를 받은 후 청구하기를 그치고, 그 후에 일정한 기간이 지난 뒤 [다시]

instituerat. consultus respondit eius quoque temporis, quo interpellatus non esset, poenam peti posse: amplius etiamsi omnino interpellatus non esset: nec aliter non committi stipulationem, quam si per debitorem non stetisset, quo minus solveret: alioquin dicendum et si is, qui interpellare coepisset, valetudine impeditus interpellare desisset, poenam non committi. de illo sane potest dubitari, si interpellatus ipse moram fecerit, an, quamvis pecuniam postea offerat, nihilo minus poena committatur: et hoc rectius dicitur. nam et si arbiter ex compromisso pecuniam certo die dare iusserit neque per eum, qui dare iussus sit, steterit, non committi poenam respondit: adeo ut et illud Servius rectissime existimaverit, si quando dies, qua pecunia daretur, sententia arbitri comprehensa non esset, modicum spatium datum videri. hoc idem dicendum et cum quid ea lege venierit, ut, nisi ad diem pretium solutum fuerit, inempta res fiat.

〈손해배상의 범위〉 → 민법 제393조 (손해배상의 범위)

D.9.2.22.pr. Paulus 22 ad edictum.
Proinde si servum occidisti, quem sub poena tradendum promisi, utilitas venit in hoc iudicium.

D.19.1.47 Paulus 6 responsorum.
Lucius Titius accepta pecunia ad materias vendendas sub poena certa, ita ut, si non integras repraestaverit intra statuta tempora, poena conveniatur, partim datis materiis decessit: cum igitur testator in poenam commiserit neque heres eius reliquam materiam exhibuerit, an et in poenam et in usuras conveniri possit, praesertim cum emptor mutuatus pecuniam usuras gravissimas expendit? Paulus respondit ex contractu, de quo quaeritur, etiam heredem venditoris in poenam conveniri posse. in actione

최고하기 시작하였다. 자문의뢰를 받은 후 [율리아누스는] 해답하였다: 청구되지 않았던 그 기간에 대해서도 위약벌이 청구될 수 있다. 나아가 전혀 최고되지 않았을지라도 그러하다. 문답계약이 발효發效되지 않는 경우는, 지급되지 않은 것이 채무자 측의 탓이 아니었던 경우 외에는 없다. 그렇지 않으면, 최고하기 시작했던 자가 건강상의 장애로 최고하기를 그친 경우, 위약벌이 발효되지 않는다고 말해야만 한다. 물론 최고를 받은 그 자가 지체에 빠졌다면, 그 후에 금전을 제공한 경우라 할지라도 그럼에도 불구하고 위약벌이 발효되는지가 문제될 수 있다. 긍정설이 더 타당하다. 왜냐하면 중재인이 중재에 기하여 금전을 확정기일에 공여하라고 명하였을지라도, 공여하라고 명받은 자 측의 탓이 아니라면, 위약벌은 발효되지 않는다고 그[율리아누스]는 해답하였다. 그 결과 세르비우스가 다음과 같이 생각했던 것도 매우 타당했던 것이니, 어느 기일에 금전이 공여되어야 하는지가 중재인의 판정에 포함되어 있지 않은 경우 상당한 기간이 주어진 것으로 인정된다는 것이다. 기일에 대금이 변제되지 않은 경우 물건이 매수되지 않은 것으로 된다는 조항 하에 매도된 경우에도 같은 말을 해야 한다.

〈손해배상의 범위〉 → 민법 제393조 (손해배상의 범위)

D.9.2.22.pr. **파울루스, 고시주해 제22권.**
따라서 위약벌 약정 하에 인도하기로 내가 약속한 노예를 네가 살해한 경우, 그 이익은 이 소송[아퀼리우스법 소송]에서 고려된다.

D.19.1.47 **파울루스, 해답집 제6권.**
루키우스 티티우스가 정해진 기간 내에 온전한 자재資材가 조달되지 않으면 위약벌로 제소된다는 내용의 확정위약벌 약정 하에 건축자재 매도대금을 수령하였고, 일부 자재를 공급한 후에 사망하였다. 이렇게 하여 이 유언자가 위약벌을 발효發效시켰고, 그의 상속인도 남은 자재를 제시하지 않았으므로, 위약벌에 대하여도 이자利子에 대하여도 제소될 수 있는가? 특히 매매대금을 (제3자로부터) 꾼 매수인이 매우 고율의 이자를 지급하는 경우라면 어떠한가? 파울루스의 해답解答: 문제된 계약에 기하여 매도인

quoque ex empto officio iudicis post moram intercedentem usurarum pretii rationem haberi oportere.

【손해배상액의 예정】
- 민법 제398조 제3항 -

D.44.4.4.7 Ulpianus 76 ad edictum.

Labeo ait, si de homine petitio secundum actorem fuerit iudicatum et iussu iudicis satisdatum sit hominem intra certum diem tradi, et, si traditus non fuisset, poenam stipulatus sit, petitorem, qui et hominem vindicat et poenam petit, exceptione esse repellendum: iniquum enim esse et hominem possidere et poenam exigere.

D.4.8.21.12 Ulpianus 13 ad edictum.

Intra quantum autem temporis, nisi detur quod arbiter iusserit, committatur stipulatio, videndum est. et si quidem dies adiectus non sit, Celsus scribit libro secundo digestorum inesse quoddam modicum tempus: quod ubi praeterierit, poena statim peti potest: et tamen, inquit, et si dederit ante acceptum iudicium, agi ex stipulatu non poterit:

D.4.8.22 Paulus 13 ad edictum.

utique nisi eius interfuerit tunc solvi.

의 상속인도 위약벌에 대하여 제소될 수 있다. 매수소송에서도 심판인의 직권으로 지체 발생 후의 대금에 대한 이자가 고려되어야만 한다.

【손해배상액의 예정】
- 민법 제398조 제3항 -

D.44.4.4.7 울피아누스, 고시주해 제76권.

라베오가 말하였다: 노예에 대한 청구가 원고 승소로 판결이 내려지고 심판인의 명으로 그 노예가 확정기일 내에 인도된다는 것에 대한 손해담보문답계약이 제공되었고, 노예가 인도되지 않는 경우에 대하여 위약벌이 문답요약된 경우, 노예를 소유물반환청구도 하고 위약벌도 청구하는 자는 항변으로써 배척되어야만 한다. 왜냐하면 노예도 차지하면서 위약벌 청구도 하는 것은 불공평하기 때문이다.

D.4.8.21.12 울피아누스, 고시주해 제13권.

중재인이 명한 것이 공여되지 않은 경우, 어느 정도의 기간 안에 문답계약이 발효發效되는 것인지 살펴보아야만 한다.* 실로 기한이 부가되지 않은 경우, 켈수스는 학설집 제2권에서 쓰기를, 일종의 상당한 기간이 존재한다고 한다. 기간이 도과한 경우, 위약벌이 즉시 청구될 수 있다. 그러나 켈수스는 말하길, 심판인절차 수용** 전에 그가 공여한다면, 문답계약에 기하여 소제기될 수 없을 것인데.

* 중재계약(compromissum)을 체결하면서 중재 판정에 불복하는 경우에 대하여 약속하는 위약벌이 문제된 경우이다(D.4.8.3.2; D.h.t.15; D.h.t.11.2).

** accipere iudicium = litem contestari, 즉 쟁점결정으로 법정절차(in iure)를 마무리 짓고 심판인절차(in iudicio, apud iudicem)로 넘어가는 것.

D.4.8.22 파울루스, 고시주해 제13권.

그러나 그 당시[이행기]에 변제되는 것이 그[원고]에게 이익이었던 경우는 그러하지 아니하다.

D.4.8.23.pr. Ulpianus 13 ad edictum.

Celsus ait, si arbiter intra kalendas septembres dari iusserit nec datum erit, licet postea offeratur, attamen semel commissam poenam compromissi non evanescere, quoniam semper verum est intra kalendas datum non esse: sin autem oblatum accepit, poenam petere non potest doli exceptione removendus. contra, ubi dumtaxat dare iussus est.

D.17.2.42 Ulpianus 45 ad Sabinum.

[D.17.2.41 Ulpianus libro 20 ad edictum: Si quis a socio poenam stipulatus sit, pro socio non aget, si tantundem in poenam sit, quantum eius interfuit.]

Quod si ex stipulatu eam consecutus sit, postea pro socio agendo hoc minus accipiet poena ei in sortem imputata.

D.44.7.44.6 Paulus 74 ad edictum praetoris.

Sed si navem fieri stipulatus sum et, si non feceris, centum, videndum, utrum duae stipulationes sint, pura et condicionalis, et existens sequentis condicio non tollat priorem? An vero transferat in se et quasi novatio prioris fiat? Quod magis verum est.

D.45.1.115.2 Papinianus 2 quaestionum.

Item si quis ita stipuletur: "si Pamphilum non dederis, centum dari spondes?" Pegasus respondit non ante committi stipulationem, quam desisset posse Pamphilus dari. Sabinus autem existimabat ex sententia contrahentium, postquam homo potuit dari, confestim agendum et tamdiu ex stipulatione non posse agi, quamdiu per promissorem non stetit, quo minus hominem daret, idque defendebat exemplo penus legatae. Mucius etenim heredem, si dare potuisset penum nec dedisset, confestim in pecuniam

D.4.8.23.pr. 울피아누스, 고시주해 제13권.

켈수스는 말하길, 중재인이 9월 초하루 내에 공여될 것을 명하였으나 공여되지 않은 경우, 비록 그 후에 제공되었을지라도, 한번 발효發效된 중재계약의 위약벌은 소멸하지 않는데, 왜냐하면 초하루 내에 공여되지 않았다는 것은 항상 진실이기 때문이다. 그런데 [상대방이] 제공된 것을 수령하면, 악의의 항변으로 배척되어야만 하기 때문에 위약벌을 청구할 수 없다. [기한의 정함 없이] 단지 공여할 것만 명받은 경우에는 다르다.

D.17.2.42 울피아누스, 사비누스주해 제45권.

[D.17.2.41. 어떤 자가 동료 조합원으로부터 위약벌을 문답요약한 경우에는 그는 그의 이익 상당액만큼이 위약벌액이라면 [동시에] 조합원소권으로써 소구할 수 없다.] 그러나 그가 문답계약에 기하여 위약벌을 얻은 경우 그 후에 조합원소권으로 소구하면 그는 그만큼 덜 수령할 것인데, 위약벌이 그를 위하여 정산금에 산입되었기 때문이다.

D.44.7.44.6 파울루스, 법무관고시주해 제74권.

내가 선박이 건조되는 것을 문답요약하고 네가 불이행한 경우에 대해 100금의 위약벌을 문답요약한 경우 문답계약이 두 개인지 아닌지, 즉 조건이 붙지 않은 것과 조건부인 것의 두 개인지 아닌지, 그리고 후속 문답계약의 조건이 그 실현으로써 전자를 제거하는 것은 아닌지, 아니면 참으로 후자가 전자를 자신 속으로 이전해서 말하자면 전자의 경개更改가 일어나는 것인지 살펴보아야만 한다. 후자가 더 옳다.

D.45.1.115.2 파피니아누스, 질의록 제2권.

또한 어떤 이가 "네가 노예 팜필루스를 공여하지 않는다면, 너는 100금을 공여할 것을 서약하는가?"라고 문답요약한 경우, 페가수스는 해답하기를, 팜필루스가 공여될 수 없기 전에는 문답계약은 발효發效되지 않는다고 한다. 그런데 사비누스는 계약당사자들의 의사에 기하여, 노예가 공여될 수 있었던 후에는 즉시 소제기되어야 하고, 노예를 공여하지 않은 것이 낙약자 측의 탓이 아닌 동안에는 문답계약에 기하여 소제기 할 수 없다고 생각하였고, 그는 이 견해를 식료품 유증의 예를 들어 옹호하였다. 왜냐하면

legatam teneri scripsit, idque utilitatis causa receptum est ob defuncti voluntatem et ipsius rei naturam. itaque potest Sabini sententia recipi, si stipulatio non a condicione coepit, veluti "si Pamphilum non dederis, tantum dare spondes?", sed ita concepta sit stipulatio: "Pamphilum dari spondes? si non dederis, tantum dari spondes?" quod sine dubio verum erit, cum id actum probatur, ut, si homo datus non fuerit, et homo et pecunia debeatur. sed et si ita cautum sit, ut sola pecunia non soluto homine debeatur, idem defendendum erit, quoniam fuisse voluntas probatur, ut homo solvatur aut pecunia petatur.

D.19.1.28 Iulianus 3 ad Urseium Ferocem.

Praedia mihi vendidisti et convenit, ut aliquid facerem: quod si non fecissem, poenam promisi. respondit: venditor antequam poenam ex stipulatu petat, ex vendito agere potest: si consecutus fuerit, quantum poenae nomine stipulatus esset, agentem ex stipulatu doli mali exceptio summovebit: si ex stipulatu poenam consecutus fueris, ipso iure ex vendito agere non poteris nisi in id, quod pluris eius interfuerit id fieri.[3)]

3) Lenel은 nisi 이하를 율리아누스의 簡註(nota)로 추정하고 있다.

무키우스는, 식료품을 공여하는 것이 가능하였지만 공여하지 않은 경우, 상속인이 즉시 유증된 금전에 대하여 책임을 진다고 썼고, 이것은 유용성 때문에, 망인亡人의 의사와 사물 그 자체의 본성으로 인하여 받아들여졌다. 그런데 사비누스의 견해는 [다음과 같은 경우에는] 받아들여질 수 있는데, 문답계약이 "네가 팜필루스를 공여하지 않는다면, 그 상당액을 공여할 것을 너는 서약하는가?"와 같은 조건으로 시작하지 않았고, 문답계약이 "너는 팜필루스가 공여되는 것을 서약하는가? 네가 공여하지 않는다면, 그 상당액이 공여되는 것을 서약하는가?"와 같이 표현된 경우에 그러하다. 이것은 당사자가 합의한 것이 노예가 공여되지 않는다면 노예도 금전도 채무로 되는 것으로 인정되는 경우에는 의심 없이 참일 것이다. 그러나 노예가 변제되지 않으면 금전만이 채무로 된다고 문답계약으로 규정된 경우라 할지라도, 동일한 것이 옹호되어야 할 것인데, 왜냐하면 노예가 변제되거나 또는 금전이 청구되는 것으로 인정되는 것이 당사자의 의사였기 때문이다.

D.19.1.28 율리아누스, 우르세이우스 페록스주해 제3권.

네가 나에게 여러 필지의 토지를 매도하였고, [그것을 대가로] 내가 무엇인가를 하는 것을 약정하였다. 내가 불이행했을 경우에 대하여 나는 위약벌을 약속하였다. 해답解答[4]: 매도인은 문답계약에 기하여 위약벌을 청구하기 전에 매도에 기하여 소제기할 수 있다. 그래서 그가 위약벌의 명목으로 문답계약한 만큼을 얻은 경우라면, 다시 문답계약에 기하여 소제기하면 악의의 항변이 물리칠 것이다. 네가 문답계약에 기하여 위약벌을 얻은 경우라면 법률상 당연히 너는 매도에 기하여 소제기할 수 없을 것이다. 다만 그것[즉 매도소권으로 소제기하는 것]이 행해지는 것에 대하여 더 큰 이익이 있는 경우에는 그러하지 아니하다.

4) 아마도 Urseius Ferox.

《유스티니아누스법》

C.7.47.1 Iustinianus (a.531)

Cum pro eo quod interest dubitationes antiquae in infinitum productae sunt, melius nobis visum est huiusmodi prolixitatem prout possibile est in angustum coartare.

(1) Sancimus itaque in omnibus casibus, qui certam habent quantitatem vel naturam, veluti in venditionibus et locationibus et omnibus contractibus, quod hoc interest dupli quantitatem minime excedere: in aliis autem casibus, qui incerti esse videntur, iudices, qui causas dirimendas suscipiunt, per suam subtilitatem requirere, ut, quod re vera inducitur damnum, hoc reddatur et non ex quibusdam machinationibus et immodicis perversionibus in circuitus inextricabiles redigatur, ne, dum in infinitum computatio reducitur, pro sua impossibilitate cadat, cum scimus esse naturae congruum eas tantummodo poenas exigi, quae cum competenti moderatione proferuntur vel a legibus certo fine conclusae statuuntur.

(2) Et hoc non solum in damno, sed etiam in lucro nostra amplectitur constitutio, quia et ex eo veteres quod interest statuerunt: et sit omnibus, secundum quod dictum est, finis antiquae prolixitatis huius constitutionis recitatio.

《유스티니아누스법》

C.7.47.1 유스티니아누스 황제, 531년.

손해배상에 관한 옛 법률가들의 의문들이 무한히 양산되었기에, 짐이 보기에 이와 같은 종류의 장황함이 가능한 한 간결하게 축소되는 것이 마땅하다.

(1) 그리하여 짐이 정하기를, 확정액 또는 확정된 성질을 가지는 모든 사안에 있어서, 예컨대 매매, 임약賃約 그리고 모든 계약의 경우, 손해배상액은 가액의 2배를 결코 초과해서는 안 된다. 그러나 불확정하게 보이는 다른 경우들에 있어서는, 종식시켜야 할 사안을 맡은 재판관은 자신의 정교함을 통하여 실제로 손해로 된 것, 이것이 배상되도록 그리고 어떠한 간계와 지나친 왜곡으로 풀릴 수 없는 혼란에 빠지지 않도록 조사하여야 하니, 이로써 계산이 무한으로 빠지는 동안 그 자신의 불능으로 인하여 패착하지 않기 위함인데, 짐은 권한 있는 자의 조절로써 정해지거나 법률에 의하여 [분쟁을] 종결하는 확정된 한계로써 규정된 그 만큼의 위약벌만이 수취되는 것이 자연에 부합하는 것으로 알고 있는 바이다.

(2) 또한 짐의 칙령은 손해에 대하여만이 아니라 이익에 대하여도 적용되는데, 왜냐하면 옛 법률가들은 이로부터도 그 이익 상당액을 정하였었기 때문이다. 이 칙령의 공포가 모든 이들에게 선언된 바에 따라 옛 장황함의 종식이 될지어다.

민법 제399조 (손해배상자의 대위)

채권자가 그 채권의 목적인 물건 또는 권리의 가액전부를 손해배상으로 받은 때에는 채무자는 그 물건 또는 권리에 관하여 당연히 채권자를 대위한다.

→ 민법 제481-486조 (변제자의 대위); 상법 제681조 (보험자의 대위)

민법 제399조 (손해배상자의 대위)

채권자가 그 채권의 목적인 물건 또는 권리의 가액전부를 손해배상으로 받은 때에는 채무자는 그 물건 또는 권리에 관하여 당연히 채권자를 대위한다.

→ 민법 제481-486조 (변제자의 대위); 상법 제681조 (보험자의 대위)

민법 제400조 (채권자지체)
채권자가 이행을 받을 수 없거나 받지 아니한 때에는 이행의 제공있는 때로부터 지체책임이 있다.

【수령지체가 아닌 경우】

D.18.6.15 Paulus 3 epitomatorum Alfeni.

Quod si neque traditi essent neque emptor in mora fuisset quo minus traderentur, venditoris periculum erit.

【이행의 제공과 수령지체책임】

D.13.5.17 Paulus 29 ad edictum.

Sed et si alia die offerat nec actor accipere voluit nec ulla causa iusta fuit non accipiendi, aequum est succurri reo aut exceptione aut iusta interpretatione, ut factum actoris usque ad tempus iudicii ipsi noceat: ut illa verba "neque fecisset" hoc significent, ut neque in diem in quem constituit fecerit neque postea.

D.13.5.18.pr. Ulpianus 27 ad edictum.

Item illa verba praetoris "neque per actorem stetisse" eandem recipiunt dubitationem. et Pomponius dubitat, si forte ad diem constituti per actorem non steterit, ante stetit vel postea. et puto et haec ad diem constituti referenda. proinde si valetudine impeditus aut vi aut tempestate petitor non venit, ipsi nocere Pomponius scribit.

민법 제400조 (채권자지체)

채권자가 이행을 받을 수 없거나 받지 아니한 때에는 이행의 제공있는 때로부터 지체 책임이 있다.

【수령지체가 아닌 경우】

D.18.6.15 **파울루스, 알페누스초록 제3권.**

[매매목적물이] 인도되지도 않았고, 또 매수인이 인도되지 않도록 수령지체에 빠진 것도 아닌 경우에는 위험은 매도인의 것이다.

【이행의 제공과 수령지체책임】

D.13.5.17 **파울루스, 고시주해 제29권.**

그러나 [기일 이후의] 다른 날에 [피고가] 제공하지만 원고가 수령하는 것을 원하지도 않았고 수령하지 않는 데에 어떠한 정당한 사유도 없었다면, 피고를 항변이나 정당한 해석으로 돕는 것이 공평하고, 그리하여 원고의 행위가 판결시까지 자신에게 해가 되게 해야 한다. 그리하여 "불이행하였다"라는 말은 피고가 변제하기로 약속한 기일에 하지 않았고 그 이후에도 하지 않은 것을 의미한다.

D.13.5.18.pr. **울피아누스, 고시주해 제27권.**

또 "원고 측의 탓이 아니었다"라는 법무관의 저 언명言明도 동일한 의문의 대상이다. 폼포니우스도, 혹시 변제하기로 약속한 그 날에는 원고 측의 탓이 아니었지만, 그 이전이나 그 이후에는 그런 경우에 의문을 표한다. 사견私見으로도 그 언명은 변제하기로 약속한 기일과 관련되어야 한다고 생각한다. 그러므로 청구자가 건강이나 폭력 또는 악천후로 인하여 장애를 받아 오지 못하면, 그 자신에게 해가 된다고 폼포니우스는 기술한다.

D.17.1.37 Africanus 8 quaestionum.

Hominem certum pro te dari fideiussi et solvi: cum mandati agatur, aestimatio eius ad id potius tempus, quo solutus sit, non quo agatur, referri debet, et ideo etiamsi mortuus fuerit, nihilo minus utilis ea actio est. aliter in stipulatione servatur: nam tunc id tempus spectatur quo agitur, nisi forte aut per promissorem steterit, quo minus sua die solveret, aut per creditorem, quo minus acciperet: etenim neutri eorum frustratio sua prodesse debet.

D.19.1.9 Pomponius 20 ad Sabinum.

Si is, qui lapides ex fundo emerit, tollere eos nolit, ex vendito agi cum eo potest, ut eos tollat.

= **포도주매매** =

D.18.6.5 Paulus 5 ad Sabinum.

Si per emptorem steterit, quo minus ad diem vinum tolleret, postea, nisi quod dolo malo venditoris interceptum esset, non debet ab eo praestari. si verbi gratia amphorae centum ex eo vino, quod in cella esset, venierint, si admensum est, donec admetiatur, omne periculum venditoris est, nisi id per emptorem fiat.

D.18.6.1.4 Ulpianus 28 ad Sabinum.

Si doliare vinum emeris nec de tradendo eo quicquam convenerit, id videri actum, ut ante evacuarentur quam ad vindemiam opera eorum futura sit necessaria: quod si non sint evacuata, faciendum, quod veteres putaverunt, per corbem venditorem mensuram

D.17.1.37 **아프리카누스, 질의록 제8권.**

확정된 노예가 너를 위하여 공여되는 것을 나는 신명信命보증하였고 또한 변제하였다. [위임사무처리중 지출한 비용에 대하여 나에 의하여] 위임소송이 제기되는 경우, 노예의 가액은 제소시가 아니라 변제시에 관련되어야만 하고, 따라서 비록 노예가 사망하였을지라도, 그럼에도 불구하고 그 소송은 유익하다. 문답계약의 경우에는 다른 것이 준수된다. 왜냐하면 그 경우에는 제소시가 고려되어야 하는데, 다만 자신의 날에 변제하지 못한 것이 문답채무자 측의 탓이었거나, 또는 [노예를] 수령하지 못한 것이 채권자 측의 탓인 경우에는 그러하지 않다. 왜냐하면 그들 중 누구에게라도 자신의 지체가 이익이 되어서는 안 되기 때문이다.

D.19.1.9 **폼포니우스, 사비누스주해 제20권.**

토지에 있는 돌을 매수한 자가 그것을 반출하기 원하지 않는 경우, 매도소권에 기하여 그를 상대로 그가 그것을 반출하도록 소제기할 수 있다.

= **포도주매매** =

D.18.6.5 **파울루스, 사비누스주해 제5권.**

기일에 포도주를 반출하지 못한 것이 매수인 측의 탓이라면, 그 이후에는, 그것이 매도인의 악의로 좌절된 것이 아닌 한, 매도인은 어떠한 책임도 져서는 안 된다. 예컨대 창고에 있는 포도주에서 100항아리를 계량을 조건으로 매도한 경우, 계량되기까지는 모든 위험은 매도인에게 속하는데, 다만 그것이 매수인을 통하여 이루어지는 경우라면 그러하지 아니하다.

D.18.6.1.4 **울피아누스, 사비누스주해 제28권.**

네가 술독안의 포도주를 매수하고 그것의 인도에 관하여 어떠한 합의도 하지 않았다면, 다음과 같이 합의된 것으로 인정되는데, 즉 술독들이 [다음] 포도수확을 위하여 필요하게 되기 전에 비워져야한다는 것이다. 그것이 비워지지 않은 경우, 다음의 조치가

facere et effundere: veteres enim hoc propter mensuram suaserunt, si, quanta mensura esset, non appareat, videlicet ut appareret, quantum emptori perierit.

《공탁》

D.22.1.1.3 Papinianus 2 quaestionum.

Papinianus: circa tutelae restitutionem pro favore pupillorum latior interpretatio facta est: nemo enim ambigit hodie, sive iudex accipiatur, in diem sententiae, sive sine iudice tutela restituatur, in eum diem quo restituit usuras praestari. plane si tutelae iudicio nolentem experiri tutor ultro convenerit et pecuniam optulerit eamque obsignatam deposuerit, ex eo tempore non praestabit usuras.

C.4.32.19 Diocletianus / Maximianus.

Acceptam mutuo sortem cum usuris licitis creditori post testationem offer ac, si non suscipiat, consignatam in publico depone, ut cursus usurarum legitimarum inhibeatur.

(1) In hoc autem casu publicum intellegi oportet vel sacratissimas aedes vel ubi competens iudex super ea re aditus deponi eas disposuerit.

(2) Quo subsecuto etiam periculo debitor liberabitur et ius pignorum tollitur, cum Serviana etiam actio manifeste declarat pignoris inhiberi persecutionem vel solutis pecuniis vel si per creditorem steterit, quominus solvatur.

(3) Quod etiam in traiecticiis servari oportet.

(4) Creditori scilicet actione utili ad exactionem earum non adversus debitorem, nisi forte eas receperit, sed vel contra depositarium vel ipsas competente pecunias.

행해져야 한다고 옛 법률가들은 생각하였는데, 즉 큰 광주리 단위로 매도인이 [포도주의 양을] 계량하고 쏟아버린다는 것이다. 왜냐하면 옛 법률가들은 이것을 포도주의 양이 얼마만큼인지 분명하지 않은 경우에, 즉 얼마만큼이 매수인에게 상실되는지가 분명하게 드러나도록 하려고, 계량 때문에 권장하였기 때문이다.

《공탁》

D.22.1.1.3 **파피니아누스, 질의록 제2권.**

파피니아누스: 후견재산 반환청구에 관하여는 피후견인의 우대를 위하여 확장해석이 이루어졌다. 왜냐하면 심판인이 [사건을] 맡는 경우에는 판결일까지, 심판인 없이 후견재산이 반환되는 때에는 반환일까지 이자가 급부된다는 점은 오늘날 아무도 의심하지 않기 때문이다. 물론 후견소송으로써 제소하기를 원하지 않는 피후견인을 후견인이 자발적으로 최고하고, 금전을 이행제공하였고, 봉금封禁하여 공탁한 경우에는, 그는 그 시점부터는 이자를 책임지지 않을 것이다.

C.4.32.19 **디오클레티아누스 / 막시미아누스 황제.**

소비대차로 수령한 원금을 합법적인 이자와 함께 채권자에게 증인 확보 후 제공하라. 그리고 그가 수령하지 않는다면, 법정이자의 진행을 중단시키기 위하여, 봉인하여 공적 장소에 공탁하라.

(1) 그런데 이 경우에 공적 장소라 함은 신전이나 권한 있는 심판인이 이 건에 관해 신청받은 후 그것이 공탁되도록 정한 곳이라고 이해되어야 한다.

(2) 이것이 행해지면, 채무자는 위험으로부터도 해방될 것이고, 질권도 소멸되는데, 세르비우스 소권*도 금전이 변제되거나 변제되지 못한 것이 채권자 측의 탓인 경우에는 질권의 추구가 중단된다고 명시하고 있기 때문이다.

(3) 이것은 해상소비대차의 경우에도 준수되는 것이 합당하다.

(4) 즉 채권자에게는 소비대차금의 추심을 위하여 준소권이 채무자를 상대로 해서가 아니라, 다만 채무자가 그것을 수령한 경우는 예외이나, 공탁을 받은 자를 상대로 하거

C.8.42.9 Diocletianus/Maximianus (a.286).

Obsignatione totius debitae pecuniae sollemniter facta liberationem contingere manifestum est. sed ita demum oblatio debiti liberationem parit, si eo loco, quo debetur solutio, fuerit celebrata

= **일부 공탁** =

D.22.1.41.1 Modestinus 3 responsorum.

Lucius Titius cum centum et usuras aliquanti temporis deberet, minorem pecuniam quam debebat obsignavit: quaero, an Titius pecuniae quam obsignavit usuras praestare non debeat. Modestinus respondit, si non hac lege mutua pecunia data est, uti liceret et particulatim quod acceptum est exsolvere, non retardari totius debiti usurarum praestationem, si, cum creditor paratus esset totum suscipere, debitor, qui in exsolutione totius cessabat, solam partem deposuit.

= **공탁의 방식** =

D.46.3.39 Africanus 8 quaestionum.

Si, soluturus pecuniam tibi, iussu tuo signatam eam apud nummularium, quoad

나 또는 공탁금 자체에 대하여 인정된다.

* 임대인은 임차인의 차임채무 불이행의 경우 특시명령을 통하여 저당물의 점유를 취득할 수 있었다(interdictum Salvianum). 후대에 법무관은 동일한 목적을 위하여 actio Serviana라는 특별한 소권을 부여하였다. 이 소권으로 임대인은 심지어 그 물건이 제3자에 의하여 주장되는 경우에도 저당물의 점유를 청구할 수 있었다. actio Serviana의 이후의 발전은 다른 담보계약의 경우에도 확장되었는데(actio quasi Serviana, actio hypothecaria와 actio pigneraticia in rem으로도 불림), 질물이 채무자의 점유에 있는 경우에 그러하였다.

C.8.42.9 디오클레티아누스 / 막시미아누스, 286년.
채무금 전액을 격식을 갖추어 봉금封禁하면 [채무로부터] 벗어나는 것은 명백하다. 그러나 변제할 의무있는 그 장소에서 거행된 경우에만 제공은 채무해소를 초래한다.

= 일부 공탁 =

D.22.1.41.1 모데스티누스, 해답집 제3권.
루키우스 티티우스가 100금과 일정 기간의 이자를 부담하는데 부담액보다 적은 금액을 봉금封禁하였다. 질문: 티티우스는 그가 봉금封禁한 금액의 이자를 급부할 의무가 없는가. 모데스티누스의 해답: 수령한 것을 일부씩 변제하는 것이 허용되는 조항부로 대금貸金이 이루어지지 않은 경우, 채권자가 전액을 수령할 의향이 있음에도 불구하고 전액 변제를 지체한 채무자가 오직 일부만을 공탁한 경우에는 전체 채무금의 이자 지급이 저지되는 것이 아니다.

= 공탁의 방식 =

아프리카누스, 질의록 제8권.
내가 너에게 금전을 변제하려고 너의 지시에 따라 승인될 때까지 그것을 봉금封禁하여

probaretur, deposuerim, tui periculi eam fore Mela libro decimo scribit. quod verum est, cum eo tamen, ut illud maxime spectetur, an per te steterit, quo minus in continenti probaretur: nam tunc perinde habendum erit, ac si parato me solvere tu ex aliqua causa accipere nolles. in qua specie non utique semper tuum periculum erit: quid enim, si inopportuno tempore vel loco optulerim? his consequens esse puto, ut etiam, si et emptor nummos et venditor mercem, quod invicem parum fidei haberent, deposuerint, et nummi emptoris periculo sint (utique si ipse eum, apud quem deponerentur, elegerit) et nihilo minus merx quoque, quia emptio perfecta sit.

환전업자에게 공탁한 경우, 그것은 너의 위험일 것이라고 멜라는 그의 책 제10권에서 적고 있다. 그렇지만 이것은 그것이 즉시 승인되지 않는 것이 너의 탓이었는지 아닌지가 특히 고려된다는 전제 하에서만 참이다. 왜냐하면 이때에는 나는 변제할 준비가 되어 있는데 네가 어떤 이유론가 수령하기를 원하지 않는 것처럼 받아들여야만 하기 때문이다. 그러나 이 경우에도 위험이 항상 너의 것인 것은 아닐 것이다. 내가 적절치 않은 시점이나 장소에서 이행제공한다면 어떻겠는가? 사견으로는 매수인은 대금을, 그리고 매도인은 상품을 상호간에 신뢰가 거의 없기에 공탁한 경우에도 대금은 매수인의 위험이고(그 자신이 공탁될 자를 선택한 경우 언제나), 또 그럼에도 불구하고 상품 또한 그런데, 왜냐하면 매매가·완성*되었기 때문이다.

* 매매의 완성: D.18.6.8.pr. Paulus 33 ad edictum.

... Et si id quod venierit appareat quid quale quantum sit, sit et pretium, et pure venit, perfecta est emptio ...

(매도된 것이 무엇이고, 어떤 질과 양인지가 명확하고, 또 대금도 존재하고, 조건이 붙지 않고 매도된 경우, 매매는 완성된 것이다.)

민법 제401조 (채권자지체와 채무자의 책임)
채권자지체중에는 채무자는 고의 또는 중대한 과실이 없으면 불이행으로 인한 모든 책임이 없다.

= **금전채무** =

D.46.3.72.pr. Marcellus 20 digestorum.

Qui decem debet, si ea optulerit creditori et ille sine iusta causa ea accipere recusavit, deinde debitor ea sine sua culpa perdiderit, doli mali exceptione potest se tueri, quamquam aliquando interpellatus non solverit: etenim non est aequum teneri pecunia amissa, quia non teneretur, si creditor accipere voluisset. quare pro soluto id, in quo creditor accipiendo moram fecit, oportet esse. …

= **포도주매매** =

D.18.6.5 Paulus 5 ad Sabinum.

Si per emptorem steterit, quo minus ad diem vinum tolleret, postea, nisi quod dolo malo venditoris interceptum esset, non debet ab eo praestari. si verbi gratia amphorae centum ex eo vino, quod in cella esset, venierint, si admensum est, donec admetiatur, omne periculum venditoris est, nisi id per emptorem fiat.

민법 제401조 (채권자지체와 채무자의 책임)
채권자지체중에는 채무자는 고의 또는 중대한 과실이 없으면 불이행으로 인한 모든 책임이 없다.

= **금전채무** =

D.46.3.72.pr. **마르켈루스, 학설집 제20권.**
10금을 채무로 진 자가 채권자에게 그 금액을 이행제공하였는데 채권자가 정당한 사유 없이 그것을 수령하기를 거절하였고 그 후에 채무자가 그것을 자신의 과실없이 멸실한 경우, 채무자는 자신을 악의의 항변으로 보호할 수 있으니 비록 언젠가 최고받고서 변제하지 않았더라도 그러하다. 왜냐하면 금전이 상실되었다고 책임지는 것은 공평하지 않기 때문인데, 만약 채권자가 수령하기를 원했더라면 채무자는 책임지지 않았을 것이기 때문이다. 그러한 이유로 채권자가 그것을 수령을 함에 있어 수령지체에 빠진 물건은 변제된 것으로 하는 것이 합당하다. …

= **포도주매매** =

D.18.6.5 **파울루스, 사비누스주해 제5권.**
기일에 포도주를 반출하지 못한 것이 매수인 측의 탓이라면, 그 이후에는, 그것이 매도인의 악의로 좌절된 것이 아닌 한, 매도인은 어떠한 책임도 져서는 안 된다. 예컨대 창고에 있는 포도주에서 100항아리를 계량을 조건으로 매도한 경우, 계량되기까지는 모든 위험은 매도인에게 속하는데, 다만 그것이 매수인을 통하여 이루어지는 경우라면 그러하지 아니하다.

= 혼인지참재산 반환채무 =

D.24.3.9 Pomponius 14 ad Sabinum.

Si mora per mulierem fuit, quo minus dotem reciperet, dolum malum dumtaxat in ea re, non etiam culpam maritus praestare debet, ne facto mulieris in perpetuum agrum eius colere cogatur: fructus tamen, qui pervenissent ad virum, redduntur.

D.46.3.72.pr. Marcellus 20 digestorum.

… et sane si servus erat in dote eumque optulit maritus et is servus decessit, aut nummos optulit eosque non accipiente muliere perdiderit, ipso iure desinet teneri.

= 유증채무 =

D.30.84.3 Iulianus 33 digestorum.

Si cui homo legatus fuisset et per legatarium stetisset, quo minus Stichum, cum heres tradere volebat, acciperet, mortuo Sticho exceptio doli mali heredi proderit.

= 문답계약 =

D.45.1.105 Iavolenus 2 epistularum.

Stipulatus sum Damam aut Erotem servum dari: cum Damam dares, ego quo minus acciperem, in mora fui: mortuus est Dama: an putes me ex stipulatu actionem habere? respondit: secundum Massurii Sabini opinionem puto te ex stipulatu agere non posse:

= **혼인지참재산 반환채무** =

D.24.3.9 폼포니우스, 사비누스주해 제14권.
부인婦人이 혼인지참재산을 반환받음에 있어서 수령지체에 빠졌다면, 남편은 그 물건에 대하여 악의만 책임져야 하고, 과실過失까지 책임져야 하는 것은 아닌데, 부인婦人의 행위로 남편이 영원히 부인의 토지를 경작하도록 강제되지 않게 하기 위함이다. 그러나 남편에게 귀속된 과실果實은 반환되어야 할 것이다.

D.46.3.72.pr. 마르켈루스, 학설집 제20권.
… 그리고 물론 노예가 혼인지참재산의 일부여서 남편이 그것을 (반환하기 위하여) 이행제공하였는데 그 노예가 사망한 경우나, 또는 남편이 주화를 이행제공하였는데 그것을 부인婦人이 수령하지 않고 있던 중 멸실한 경우, 법률상 당연히 남편은 더 이상 책임지기를 그친다.

= **유증채무** =

D.30.84.3 율리아누스, 학설집 제33권.
노예가 어떤 이에게 유증되었고, 상속인은 인도하고자 하였으나 노예 스티쿠스를 수령하지 못한 것이 수유자 측의 탓이었다면, 노예 스티쿠스가 사망하는 경우 악의의 항변이 상속인에게 이익이 될 것이다.

= **문답계약** =

D.45.1.105 야볼레누스, 서간집 제2권.
노예 다마Dama 또는 노예 에로스Eros가 공여되는 것을 내가 문답요약하였다. 네가 다마를 공여하지만 내가 수령하지 않은 탓에 내가 수령지체에 빠졌다. 내가 문답계약에 기하여 소권을 가진다고 당신은 생각하는가? 해답: 마쑤리우스 사비누스의 견해에 따라

nam is recte existimabat, si per debitorem mora non esset, quo minus id quod debebat solveret, continuo eum debito liberari.

《쌍방 지체》

D.18.6.18 Pomponius 31 ad Quintum Mucium.

Illud sciendum est, cum moram emptor adhibere coepit, iam non culpam, sed dolum malum tantum praestandum a venditore. quod si per venditorem et emptorem mora fuerit, Labeo quidem scribit emptori potius nocere quam venditori moram adhibitam, sed videndum est, ne posterior mora damnosa ei sit. quid enim si interpellavero venditorem et non dederit id quod emeram, deinde postea offerente illo ego non acceperim? sane hoc casu nocere mihi deberet. sed si per emptorem mora fuisset, deinde, cum omnia in integro essent, venditor moram adhibuerit, cum posset se exsolvere, aequum est posteriorem moram venditori nocere.

사견私見으로는 당신은 문답계약에 기하여 소제기할 수 없다고 생각한다. 왜냐하면 그[사비누스]는 타당하게 생각하기를, 채무로 부담하던 것을 변제하지 못한 것이 채무자 측의 지체 탓이 아니었다면, 즉시 그가 채무로부터 해방된다고 하였기 때문이다.

《쌍방 지체》

D.18.6.18 **폼포니우스, 퀸투스 무키우스주해 제31권.**
매수인이 수령지체에 빠지기 시작하면, 이제 과실過失이 아닌 악의만을 매도인이 책임져야만 한다는 것을 알아야만 한다. 그러나 매도인과 매수인 모두 지체에 빠진 경우에는, 라베오는 쓰기를, 야기된 지체가 매도인보다는 매수인에게 해가 된다고 하는데, 그러나 이후의 지체가 그에게 해가 되는 것이 아닌지 살펴보아야만 한다. 왜냐하면 내가 매도인에게 최고하고, 내가 매수한 물건을 그가 공여하지 않고, 그런 후에 그가 이행제공하였는데 내가 수령하지 않는 경우라면 어떠한가? 물론 그 경우 나에게 해가 되어야만 할 것이다. 그러나 매수인이 수령지체에 빠졌고, 그런 후에 모든 것이 온전하게 되었는데, 매도인 자신이 채무를 면할 수 있었음에도 매도인이 이행지체를 야기하였다면, 이후의 지체는 매도인에게 해가 된다는 것이 공평하다.

민법 제402조 (동전)
채권자지체중에는 이자있는 채권이라도 채무자는 이자를 지급할 의무가 없다.

D.22.1.7 Papinianus 2 responsorum.

Debitor usurarius creditori pecuniam optulit et eam, cum accipere noluisset, obsignavit ac deposuit: ex eo die ratio non habebitur usurarum. quod si postea conventus ut solveret moram fecerit, nummi steriles ex eo tempore non erunt.

D.26.7.28.1 Marcellus 8 digestorum.

Tutor, qui post pubertatem pupilli negotiorum eius administratione abstinuit, usuras praestare non debet ex quo optulit pecuniam: quin etiam iustius mihi videtur eum per quem non stetit, quo minus conventus restitueret tutelam, ad praestationem usurarum non compelli. Ulpianus notat: non sufficit optulisse, nisi et deposuit obsignatam tuto in loco.

C.4.32.6 Imperator Antoninus (a,212).

Si creditrici, quae ex causa pignoris obligatam sibi rem tenet, pecuniam debitam cum usuris testibus praesentibus obtulisti eaque non accipiente obsignatam eam deposuisti, usuras ex eo tempore quo obtulisti praestare non cogeris. Absente vero creditrice praesidem super hoc interpellare debueras.

민법 제402조 (동전)

채권자지체중에는 이자있는 채권이라도 채무자는 이자를 지급할 의무가 없다.

D.22.1.7 파피니아누스, 해답집 제2권.

이자부 채무자가 채권자에게 금전을 이행제공하고, 채권자가 수령하기를 원치 않았으므로, 그것을 봉금封禁하여 공탁하였다. 그 날로부터 이자는 고려되지 않을 것이다. 그러나 후에 변제하라고 제소당한 이후에 지체에 빠졌다면, 주화는 그 시점으로부터 무이자부가 아닐 것이다.

D.26.7.28.1 마르켈루스, 학설집 제8권.

피후견인의 성숙기 이후에 후견사무의 관리를 그만 둔 후견인은 금전을 이행제공한 시점부터 이자를 지급할 필요가 없다. 사견私見으로는 제소된 피고가 후견재산을 반환하지 못한 것이 피고 측의 탓이 아닌 경우 이자의 지급이 강제되지 않는다는 것이 더 타당하게 보인다. 울피아누스 주註: 봉금封禁하여 안전한 장소에 공탁하지 않은 한, 이행제공하였다는 것만으로는 족하지 않다.

C.4.32.6 안토니누스 카라칼라 황제, 212년.

질권의 원인으로 자신에게 담보잡힌 물건을 점유하고 있는 여자 채권자에게 그대가 채무액을 이자와 더불어 증인들 입회 하에 이행제공하였는데 그녀가 그것을 수령하지 않아서 그것을 봉금封禁하여 공탁한 경우, 그대는 이행제공했던 그 시점부터는 이자를 지급하도록 강제되지 않는다. 그러나 여자 채권자의 부재시에는 그대는 이 일에 관하여 도백道伯에게 갔어야만 했다.

민법 제403조 (채권자지체와 채권자의 책임)
채권자지체로 인하여 그 목적물의 보관 또는 변제의 비용이 증가된 때에는 그 증가액은 채권자의 부담으로 한다.

= **포도주매매** =

D.33.6.8 Pomponius 6 epistularum.

Si heres damnatus sit dare vinum, quod in doliis esset, et per legatarium stetit, quo minus accipiat, periculose heredem facturum, si id vinum effundet: sed legatarium petentem vinum ab herede doli mali exceptione placuit summoveri, si non praestet id, quod propter moram eius damnum passus sit heres.

D.18.6.1.3 Ulpianus 28 ad Sabinum.

Licet autem venditori vel effundere vinum, si diem ad metiendum praestituit nec intra diem admensum est: effundere autem non statim poterit, priusquam testando denuntiet emptori, ut aut tollat vinum aut sciat futurum, ut vinum effunderetur. si tamen, cum posset effundere, non effudit, laudandus est potius: ea propter mercedem quoque doliorum potest exigere, sed ita demum, si interfuit eius inania esse vasa in quibus vinum fuit (veluti si locaturus ea fuisset) vel si necesse habuit alia conducere dolia. commodius est autem conduci vasa nec reddi vinum, nisi quanti conduxerit ab emptore reddatur, aut vendere vinum bona fide: id est quantum sine ipsius incommodo fieri potest operam dare, ut quam minime detrimento sit ea res emptori.

민법 제403조 (채권자지체와 채권자의 책임)
채권자지체로 인하여 그 목적물의 보관 또는 변제의 비용이 증가된 때에는 그 증가액은 채권자의 부담으로 한다.

= **포도주매매** =

D.33.6.8 **폼포니우스, 서간집 제6권.**
상속인이 술독에 들어있는 포도주를 급부하도록 채권적 유증에 의해 지시받았는데 수령하지 못한 것이 수유자 측의 탓이었던 경우, 그 포도주를 상속인이 쏟아버리는 때에는 상속인이 위험하게 행위하는 것이 될 것이다. 그러나 포도주를 청구하는 수유자는, 그의 수령지체로 인하여 상속인이 입은 손해를 그가 배상하지 않는 한, 상속인에 의하여 악의의 항변으로써 배척된다는 것이 통설이다.

D.18.6.1.3 **울피아누스, 사비누스주해 제28권.**
그런데 계량일을 정하였는데 그 날내로 계량되지 않은 경우 매도인에게는 포도주를 쏟아버리는 것까지도 허용된다. 그런데 그는 매수인에게 포도주를 반출하도록, 또는 향후 포도주가 쏟아버려지리라는 것을 알도록 증인을 참여시켜 통지하기 전에는 쏟아버릴 수 없다. 그러나 쏟아버릴 수 있었으나 하지 않았다면 오히려 칭찬받아야만 한다. 그것을 위하여 그는 술독의 차임借賃을 요구할 수 있는데, 다만 포도주가 있었던 용기容器를 비우는 것이 그에게 이익이 되었거나(가령 그것을 임대하기로 하였던 경우), 또는 다른 술독을 임차하는 것이 불가피하였던 경우에만 그러하다. 그런데 보다 적실適實하기는, 용기를 임차한 후에 차임상당액이 매수인으로부터 상환되지 않는 경우 포도주를 주지 않는 것, 아니면 포도주를 신의성실에 따라 매각하는 것이다. 즉, 할 수 있는 한 자신의 불이익 없이 노무를 제공하여서 그 일이 매수인에게 가능한 최소한으로 손해가 되도록 하는 것이다.

D.19.1.3.4 Pomponius 9 ad Sabinum.

Quod si per emptorem mora fuisset, aestimari oportet pretium quod sit cum agatur, et quo loco minoris sit. mora autem videtur esse, si nulla difficultas venditorem impediat, quo minus traderet, praesertim si omni tempore paratus fuit tradere. item non oportet eius loci pretia spectari, in quo agatur, sed eius, ubi vina tradi oportet: nam* quod a Brundisio vinum venit, etsi venditio alibi facta sit, Brundisi tradi oportet.

* nam = plane, certe

= **노예매매** =

D.19.1.38.1 Celsus 8 digestorum.

Si per emptorem steterit, quo minus ei mancipium traderetur, pro cibariis per arbitrium indemnitatem posse servari Sextus Aelius, Drusus dixerunt, quorum et mihi iustissima videtur esse sententia.

D.19.1.3.4 **폼포니우스, 사비누스주해 제9권.**

[포도주] 매수인에 의하여 수령지체가 있었던 경우에는 소구 시점의, 가격이 더 낮은 곳에서의 가치가 가액산정 되어야 한다. 그런데 지체란 아무런 어려움도 매도인이 인도하지 못하게 방해하지 않는 경우에, 특히 그가 언제라도 인도할 준비가 되어있던 경우, 있는 것으로 인정된다. 또 소구하는 곳이 아니라, 포도주가 인도되어야만 하는 곳의 가격이 고려되어야만 한다. 분명 브룬디시움산 포도주로 매도된 것은 비록 매매가 다른 곳에서 이루어졌어도 브룬디시움에서 인도되어야만 한다.

= **노예매매** =

D.19.1.38.1 **켈수스, 학설집 제8권.**

노예가 인도되지 않은 것이 매수인 측의 탓인 경우, 그의 양식糧食에 대하여 (심판인의) 재량에 의하여 전보塡補가 확보될 수 있다고 섹스투스 아일리우스와 드루수스C. Livius Drusus(집정관 144 BC)가 말했는데, 이들의 견해는 사견으로도 극히 정당한 것으로 여겨진다.

민법 제404조 (채권자대위권)

① 채권자는 자기의 채권을 보전하기 위하여 채무자의 권리를 행사할 수 있다. 그러나 일신에 전속한 권리는 그러하지 아니하다.

② 채권자는 그 채권의 기한이 도래하기 전에는 법원의 허가없이 전항의 권리를 행사하지 못한다. 그러나 보전행위는 그러하지 아니하다.

민법 제405조 (채권자대위권행사의 통지)

① 채권자가 전조 제1항의 규정에 의하여 보전행위이외의 권리를 행사한 때에는 채무자에게 통지하여야 한다.

② 채무자가 전항의 통지를 받은 후에는 그 권리를 처분하여도 이로써 채권자에게 대항하지 못한다.

• 채권자대위권은 로마법에서 연원하지 않고, 후대의 보통법에서 유래하는 제도이다 (actio surrogatoria). 그 바탕에는 그러나 로마법의 정신이 스며들어 있다.
직접적인 선구는 프랑스민법 제1166조이다.

> Code civil, Article 1166 : Néanmoins, les créanciers peuvent exercer tous les droits et actions de leur débiteur, à l'exception de ceux qui sont exclusivement attachés à la personne
> (채권자는 채무자의 일신에 전속된 것을 제외하고 채무자에게 속한 모든 권리 및 소권을 행사할 수 있다.)

민법 제404조 (채권자대위권)

① 채권자는 자기의 채권을 보전하기 위하여 채무자의 권리를 행사할 수 있다. 그러나 일신에 전속한 권리는 그러하지 아니하다.

② 채권자는 그 채권의 기한이 도래하기 전에는 법원의 허가없이 전항의 권리를 행사하지 못한다. 그러나 보전행위는 그러하지 아니하다.

민법 제405조 (채권자대위권행사의 통지)

① 채권자가 전조 제1항의 규정에 의하여 보전행위이외의 권리를 행사한 때에는 채무자에게 통지하여야 한다.

② 채무자가 전항의 통지를 받은 후에는 그 권리를 처분하여도 이로써 채권자에게 대항하지 못한다.

• 채권자대위권은 로마법에서 연원하지 않고, 후대의 보통법에서 유래하는 제도이다 (actio surrogatoria). 그 바탕에는 그러나 로마법의 정신이 스며들어 있다.
직접적인 선구는 프랑스민법 제1166조이다.

> Code civil, Article 1166 : Néanmoins, les créanciers peuvent exercer tous les droits et actions de leur débiteur, à l'exception de ceux qui sont exclusivement attachés à la personne
> (채권자는 채무자의 일신에 전속된 것을 제외하고 채무자에게 속한 모든 권리 및 소권을 행사할 수 있다.)

민법 제406조 (채권자취소권)

① 채무자가 채권자를 해함을 알고 재산권을 목적으로 한 법률행위를 한 때에는 채권자는 그 취소 및 원상회복을 법원에 청구할 수 있다. 그러나 그 행위로 인하여 이익을 받은 자나 전득한 자가 그 행위 또는 전득당시에 채권자를 해함을 알지 못한 경우에는 그러하지 아니하다.

② 전항의 소는 채권자가 취소원인을 안 날로부터 1년, 법률행위있은 날로부터 5년내에 제기하여야 한다.

민법 제407조 (채권자취소의 효력)

전조의 규정에 의한 취소와 원상회복은 모든 채권자의 이익을 위하여 그 효력이 있다.

【채권자사해행위】

D.17.2.3.3 Paulus 32 ad edictum.

Societas si dolo malo aut fraudandi causa coita sit, ipso iure nullius momenti est, quia fides bona contraria est fraudi et dolo.

D.50.17.79 Papinianus 32 quaestionum.

Fraudis interpretatio semper in iure civili non ex eventu dumtaxat, sed ex consilio quoque desideratur.

D.42.8.4 Paulus 68 ad edictum.

In fraudem facere videri etiam eum, qui non facit quod debet facere, intellegendum est, id est si non utatur servitutibus:

D.42.8.5 Gaius 26 ad edictum provinciale.

Sed et si rem suam pro derelicto habuerit, ut quis eam suam faciat.

민법 제406조 (채권자취소권)

① 채무자가 채권자를 해함을 알고 재산권을 목적으로 한 법률행위를 한 때에는 채권자는 그 취소 및 원상회복을 법원에 청구할 수 있다. 그러나 그 행위로 인하여 이익을 받은 자나 전득한 자가 그 행위 또는 전득당시에 채권자를 해함을 알지 못한 경우에는 그러하지 아니하다.

② 전항의 소는 채권자가 취소원인을 안 날로부터 1년, 법률행위있은 날로부터 5년내에 제기하여야 한다.

민법 제407조 (채권자취소의 효력)

전조의 규정에 의한 취소와 원상회복은 모든 채권자의 이익을 위하여 그 효력이 있다.

【채권자사해행위】

D.17.2.3.3 파울루스, 고시주해 제32권.

조합이 악의로 또는 사해詐害 목적으로 결성된 경우에는 법률상 당연히 무효이다. 왜냐하면 양신良信은 사해와 악의에 반대되기 때문이다.

D.50.17.79 파티니아누스, 질의록 제32권.

사해詐害의 해석은 시민법에 있어서 항상 결과로부터만이 아니라 또한 의도로부터도 요청된다.

D.42.8.4 파울루스, 고시주해 제68권.

그가 행해야만 할 의무가 있는 것을 행하지 않는 자도 또한 사해행위를 하는 것으로 인정된다고 이해해야만 하는바, 즉 지역권들을 행사하지 않는 경우.+

D.42.8.5 가이우스, 속주고시주해 제26권.

그러나 또한 자기 물건을 어떤 자가 차지하도록 포기한 경우.

【Actio Pauliana】

• 로마법대전에 전승되는 형태로 보면 채권자취소권에 해당하는 actio Pauliana의 요건은 ① alienatio(재산의 양도. 담보설정 포함) ② consilium fraudandi(사해의 의도) ③ eventus fraudis(해치려던 채권자에게 손해의 발생) ④ conscientia fraudis(상대방의 사해에 대한 악의). 단 무상취득자의 경우 선의로도 족함.

D.22.1.38.4 Paulus 6 ad Plautium.

In Fabiana quoque actione et Pauliana, per quam quae in fraudem creditorum alienata sunt revocantur, fructus quoque restituuntur: nam praetor id agit, ut perinde sint omnia, atque si nihil alienatum esset: quod non est iniquum (nam et verbum "restituas", quod in hac re praetor dixit, plenam habet significationem), ut fructus quoque restituantur.

【법무관고시】

D.42.8.1.pr. Ulpianus 66 ad edictum.

Ait praetor: "Quae fraudationis causa gesta erunt cum eo, qui fraudem non ignoraverit, de his curatori bonorum vel ei, cui de ea re actionem dare oportebit, intra annum, quo experiundi potestas fuerit, actionem dabo. Idque etiam adversus ipsum, qui fraudem fecit, servabo".

【Actio Pauliana】

• 로마법대전에 전승되는 형태로 보면 채권자취소권에 해당하는 actio Pauliana의 요건은 ① alienatio(재산의 양도. 담보설정 포함) ② consilium fraudandi(사해의 의도) ③ eventus fraudis(해치려던 채권자에게 손해의 발생) ④ conscientia fraudis(상대방의 사해에 대한 악의). 단 무상취득자의 경우 선의로도 족함.

D.22.1.38.4 **파울루스, 플라우티우스주해 제6권.**

파비우스 소권* 및 채권자들을 사해하려고 양도된 재산이 그것을 통하여 취소되는 파울루스 소권**의 경우에도 과실果實 역시 반환된다. 왜냐하면 법무관은 모든 것이 아무 것도 양도되지 않은 것처럼 취급하기 때문이다. 과실 역시 반환된다는 것은 부당하지 않다(왜냐하면 이 사안에 있어서 법무관이 말한 어휘 "그대는 반환할 지어다" 역시 충만한 의미를 가지는 것이기 때문이다).

* actio Fabiana: 해방노예가 법에 따라 옛 주인이 자신의 재산을 상속하는 것을 방해하기 위하여 유언으로 사해적인 양도를 한 경우에 인정되었던 소권.

** 유스티니아누스법의 전승대로 보자면 이 소권은 파산관재인은 물론 개별 채권자에게도 인정되었다.

【법무관고시】

D.42.8.1.pr. **울피아누스, 고시주해 제66권.**

법무관 가로대: "본관은 사해詐害의 목적으로 사해를 모르지 않는 자와 사이에 행해진 법률행위에 관해서는 파산관재인 또는 이 건에 관하여 소권을 부여해야만 할 자에게, 소구가능한 1년 내에 소권을 부여할 것이다. 또 사해행위를 한 자 자신을 상대로 해서도 동일한 조치를 준수할 것이다."*

* 원래 actio가 아니라 in integrum restitutio(원상회복)을 규정했을 것으로 추정된다.

D.42.8.6.8 Ulpianus 66 ad edictum.

Hoc edictum eum coercet, qui sciens eum in fraudem creditorum hoc facere suscepit, quod in fraudem creditorum fiebat: quare si quid in fraudem creditorum factum sit, si tamen is qui cepit ignoravit, cessare videntur verba edicti.

D.42.8.6.11 Ulpianus 66 ad edictum.

Simili modo dicimus et si cui donatum est, non esse quaerendum, an sciente eo, cui donatum, gestum sit, sed hoc tantum, an fraudentur creditores: nec videtur iniuria adfici is qui ignoravit, cum lucrum extorqueatur, non damnum infligatur. In hos tamen, qui ignorantes ab eo qui solvendo non sit liberalitatem acceperunt, hactenus actio erit danda, quatenus locupletiores facti sunt, ultra non.

D.42.8.6.14 Ulpianus 66 ad edictum.

Huius actionis annum computamus utilem, quo experiundi potestas fuit, ex die factae venditionis.

D.42.8.9 Paulus 62 ad edictum.

Is, qui a debitore, cuius bona possessa sunt, sciens rem emit, iterum alii bona fide ementi vendidit: quaesitum est, an secundus emptor conveniri potest. Sed verior est Sabini sententia bona fide emptorem non teneri, quia dolus ei dumtaxat nocere debeat, qui eum admisit, quemadmodum diximus non teneri eum, si ab ipso debitore ignorans emerit: is autem, qui dolo malo emit, bona fide autem ementi vendidit, in solidum pretium rei, quod accepit, tenebitur.

이것은 파산관재인에게만 인정되었다.

D.42.8.6.8 **울피아누스, 고시주해 제66권.**
이 고시는 그가 채권자들을 사해하려고 이를 행하는 것을 알면서 채권자들을 사해하려고 행해진 것을 인수한 자를 징치懲治하는 것이다. 그러므로 어떤 것이 채권자들을 사해하려고 행해진 경우, 그렇지만 취한 자가 알지 못한 때에는 고시의 법문은 적용되지 않는 것으로 인정된다.

D.42.8.6.11 **울피아누스, 고시주해 제66권.**
유사하게 우리는, 어떤 자에게 증여된 경우에도 증여받은 자가 알면서 법률행위가 행해졌는지 여부가 아니라, 채권자들이 사해당하는 것인지의 여부만이 문의되어야 한다고 이야기한다. 그리고 손해가 가해지는 게 아니라 이득이 착취되는 때에 몰랐던 자는 불법적으로 영향을 받는 것으로 보이지 않는다. 그렇지만 모르면서 자력이 없는 자로부터 희사를 받은 자를 상대로는 이득을 한 만큼만 소권을 부여할 것이고, 그 이상은 아니다.

D.42.8.6.14 **울피아누스, 고시주해 제66권.**
이 소권의 1년 기간은 매도가 이루어진 때로부터 소구가능했던 실용기간으로 계산한다.

D.42.8.9 **파울루스, 고시주해 제62권.**
재산이 압류된 채무자로부터 알면서 재산을 매수한 자가 다시 선의로 매수하는 다른 자에게 매도하였다. 제2 매수인이 제소될 수 있는지 질문되었다. 그런데 우리가 채무자 자신으로부터 모르면서 매수했던 자는 책임지지 않는다고 말했듯이, 선의의 매수인은, 악의는 악의를 범한 자에게만 유해해야 하기 때문에, 책임지지 않는다는 사비누스의 견해가 더 옳다. 그러나 악의로 매수하고서, 선의의 매수인에게 매도한 자는 그가 받은 물건 대금 전액을 책임질 것이다.

D.42.8.10.pr. Ulpianus 73 ad edictum.

Ait praetor: "Quae Lucius Titius fraudandi causa sciente te in bonis, quibus de [ea re] agitur, fecit: ea illis, si eo nomine, quo de agitur, actio ei ex edicto meo competere esseve oportet, ei, si non plus quam annus est, cum de ea re, qua de agitur, experiundi potestas est, restituas. Interdum causa cognita et si scientia non sit, in factum actionem permittam".

D.42.8.10.2-5 Ulpianus 73 ad edictum.

(2) Quod ait praetor "sciente", sic accipimus "te consocio et fraudem participante": non enim si simpliciter scio illum creditores habere, hoc sufficit ad contendendum teneri eum in factum actione, sed si particeps fraudis est.

(3) Si quis particeps quidem fraudis non fuit, verumtamen vendente debitore testato conventus est a creditoribus, ne emeret, an in factum actione teneatur, si comparaverit? Et magis est, ut teneri debeat: non enim caret fraude, qui conventus testato perseverat.

(4) Alias autem qui scit aliquem creditores habere, si cum eo contrahat simpliciter sine fraudis conscientia, non videtur hac actione teneri.

(5) Ait praetor "sciente te", id est eo, qui convenietur hac actione. Quid ergo, si forte tutor pupilli scit, ipse pupillus ignoravit? Videamus, an actioni locus sit, ut scientia tutoris noceat: idem et in curatore furiosi et adulescentis. Et putem hactenus istis nocere conscientiam tutorum sive curatorum, quatenus quid ad eos pervenit.

D.42.8.10.pr. 울피아누스, 고시주해 제73권.

법무관 가로대: "루키우스 티티우스[채무자]가 사해의 목적으로 그대[제3취득자]가 아는 가운데 문제의 재산 중에서 처분한 것은, 문제되는 그 명목으로 소권이 그[채권자]에게 본관의 고시에 기하여 인정되거나 있어야만 하는 경우, 문제되는 이 건에 관하여 소구가능한 1년을 초과하지 않는 한, 그것을 그 재산 중으로, 그[채권자]를 위하여, 그대는 반환할 지어다. 한편 사정을 심리하여 알지 못한 경우에도 사실소권을 허용하겠다."*

* 원래 actio가 아니라 interdictum fraudatorium(사해행위 특시명령)을 규정했었을 것으로 추정된다. 이것은 모든 채권자에게 인정되었다.

D.42.8.10.2-5 울피아누스, 고시주해 제73권.

(2) 법무관이 "아는 중에"라고 한 것은, "그대가 공모하여 사해행위에 가담한 가운데"라는 의미이다. 왜냐하면 내가 단순히 그에게 채권자들이 있다는 것을 알아도 이것은 그가 사실소권으로써 책임진다고 주장하기에는 충분하지 않고, 사해행위에 동참해야 하기 때문이다.

(3) 사해행위에 동참하지는 않았지만, 실로 채무자가 매도하는 때 증인 앞에서 채권자들에 의하여 매수하지 않도록 요청받았는데도 매수하는 경우에는 사실소권으로써 책임지는가? 그는 책임져야만 하는 쪽이다. 왜냐하면 증인 앞에서 요청받고서 고수固守한 자는 사해행위가 흠결된 것이 아니기 때문이다.

(4) 그러나 이와 달리, 어떤 자에게 채권자들이 있는 것을 아는 자가 사해에 대한 공지共知없이 그와 단순히 계약을 체결하는 경우에는 이 소권으로써 책임지는 것으로 인정되지 않는다.

(5) 법무관 가로대 "그대가 아는 중에", 즉 이 소권으로써 제소당할 자가 아는 중에. 그렇다면 가령 피후견인의 후견인은 알지만, 피후견인 자신은 몰랐던 경우에는 어떠한가? 후견인의 악의가 유해하도록 소권이 적용되는지 여부를 살펴보자. 정신착란자와 미성년자의 보좌인의 경우에도 마찬가지이다. 사견으로는 그들에게 후견인이나 보좌인의 공지共知는, 그들에게 어떤 이득이 넘어간 한, 유해하다고 생각하고자 한다.

D.49.14.45.pr. Paulus 5 sententiarum.

In fraudem fisci non solum per donationem, sed quocumque modo res alienatae revocantur, idemque iuris est et si non quaeratur: aeque enim in omnibus fraus punitur.

C.7.75.5 Diocletianus / Maximianus (a.293).

Ignoti iuris non est adversus eum, qui sententia condemnatus intra statutum tempus satis non fecit nec defenditur, bonis possessis itemque distractis per actionem in factum contra emptorem, qui sciens fraudem comparavit, et eum, qui ex lucrativo titulo possidet, scientiae mentione detracta creditoribus esse consultum.

C.7.75.6 Imperatores Diocletianus / Maximianus.

Si actu sollemni praecedentem obligationem peremisti, perspicis adversus fraudatorem intra annum in quantum facere potest vel dolo malo fecit, quo minus possit, edicto perpetuo tantum actionem permitti.

D.42.8.10.18 Ulpianus 73 ad edictum.

Annus huius in factum actionis computabitur ex die venditionis bonorum.

《취소권의 주체》

C.7.75.4 Imperatores Diocletianus / Maximianus (A.293).

Filios debitoris ei succedentes velut in creditorum fraudem alienatorum facultatem revocandi non habere notissimi iuris est.

D.49.14.45.pr. 파울루스 견해록 제5권.

국고를 사해하려고 양도된 재산은 증여에 의한 것뿐 아니라 여하한 방식에 의한 것도 취소되며, 취소가 요구되지 않은 경우에도 같은 법리이다. 왜냐하면 사해행위는 모든 경우에 동일하게 처벌되는 것이기 때문이다.

C.7.75.5 디오클레티아누스 / 막시미아누스, 293년.

유책판결을 선고받고서 정해진 기간내에 채무를 만족시키지도 않았고 방어도 되지 않는 채무자가 재산을 점유하는 것을 기화로 이를 매각한 경우, 사해詐害행위임를 알면서 취득한 매수인을 상대로, 그리고 이득적 권원에 기하여(즉 무상으로) 점유하는 자의 경우 악의 여부를 불문하고 그를 상대로, 사실소권을 인정함으로써 채무자에 대한 관계에서 채권자들에게 도움이 제공된다는 것은 잘 알려진 법리이다.

C.7.75.6 디오클레티아누스 / 막시미아누스.

만일 그대가 격식행위에 의하여 선행하는 채권을 상실한 경우에는, 영구고시에 따라 사해자를 상대로 1년 내에 한하여 그가 행할 수 있거나, 행할 수 없도록 악의로 행한 바에 상당하는 만큼 소권이 허용됨을 숙지할 것이다.

D.42.8.10.18 울피아누스, 고시주해 제73권.

이 사실소권의 1년 기간은 재산매각일로부터 계산될 것이다.

《취소권의 주체》

C.7.75.4 디오클레티아누스 / 막시미아누스, 293년.

채무자의 상속인인 자식들이, 채권자를 사해하기 위하여 양도된 재산의 취소권을 가지지 않는다는 것은 공지公知의 법리이다.

【사해로 인한 원상회복】

Inst.4.6.6.

Item si quis in fraudem creditorum rem suam alicui tradiderit, bonis eius a creditoribus ex sententia praesidis possessis, permittitur ipsis creditoribus, rescissa traditione, eam rem petere, id est dicere eam rem traditam non esse et ob id in bonis debitoris mansisse.

【사해로 인한 원상회복】

법학제요, 제4권 제6장 제6절.

또 어떤 자가 채권자들을 사해詐害하려고 자신의 재산을 타인에게 인도하는 경우, 그 재산이 채권자들에 의하여 도백道伯의 판결로 압류되고, 같은 채권자들에게 인도를 취소하고 그 재산을 청구하는 것, 즉 그 재산이 인도되지 않았고 그 결과 채무자의 재산 중에 잔존했음을 주장하는 것이 허용된다.

부록 1

로마의 주요 법률가(알파벳순)

※ 번호는 연대순 목록의 일련번호

Sextus Aelius, 1
Africanus, 63
Alfenus, 14
Arcadius Charisius, 91
Aristo, 46
Marcus Brutus, 7
Caelius Sabinus, 35
Callistratus, 77
Ateius Capito, 24
Cascellius, 19
Cassius, 30
Celsus, 55
Laelius Felix, 56
Papirius Fronto, 71
Gaius, 68
Hermogenianus, 92
Iavolenus, 45
Iulianus, 57
Labeo, 23
Aemilius Macer, 85
Maecianus, 69
Manius Manilius, 4
Marcellus, 70
Marcianus, 84
Modestinus, 87
Nerva, 32
Neratius, 57
Octavenus, 43
Ofilius, 15
Papinianus, 76
Paulus, 82
Pseudo-Paulus, 93
Pegasus, 36
Pomponius, 58
Proculus, 33
Sabinus, 28
Cervidius Scaevola, 74
Quintus Mucius Scaevola, 9
Servius Sulpicius Rufus, 12
Trebatius, 20
Tryphoninus, 81
Tubero, 21
Ulpianus, 83
Pseudo-Ulpianus, 94
Venuleius, 67

부록 1

로마의 법률가(연대순)

※ † = 추정

※ [ ] = 주요 활동시기

1. Sex. Aelius Paetus Catus, 기원전 198년 통령. [210~180 기원전].
2. M. Porcius Cato Censorius, 기원전 234~149.
3. M. Porcius Cato Censorii F., 기원전 191(?)~153.
4. M.' Manilius, 기원전 149년 통령. [160~120 기원전].
5. C. Livius Drusus, 기원전 144년 통령.
6. P. Mucius Scaevola, 기원전 133년 통령.
7. M. Iunius Brutus, 이들과 동년배. [150~130 기원전].
8. P. Rutilius Rufus, 기원전 105년 통령.
9. Q. Mucius Scaevola, 기원전 95년 통령, 기원전 82년 사망. [120~82 기원전].
10. C. Aquilius Gallus, 기원전 66년 법무관.
11. † C. Aelius Gallus, 동시대(?).
12. Servius Sulpicius Rufus, 기원전 51년 통령, 기원전 43년 사망. [70~43 기원전].
13. Cornelius Maximus, 그와 동년배.
14. P. Alfenus Varus, 기원전 39년 보충통령(consul suff.), 세르비우스 문하생. [60~30 기원전].
15. A. Ofilius, 세르비우스 문하생. [50~10 기원전].
16. P. Aufidius Namusa, 세르비우스 문하생.

17. C. Ateius, 세르비우스 문하생.

18. Cinna, 세르비우스 문하생.

19. A. Cascellius, 이들과 동년배. [75~30 기원전].

20. C. Trebatius Testa, 이들과 동년배. [50 기원전~10 기원후].

21. Q. Aelius Tubero, 이들의 연소한 동년배. [50~10 기원전].

22. † Blaesus, 동시대(?).

23. M. Antistius Labeo, 아우구스투스 치세에 유명. [25 기원전~10 기원후].

24. C. Ateius Capito, 기원후 5년 통령, 22년 사망. [20 기원전~22 기원후].

25. † Cartilius, 거의 동시대.

26. Fabius Mela, 거의 동시대.

27. Vitellius, 거의 동시대.

28. Mas(s)urius Sabinus, 티베리우스 및 후계 황제들의 치하. [20~60].

29. M. Cocceius Nerva (pater), 기원후 22년 통령. [10~33].

30. C. Cassius Longinus, 기원후 30년 통령. 베스파시아누스 치세(69-79) 사망. [20~70].

31. Minicius, 사비누스 학파로 보임.

32. Cocceius Nerva M.F., 기원후 65년 지명법무관.

33. Proculus, 동시대. [30~70].

34. Atilicinus, 프로쿨루스와 동년배 (연소?).

35. Caelius Sabinus, 기원후 69년 통령. [60~80].

36. Pegasus, 베스파시아누스 치하 통령 및 로마시장.

37. Plautius, 이들과 거의 동년배.

38. † Fulcinius Priscus, 이들(또는 라베오?)과 동년배.

39. Fufidius, 이들과 동년배(연소?).

40. Iuventius Celsus (pater), 페가수스의 계승자.

41. Vivianus, 거의 동시대.

42. Aufidius Chius, 도미티아누스 황제 치하(81-96).

43. Octavenus, 도미티아누스(81-96) 및 트라야누스 황제(98-117) 치하. [80~120].
44. † Sex. Pedius, 거의 동시대(?).
45. Iavolenus Priscus, 기원후 90년 통령급 대관. [70~130].
46. Aristo, 카씨우스 학파, 기원후 105년 이후 사망. [80~120].
47. † Campanus, 거의 동시대(?).
48. † Paconius, 거의 동시대(?).
49. † Puteolanus, 거의 동시대(?).
50. † Servilius, 거의 동시대(?).
51. † Varius Lucullus, 거의 동시대(?).
52. † Valerius Severus, 거의 동시대(?).
53. Urseius Ferox, 거의 동시대(?).
54. Neratius Priscus, 트라야누스(98-117) 및 하드리아누스(117-138) 치하.
55. Iuventius Celsus (filius), 기원후 129년 재차 통령. [100~130].
56. Laelius Felix, 하드리아누스 치하(117-138). [120~140].
57. Salvius Iulianus, 하드리아누스 및 안토니누스 피우스(138-161) 치하. [125~170].
58. Sex. Pomponius, 하드리아누스, 안토니누스 피우스, 마르쿠스(161-180) 및 베루스(161-169) 치하. [130~180].
59. † Arrianus, 폼포니우스와 동년배(?).
60. Pactumeius Clemens, 기원후 138년 통령.
61. Vindius Verus, 기원후 138년 통령.
62. Aburnius Valens, 이들과 거의 동년배.
63. Africanus, 거의 동시대. [150~170].
64. Mauricianus, 율리아누스 학설집 주석 작업을 함.
65. † Publicius, 거의 동시대.
66. Terentius Clemens, 거의 동시대.
67. Venuleius Saturninus, 안토니누스 피우스(138-161) 및 신황 형제 치세. [140~170].
68. Gaius, 하드리아누스(117-138) 및 그의 후계황제들 치하, 기원후 178년 이후 사망.

[150~180].

69. Maecianus, 안토니누스 피우스(138-161) 및 그의 후계황제들 치하. 기원후 175년 살해됨. [130~170].

70. Marcellus, 안토니누스 피우스(138-161) 및 마르쿠스 아우렐리우스(161-180) 치하. [140~175].

71. † Papirius Fronto, 거의 동시대? [180~200].

72. Papirius Iustus, 거의 동시대.

73. Tarruntenus Paternus, 마르쿠스(161-180) 및 콤모두스(176-192) 치하.

74. Cervidius Scaevola, 마르쿠스(161-180), 콤모두스(176-192), 셉티미우스 세베루스(193-211) 치하. [165~200].

75. † Florentinus, 그와 거의 동년배(?).

76. Papinianus, 셉티미우스 세베루스(193-211) 및 카라칼라(198-217) 치하, 기원후 212년 살해됨. [170~212].

77. Callistratus, 세베루스(193-211) 및 카라칼라(198-217) 치하. [190~210].

78. Messius, 파피니아누스와 동년배.

79. Menander, 세베루스(193-211) 및 카라칼라(198-217) 치하.

80. Tertullianus, 이들과 동년배.

81. Tryphoninus, 이들과 동년배. [200~220].

82. Paulus, 콤모두스(?), 셉티미우스 세베루스(193-211), 카라칼라(198-217), 엘라가발루스(218-222), 알렉산데르 세베루스(222-235) 치하. [175~230].

83. Ulpianus, 셉티미우스 세베루스(193-211) 및 그의 후계황제들 치하. 기원후 223년 살해됨. [190~223].

84. Marcianus, 파울루스 및 울피아누스의 연소한 동년배. [210~230].

85. Macer, 알렉산데르 세베루스(222-235) 치하. [220~240].

86. † Iulius Aquila, 이들과 거의 동년배.

87. Modestinus, 울피아누스의 제자. [210~250].

88. Licinius Rufinus, 이들과 거의 동년배.

89. † Furius Anthianus, 이들과 거의 동년배.

90. † Rutilius Maximus, 이들과 거의 동년배.

91. Arcadius Charisius, 기원후 3/4세기. [280~300].

92. Hermogenianus, 기원후 3/4세기. [280~320].

93. Pseudo-Paulus, [280~300].

94. Pseudo-Ulpianus, [320~330].

부록 2

로마 법률용어 해설 [한글–라틴어]

가해자위부加害者委付	noxae deditio

불법행위를 범한 노예나 가자家子로 인하여 주인 내지 가부家父가 책임지는 경우, 주인 내지 가부가 손해배상 대신에 노예나 가자의 소유권을 원고에게 이전하는 것. 한편으로는 응보적 정의를 만족시키고, 다른 한편으로는 책임 범위를 제한하는 의미가 있었다.

국민소송	actio popularis

법정 변론이 허용된 모든 시민이라면 누구라도 제기할 수 있는 소권. 여자와 피후견인은 사안이 그들에게 관련되지 않는 한 국민소권이 부여되지 않았다. 이 소권은 공익을 보호하기 위하여 법무관이 도입하였다. 벌금소권이었고 벌금은 원칙적으로 원고가 지급받았다. 또 1년 유기有期소권이었고, 피고의 상속인을 상대로 할 수는 없었다. 투하물·유출물소권이나 분묘침해소권이 그 예이다.

도백道伯	praeses provinciae

지방행정단위인 provincia의 수령. Provincia는 공화정기에는 로마가 점령한 속주屬州

를 일컫는 말이었으나, 디오클레티아누스 황제의 행정개혁 이래 크기가 대폭 축소된 기초 지방행정단위를 가리킨다. 이보다 상위에 부府(dioecesis), 부府보다 상위에 주州(praefectura)가 설치되었다. 유스티니아누스도 기본적으로 이를 따랐다. Praeses란 명칭은 2세기 중반부터 비공식적으로 사용되었으며, 3세기가 지나면서 기사 계층 및 원로원 계층에 속했던 provincia의 수령에 대한 공식 명칭이 되었다. 이곳에서는 편의상 provincia를 도道로, praeses를 도백道伯으로 옮겼다.

마케도 원로원의결	Senatusconsultum Macedonianum

베스파니아누스 황제 치세에 가자家子에 대한 금전 대여를 금지한 원로원의결. 거래가 무효인 것은 아니지만, 아들은 부父가 사망한 이후라도 대여한 자에게 본 원로원의결에 기한 항변에 의하여 대항할 수 있었다.

무방식의 약정	pactum

달리 법이 정한 일정한 방식 없이 "동일한 목적에 관한 2인 이상의 합의"(D.2.14.1.2). 특히 계약적 채권채무관계와 불법행위에 기한 채권채무관계에서 인정되었다. 계약적 채권채무관계의 영역에서는 다음과 같이 언명한 정무관의 고시에 기초한다: "본관本官은 사기詐欺에 의한 것이거나, 법률 · 평민회의결 · 원로원의결 · 황제칙법 · 고시 등에 위반되거나, 이러한 법규 중 하나를 회피할 의도가 없다면 'pacta conventa'(약정과 합약合約)를 보호할 것이다"(D.2.14.7.7). 일방 당사자가 무방식의 약정에서 이루어진 합의에 반하여 제소되는 경우 '무방식 약정의 항변'에 의하여 보호되었다.

문답계약	stipulatio

채권자[=문답요약자問答要約者]의 질문 — 가령 "Spondesne centum dare?" ["당신은 100금을 지급하는 것을 약속하는가?"] — 과 채무자[=문답낙약자問答諾約者]의 긍정의 답변 — 예에서 "Spondeo"

["약속한다"] ― 으로 체결되는 구술의 엄격 계약. 답변은 같은 동사를 사용하여 질문에 완벽하게 합치해야 했기에, 어떠한 차이나 제한(조건의 부가 등)이 있으면 무효였다. 문답계약은 언어형식을 이용한 백지계약에 해당하여 다양한 내용을 담을 수 있었으므로, 일정액의 금전 지급에서부터 복잡한 급부에 이르기까지 광범위하게 이용되었다. 문답계약은 또 무인적無因的이어서 채무자가 채무를 부담하는 원인관계와 절연된 독자적 효력이 인정되었다.

방식서	formula

로마의 통상소송절차였던 방식서 소송에서 쟁점 사항을 정리하고 지정된 심판인에게 심판권한을 부여하기 위하여 법무관이 법정法廷절차에서 소송당사자들과 협력하여 작성하는 서면. 심판인 지정, 청구취지표시(intentio) 및 판결권한부여(condemnatio)가 필수적 기재사항이었다. 그 외에 청구원인표시(demonstratio), 재정裁定권한부여(adiudicatio)의 삽입으로 계쟁 사안을 좀 더 특수하게 다룰 수 있었다. 오늘날의 소장에 준비서면을 더한 역할을 하였으므로 원피고의 각종 항변(exceptiones)도 삽입될 수 있었다. 새로운 절차인 비상심리절차에 의하여 점진적으로 대체되다가 공식적으로 342년의 칙법에 의하여 폐지되었다(C.2.57).

→ 법정法廷절차, 쟁점결정

법무관	praetor

정무관으로서 법무관직은 리키니우스 섹스티우스법(Lex Licinia Sextia, 기원전 367년)에 의하여 창설되었다. 이 법률로써 민사 사법권이 통령으로부터 법무관에게 배정되었다. 로마시민들의 사건을 담당한 도시 법무관(praetor urbanus)이 먼저 창설되었고, 기원전 242년에는 외인外人담당 법무관(praetor peregrinus)이 창설되어 외국인 간 그리고 외국인과 로마시민 간의 법률사건을 처리하였다. 원래 속주 행정이 법무관들에 의해 관리되었기 때문에 법무관의 숫자는 16인까지 지속적으로 증가하였다. 후에 전직 법무관들을 속주에 파

견하는 것이 관행이 되었다. 법무관들은 법창조적 활동으로 로마법 발전에 큰 기여를 하였다. 이들이 발전시킨 법을 법무관법(ius praetorium), 또는 명예관법(ius honorarium)이라고 부른다.

법정法廷절차	in iure

법률소송(legis actiones)과 방식서 소송은 법정절차와 심판인 절차로 양분되어 있었으며, 법정절차는 이 중 법무관이 관장하는 첫 단계를 가리킨다. 법무관이 원고 주장 청구의 소송 요건을 심사하여 심판 절차로 진행될 가치가 있다고 판단하면, 원고에게 소권을 부여한다. 소권의 부여는 방식서의 작성에 따른 쟁점결정으로 마무리되며, 이로써 심판인 절차로 넘어간다.

→ 방식서, 쟁점결정; 비상심리절차

보관 책임	custodia

일정한 계약들에서 관련 물건에 대한 채무자의 책임을 표현하는 용어이다. 다양한 사안에 사용되어 개념 자체가 명확하게 파악하기 어려운 점이 있다. 보관 책임은 일차적으로 명시적으로 합의된 경우 또는 사용대차처럼 보관하는 자의 이익으로 체결되는 계약의 경우 발생한다. 또 창고업자, 선박업자, 숙박업자처럼 타인 물건의 보관을 인수하는 자들의 책임이기도 하다. 책임 정도에 있어서 culpa(過失), diligentia(注意) 등과 결부되기도 하고, 불가항력(vis maior)과 비교되기도 하는데, culpa보다는 고도의 책임이라 할 수 있다. 실제로는 요컨대 채무자의 더 주의 깊은 관리로써 방지될 수 있었던 (불가항력에는 미치지 않는) 단순하고 약한 사변, 특히 절도에 대한 책임이다.

보증인	fideiussor

문답계약을 통하여 주채무자의 채무를 보증한 보증인은 주채무자의 책임에 부가 책임

을 졌다. 보증에는 보증인이 문답계약으로 책임을 인수할 때 그가 사용하는 구술표현에 따라 서약誓約보증(sponsio), 신명信命보증(fideiussio), 신약信約보증(fidepromissio)이 있었고, 서로 법리를 달리하였다. 유스티니아누스 황제의 법에서는 세 가지 보증 형태가 신명보증 하나로 통일되며 세 종류 간의 차이도 소멸한다.

비상심리절차非常審理節次	cognitio extra ordinem

로마 민사소송의 최종 형태. 본래 '비상절차'로서 방식서 절차와 병존하였으나 후에는 유일한 절차가 되었다. 통상의 절차와 병존하던 비상심리절차는 통상 절차 사안이 아닌 모든 사건을 법무관이 직재直裁하는 사법절차였으나, 이것이 일반화되면서 절차의 양분 구조와 함께 방식서가 사라지고, 한 관리 또는 그의 대관代官의 주재主宰 하에 소송절차 전반이 진행되었다.

→ 방식서, 법정法廷절차

사실소권	actiones in factum

법적 분쟁이 발생하는 경우 법무관은 원고의 청구에 해당하는 소권의 허부許否를 결정하였는데, 기존의 해당하는 소권이 없더라도 권리의 보호 필요성이 인정될 때에는 소권을 부여해 줄 수가 있었다. 특히 기존의 본래소권(actio directa)을 응용하여 이에 준하는 준소권을 부여할 수도 있고, 그러한 가능성조차도 없을 경우에는 법률관계 당사자의 행태를 근거로 한 사실소권을 부여하였다. 본래소권을 융통성 있게 해석하여 적용범위를 넓힌 사비누스 학파와 달리 본래소권을 엄격하게 이해한 프로쿨루스 학파는 본래소권이 적용될 수 없는 데서 오는 보호의 흠결을 사실소권을 적극 활용하여 해결하는 경향이 있었다. 사실소권의 존재는 로마법이 얼마나 소권법적으로 사고했는지를 보여준다.

→ 준소권

성의소송誠意訴訟	bonae fidei iudicia

방식서 청구표시에 문구 'ex fide bona', 즉 '신의성실에 기하여'가 기재된 소송. 심판인은 피고가 원고에게 무엇을 지급해야 하는지를 신의칙에 따라 결정할 수 있는 재량권을 가졌다. 이 문구는 사안의 소구가능성보다는 피고에게 요구되는 급부의 범위와 관계가 있다. 낙성계약 또는 요물계약(소비대차계약은 제외)에 기한 소송, 후견소송, 처재산반환청구소송, 사무관리소송 등이 성의소송이다. 방식서에 'ex fide bona' 문구가 없는 엄정소송嚴正訴訟(iudicia stricti iuris)에서는 심판인이 방식서에 기재된 사항에 관해서만 심리할 수 있다.

신성물神聖物 / res sacrae	지령물地靈物 / res religiosae	성호물聖護物 / res sanctae

로마법상 물건은 신법물神法物과 인법물人法物로 분류되는데, 신법물은 다시 위 세 부류로 나뉜다. 제의祭儀를 통하여 신관神官에 의하여 신에게 봉헌된 것들이 신성물이다(예: 신전). 묘지와 그 부속물은 지령물이다. 성벽과 성문 등은 성호물이다.

신축공사 유지통고留止通告	operis novi nuntiatio

자기 재산의 이용을 방해할 이웃의 신축공사(opus novum)에 대한 부동산 소유자의 이의. 이의자는 그의 권리를 보호하거나, 신축공사를 통하여 초래될 수 있는 손해를 미연에 방지하거나, 신축공사가 공공장소나 도로의 사용을 위태롭게 할 경우 그것을 예방하기 위하여 통고를 할 수 있었다. 이의의 통고를 받은 자는 건축을 중지하거나, 장차의 손해배상을 확보하기 위한 미발생손해 담보(cautio damni infecti)의 의무가 있었다. 그러한 담보를 제공하지 않으면, 통고자는 건축물의 철거를 지시하는 법무관의 명령을 신청할 수 있었다. 명령에 따르지 않으면 일반적 소송절차가 진행되었다. 이미 신축이 일어난 경우에는 '폭력 또는 은비隱秘로 행해진 것'의 원상회복을 명하는 'Quod vi aut clam' 특시명령이 인정되었다.

→ 특시명령

신탁유증	fideicommissum

본래 유언자가 상속인에게 제3자의 이익을 위하여 일정한 급부(일정액의 지급, 소유권의 이전 등)를 할 것을 요청하는 것으로, "어떤 이의 신의에 맡기다(fidei alicuius committere)"라는 표현대로 법적 의무가 아닌 도덕적 의무만을 발생시켰다. 그런데 아우구스투스 황제가 신탁유증에 법적 의무를 부과하고, 새로운 비상심리절차에 의한 강제 집행이 가능하도록 특별히 신탁유증법무관직(praetor fideicommissarius)을 창설하였다. 일정한 방식을 요하는 유증에 비하여 신탁유증은 비非요식행위라는 이점으로 인해 이후 크게 발전하였다. 시간이 흐르면서 신탁유증과 유증 사이의 차이점들이 점차 사라졌고, 급기야 유스티니아누스 황제 시대에는 두 제도가 동등하게 취급되었다.

→ 유증

신황神皇	divus

타계한 후 신격화된 황제에게 붙이는 형용사.

심판인 절차	apud iudicem

→ 법정 절차, 방식서

아퀼리우스법	lex Aquilia

기원전 286년경 평민회의결로서 제정된, 타인 재산에 가해진 손해에 관한 불법행위의 일반법이다. 12표법에서 취급한 사안들을 포함하여 가해 사안을 규정한 이전 입법들을 폐기하였다. 제1조는 특히 타인의 노예와 네발 가축(quadrupes pecus)의 살해를 가해행위

전 1년 중 최고가액으로 배상하도록 하고, 후에 부가된 제3조는 제1조에 해당하지 않는 모든 재산의 소훼燒毁(urere), 파훼破毁(frangere), 열훼裂毁(rumpere)에 의한 가해에 대하여 이전 30일간 최고가액에 의한 배상책임을 규정한다. 로마의 법률가들은 이 세 가지 행위 유형을 하나로 포섭하여 훼손毁損(corrumpere) 행위로 이해하였다. 손해는 위법·유책하게(iniuria) 가해졌어야 한다. 즉 행위에 정당방위나 정무관의 명령 등 면책사유가 없어야 한다. 손해는 직접적 유체적 충격에 의한 것이어야 해서['몸에 의한 몸에 대한 가해 손해(damnum corpore corpori datum)'] 단순한 부작위는 동법에 의한 소권이 부여되지 않고, 준소권이나 사실소권 등을 통하여 책임을 물었다. 아퀼리우스법의 제2조는 유체적 손해와 무관하였고, 주채권자의 채권 추심을 위하여 세워진 종從채권자(adstipulator, 참가요약자라고도 함)가 주채권자를 사해할 목적으로 채무자를 부당하게 채무면제하여 준 경우 이 자를 상대로 주채권자에게 구제수단을 부여하였었는데, 위임소권의 도입으로 기원전 2세기에 이미 쓰이지 않게 되었다.

악의의 항변	exceptio doli mali

제소된 피고가 제기하는 항변으로서, 원고가 악의로 행위했거나 행위한다는 주장에 기초한다("si in ea re nihil dolo malo Aulii Agerii factum sit neque fiat"). 이렇게 악의의 항변이 일반적으로 적용되어 "어떤 항변으로 배척될 소구를 하는 자는 악의이다"(Dolo facit, quicumque id, quod quaqua exceptione elidi potest, petit)까지 이르게 되었다. 특히 심판인이 신의성실을 기초로 심판해야 하는 성의소송에서는 원고의 청구가 부당할 수 있는 모든 요소를 고려하여야 하기 때문에 악의의 항변이 당연히 내포되어 있다는 법리칙法理則이 성립하였다(D.24.3.21). 그러한 요소에는 계약 체결시의 악의뿐만 아니라[후대의 소위 '특별악의(dolus specialis)'], 소구 자체가 신의에 반하게 만드는 모든 상황[후대의 소위 '일반악의(dolus generalis)']을 포함하였다.

→ 성의소송

옛법률가들	veteres

이 용어는 원칙적으로 이 표현을 사용한 법률가보다 비교적 오래 전 시기에 살았던 법률가들에 두루 사용되었다. 유스티니아누스 황제 법전에서는 학설휘찬에 등장하는 공화정기 또는 원수정기의 고전기 법률가들을 지칭한다. 고전기에는 공화정 말기 이전, 그 중에서도 특히 세르비우스 이전의 법률가들을 가리켰다.

용익역권用益役權	usus fructus

다른 이의 재산을 그것을 손상시킴이 없이(salva rerum substantia, D.7.1.1, 예컨대 파괴, 감소 또는 악화) 사용하고(uti, ius utendi) 그로부터 수익하는(ius fruendi) 타물권. 권리자 개인을 위한 인역권人役權이라는 점에서 다른 토지를 위한 물역권物役權인 지역권과 구별된다. 용익역권자는 처분권을 제외한 소유권자의 권능을 행사하므로, 용익역권이 설정된 경우 소유자는 그 한도에서 권능이 제한된 허유권虛有權(nuda proprietas)만을 가진 셈이었으나, 용익역권자의 권리를 침해함이 없이 물건을 처분할 수 있었고, 용익역권이 소멸하는 경우 원래의 완전한 권능을 회복하였다.

유증	legatum

유언자의 의사에 따라 상속재산에서 상속분이 아닌 명목으로 부여된 몫(D.30.116 pr.)이다. 유산의 부분이 지분으로 남겨지는 '할분割分 유증'(partitio legata)도 있으나. 이러한 포괄적 유증을 제외하면 일반적으로 유증은 일정 금액이나 개별적으로 지정된 하나 또는 그 이상의 개별 목적물(res singulae)로 구성된다. 유증은 그 방식에 있어서 크게 수유자가 유증목적물의 소유권을 유언의 효력 발생과 동시에 바로 취득하는 물권적 유증(legatum per vindicationem)과 상속인이 수유자에게 이행할 의무를 부담하는 채권적 유증(legatum per damnationem)으로 양분되었다.

→ 신탁유증

임약賃約	locatio conductio

임대차(locatio conductio rei: 물건의 임약), 고용(locatio conductio operarum: 노무의 임약), 도급(locatio conductio operis: 일의 완성의 임약) 세 계약을 포괄하는 계약유형. 일정한 반대급부금이 지급되지만 매매가 아닌 경우들을 하나의 범주로 묶은 것이다. 계약의 당사자는 '대주貸主'(locator: 임대인, 노무자, 도급인)와 '차주借主'(conductor: 임차인, 사용자, 수급인)이다. 임약은 당사자의 합의(consensus)만으로 체결되는 낙성계약이고, 특히 깡방간의 신의에 기초하는 성의계약이다. 상호 의무에 대한 불이행의 경우, 대주를 위해서는 대주소권(actio locati: ex locato), 차주를 위해서는 차주소권(actio conducti: ex conducto)이 사용된다. 두 소권 모두 성의소권이다.

→ 성의소송

재결裁決	decretum

정무관이나 황제가 사법적 문제에 대해 사정 심리 후(causa cognita) 내리는 판결.

쟁점결정	litis contestatio

법정法廷절차에서 방식서의 작성으로 확정되는 최종행위. 분쟁의 쟁점이 확립되면 사건은 심리와 판결을 위하여 심판인(iudex)에게 위임되었다. 방식서소송 절차에서 쟁점결정은 당사자의 협력을 얻어 이루어졌으나 종국적으로는 법무관의 고권행위가 결정적인 것이다. 쟁점결정의 가장 중요한 효과는 이제 피고의 원채무는 소멸하고, 유책판결을 구하는 권리가 대신 발생하고, 유책판결이 나오면 그에 기한 판결채무 이행청구(iudicatum solvi)가 가능해진다는 점이다. 동일한 사실관계에 기한 다수의 소권이 경합하는 경우 일단 어느 소권에 관하여 쟁점결정이 되면 원칙적으로 나머지 소권은 배제되었다. 또 재소금지의 효과도 쟁점결정에 부여되었다. 쟁점결정 이전에는 일신전속적인 청구라서 상속될 수 없던 원고의 청구도 쟁점결정 이후에는 상속인의 승계가 가능했다. 쟁점결정을 통

하여 그밖에도 계쟁물은 양도금지에 걸렸고, 과실果實이나 손해배상 결정, 과다청구 여부, 피고의 의무 내용 등의 기준시점도 쟁점결정이었다.

→ 방식서, 법정法廷절차

전가문소권前加文訴權	actio praescriptis verbis

고전기 'do ut des (네가 주도록 내가 준다), do ut facias (네가 하도록 내가 준다), facio ut des (네가 주도록 내가 한다), facio ut facias (네가 하도록 내가 한다)'처럼 전형계약이 아닌 비전형 요물계약의 경우에 급부 또는 작위 의무를 상호 교환한 당사자 중 선이행한 자를 위하여 "전가문에 의하여 소구한다, 청구한다"(praescriptis verbis agere, experiri)고 표현하였다. 이 시민법상의 불확정물 소권이 전가문소권이다. 전가문이라 부르는 것은 방식서에서 불확정 청구취지의 앞에 그것을 근거지울 수 있는 사실적 계기를 추가하였기 때문이다. 유스티니아누스 황제는 원고가 자신의 의무를 이행한 후 피고에게 의무의 이행을 요구하는 많은 상황에 적용될 수 있었던 전가문소권을 성의소권으로 분류하였다.

→ 성의소권

전채前債변제약속	constitutum

확정일에 확정 장소에서 자신(constitutum debiti proprii)이나 타인(constitutum debiti alieni)의 기존 채무를 변제하기로 하는 무방식의 약속. 경개가 아니기에 채권자는 이전 약정에 따라 채무자를 제소할 수 있다. 전채변제약속의 이행은 특별 소권인 변제약속금 소권(actio de pecunia constituta)에 의하여 청구되었다. 이 소권은 본채무의 1/2에 해당하는 위약금의 서약(sponsio dimidiae partis)에 의해 강화된 법무관법상의 소권이다.

절도소권	actio furti

널리 절도에 해당하는 사안들에 대하여 로마법은 역사적 발전과정에서 대상과 주체에

따라 다양한 소권을 안출하였으나, 고전기 사물私物 절도에 대하여는 기본적으로 절도소권과 절도원인부당이득반환소권(condictio furtiva)이 인정되었다. 전자는 절도 피해를 입지 않을 것에 대해 이해관계 있는 자들(소유권자, 물권자, 수치인, 사용차주, 질권자 등)에게 인정되었으며 절도자, 교사자, 방조자에 대한 소권이 중첩될 수 있었고, 배상액도 현행절도인 경우 4배액, 그렇지 않은 경우 2배액까지 가능하고, 또 파렴치 효과가 따르는 벌금소권이었다면, 후자는 소유권자・물권자・처에 한하여 절도자만을 상대로 하여 절취된 재산액 상당만을 부진정 연대 방식으로 추급할 수 있는 물추급소권이었다. 이 양자는 경합하였다.

절도에 관한 관념은 크게 두 가지 학설이 대립하였는데, 권리자에게 귀속해야 할 재산가치를 누리지 못하게 하는 행위 일체를 절도로 관념하여 사용절도는 물론, 남이 훔쳐가도록 상황을 조장한 것까지도 절도로 인정한 사비누스 학파 계열과 타인 물건의 은밀한 취거행위에 한정하여 절도로 파악한 프로쿨루스 학파 계열의 개념법학적 입장이 대립하였다.

조건부해방노예	statuliber

주인의 유언에서 조건부 또는 기한부로 자유가 유증된 노예. 즉, 조건 성취나 기한 도래로 자유인이 될 기대를 가지게 된 노예. 그 조건이 성취되기 전까지 그는 노예의 지위에 있었다. 보통은 그 노예가 유언자가 유언에서 정한 바를 행하는 것을 조건으로 하였는데, 상속인이나 타인이 그 조건의 성취를 방해했다면, 조건이 성취된 것으로 간주되어 그 노예는 유언자가 원한 바를 이행함이 없이도 자유를 얻었다.

주의의무	diligentia

채권 계약에서 타인의 이익에 관련하여 주의 깊고, 신중하게 행위할 의무를 가리킨다. 그러한 의무를 해태하는 것은 부주의(neglegentia)로서 과실過失에 속하였고 계약 책임이 발생하였다.

준소권準訴權	actio utilis

기존의 소권이 작접적으로 적용되지 않는 상황에서 기존의 어떤 소권을 해석상 가능한 범위 내에서 응용하여 그에 준하여 인정된 소권. 준소권 창조에 모델이 된 소권은 본래소권(actio directa)이라 부른다. 기존 소권방식서의 부분적인 수정을 통하여 도입된 소권이라는 점에서 준소권 도입은 전통 유지와 쇄신을 적절히 배합한 로마적 법창조의 좋은 예이다. 준소권 방식이 가능하지 않을 때에는 사실소권이 부여되었는데, 실제로는 두 소권의 한계가 그렇게 분명한 것은 아니었다.

→ 사실소권

침욕소권侵辱訴權	actio iniuriarum

12표법, 법무관 고시, 침욕에 관한 코르넬리우스법(lex Cornelia de iniuriis) 및 그 후의 제국 칙법에서 정의되었듯이, 침욕은 신체적 상해뿐만 아니라 타인의 평판을 침해하는 것도 포함한다. 특별히 법무관법에 의한 침욕소권으로 로마 시민의 명예가 보호되었다. 두루 인격권에 대한 침해로 파악될 수 있는 침욕에 대한 제재는 시기에 따라 달라 금전적 배상(12표법)에서부터 침해의 중대성과 가해자의 사회적 지위에 따라 태형, 채찍형鞭刑, 추방형 등 가중된 형사처벌까지 존재하였다. 침욕소권은 원고 자신이 손해의 정도와 배상액을 평가할 수 있고 심판인은 선善과 형평(bonum et aequum)에 따라 배상액을 선고할 수 있었는데 그 액이 원고가 청구한 액보다 상회할 수는 없었다. 침욕소권은 가자家子가 손해를 입은 경우 가부家父에게, 노예가 피해자인 경우 그 주인에게 부여되었다.

특시명령特示命令	interdictum

청구인이 신청하여 법무관 등 사법정무관(속주에서는 원임原任통령)에 의하여 발해지는 일정한 행위의무가 부과되는 작위 내지 금지 명령. 사법私法에서 중요한 특시명령들은 대개 사적私的인 폭력 행사를 금지시키는(vim fieri veto) 것이었다. 특시명령은 사법적司法的

판정이라기보다는 현존 상태를 보호하기 위한 목적을 가지는 신속한 행정적 처분의 성질을 가지며 벌령권罰令權(imperium)의 발현이다. 상대가 순응할 경우에만 명령이 실효적이었고, 명령에 불복하면 정식재판으로 이전되었다. 정무관은 신청인의 주장이 신청인의 이익 또는 공익을 위하여 보호의 가치가 있다고 판단하면, 신청인이 주장한 바를 그대로 인정하였다. 신청인의 주장이 진실이 아니면, 상대방은 특시명령을 무시하고 후속하는 정식 재판에서 그의 권리를 방어하면 되었다.

특유재산特有財産	peculium

가자家子 또는 노예가 사용, 처분(증여 제외), 영업 기타 거래를 통한 수익활동을 하도록 가부家父가 가자에게 또는 주인이 노예에게 주는 일정액의 금전 또는 소규모의 분리된 재산. 이 제도는 가장권 하에 있는 가자와 노예의 노무와 행위를 그 가족 전체와 가부장의 이익을 위하여 경제적으로 활용하기 위하여 독립적인 영업 활동을 영위할 수 있도록 해 준 데 기원한다. 특유재산은 법적으로 엄격한 의미에서는 가부(주인)의 재산이었지만 사회경제적으로는 그의 재산과는 분리되었다. 이러한 분리로 인해 복잡한 문제들이 발생하였고, 특히 가자(노예)와 거래한 상대방의 보호를 위한 조치들이 법무관 고시에 의하여 마련되었다. 이에 따르면 가자나 노예가 체결한 계약의 채무에 대하여 가부나 주인의 민사 책임이 부가적으로 발생하였다(이른바 '부가적 성질의 소권'). 이러한 소권으로는 첫째, 특유재산 소권(actio de peculio)이 있다. 이것은 거래상대방이 가부(주인)를 상대로 청구하는 것으로 책임액이 판결시 특유재산의 가액으로 제한된(dumtaxat de peculio) 유한책임이었다. 그러나 가액 산정 시에 가자(노예)의 가부(주인)에 대한 채무액을 우선 공제하였다. 둘째는 전용이익소권轉用利益訴權(actio de in rem verso)으로 거래로부터 가부(주인)가 특별한 이익을 얻은 때에 그 이익전용액을 한도로 책임을 졌다. 셋째는 지시소권(actio quod iussu)으로 가부(주인)가 상대방에게 가자(노예)와 거래할 것을 지시한 경우에 인정되었는데, 추인으로도 족하였다. 채무액 전부에 대하여 인정되었다.

이상에서 설명한 부래父來의 특유재산 peculium profecticium 외에도 재산의 유래와 형성방법에 따라서 다양한 형태의 특유재산이 인정되었고 각기 다른 법리가 적용되었다.

해상소비대차	traiecticia pecunia

선박에 의한 상품 운송과 관련된 소비대차. 소비대차금은 오로지 배가 화물을 가지고 안전하게 목적 항구에 도착하였을 때에만 상환하였다. 대주가 부담한 위험(난파, 해적 등) 때문에, 이자율은 유스티니아누스가 12%로 확정하기 전까지 무제한이었다.

허용점유	precarium

비소비물의 점유 사용을 간구하는 자에게 허용점유 부여자가 용인하는 동안만 점유 사용이 허용되는 법률관계. 그는 시혜에 의하여 인도된 물건을 점유하고 통령의 고시에 따른 보호를 받았지만 그의 점유는 점용취득(usucapio) 대상의 점유로 인정되지 않았다.

후견인의 조성助成	auctoritas tutoris

미성숙자 또는 여성과 같은 피후견인의 법률행위에 대한 후견인의 요식의 협력행위.

부록 2

로마 법률용어 해설 [라틴어-한글]

actio furti. 절도소권.
actio popularis. 국민소송.
actio iniuriarum. 침욕소권.
actiones in factum. 사실소권.
apud iudicem. 심판인 절차.
actio praescriptis verbis. 전가문소권.
actio utilis. 준소권.
auctoritas tutoris. 후견인의 조성.
bonae fidei iudicia. 성의소송.
cognitio extra ordinem. 비상심리절차.
constitutum. 전채변제약속.
contractus bonae fidei. 성의계약.
→ bona fidei iudicia. 성의소송.
custodia. 보관.
diligentia. 주의의무.
divus. 신황神皇.
exceptio doli mali. 악의의 항변.
fideicommissum. 신탁유증.
fideiussor. 보증인.
formula. 방식서.
in iure. 법정절차.
interdictum. 특시명령.
legatum. 유증.
lex Aquilia. 아퀼리우스법.
litis contestatio. 쟁점결정.
locatio conductio. 임약.
noxae deditio. 가해자위부.
operis novi nuntiatio. 신축공사 유지통고.
pactum. 무방식의 약정.
peculium. 특유재산.
praeses (provinciae). 도백道伯.
praetor. 법무관.
precarium. 허용점유.
res religiosae. 지령물.

res sacrae. 신성물.

res sanctae. 성호물.

senatusconsultum Macedonianum.
마케도 원로원의결.

statuliber. 조건부해방노예.

stipulatio. 문답계약.

traiecticia pecunia. 해상소비대차.

usus fructus. 용익역권.

veteres. 옛법률가들.

로마법사료색인

I. 로마법대전

1) Institutiones

2) Digesta

3) Codex

Ⅱ. 테오도시아누스 칙법집

편역자 최병조
서울대학교 법학전문대학원 교수
서울대학교 법과대학, 대학원 졸업
독일 괴팅엔대학교 법학박사
현암법학저작상, 서울대학교 학술연구상, 한국법학원논문상 등 수상
Culpa in contrahendo bei Rudolph von Jhering, 『로마법강의』, 『로마법研究(I)－法學의 源流를 찾아서－』
기타 로마법 및 민법 관련 논문 다수

성중모
서울대학교 법과대학, 대학원 졸업
독일 본대학교 법학박사
前 법무부 법무심의관실 연구관
서울시립대학교, 이화여자대학교 연구원

이상훈
한동대학교 법학부 졸업
서울대학교 대학원 법학석사
서울대학교 대학원 박사과정 수료

이호규
서울대학교 법과대학, 대학원 졸업(법학석사)
서울대학교 대학원 박사과정 수료

정일영
서울대학교 법과대학, 대학원 졸업(법학석사)
서울대학교 대학원 박사과정 재학

2013년 7월 1일 초판 1쇄 발행

발행 **법무부**
황교안 법무부장관
주소 : 경기도 과천시 관문로 47 정부과천청사
전화 : 02-2110-3164
팩스 : 02-2110-0325
홈페이지 : http://www.moj.go.kr
기획 **서정민** 법무부 법무심의관실 검사
출판·판매 **민속원**
출판등록 : 제18-1호
주소 : 서울 마포구 대흥동 337-25
전화 : 02) 804-3320, 805-3320, 806-3320(代)
팩스 : 02) 802-3346
홈페이지 : www.minsokwon.com

이 도서의 국립중앙도서관 출판시도서목록(CIP)은 서지정보유통지원시스템 홈페이지(http://seoji.nl.go.kr)와 국가자료공동목록시스템(http://www.nl.go.kr/kolisnet)에서 이용하실 수 있습니다. (CIP제어번호 : CIP2013010166)

ISBN 978-89-285-0480-0 94360
978-89-285-0385-8(세트)